선을 넘어 생각한다

지은이 박한식은 1939년 만주에서 태어났다. 해방 시기에 평양 피난민 수용소 생활을 하다 분단되면서 경상북도 청도로 내려왔다. 서울대학교 정치학과를 졸업하고 아메리칸대학교에서 석사, 미네소타대학교에서 박사 학위를 받았다. 조지아대학교에서 국제관계학을 가르치다 2015년 퇴임하였다. 1994년 지미 카터 전 미 대통령과 2009년 빌 클린턴 전 미 대통령의 평양 방문을 주선하고, '3자 간 트랙 II' 대화를 추진해 '북·미 평화 설계자'라는 별칭을 얻었다. 1995년 조지아대학교에 국제문제연구소를 설립하고 소장을 역임했으며, 한반도 평화에 기여한 공로를 인정받아 2010년 간디·킹·이케다 평화상을 수상했다.

지은이 강국진은 1974년 전북 고창에서 태어나 자랐다. 중앙대학교 사학과를 졸업한 뒤 기자로 일하고 있다. 10여 년 전부터 예산문제에 관심을 갖게 돼 2017년 성균관대 국정전문대학원에서 '조세담론의 구조와 변동에 관한 연구'로 박사학위를 받았다. 대북 퍼 주기 담론을 분석한 논문을 발표하는 등 남북경협과 북핵 문제 등에도 관심이 많다. 현재 서울신문에서 기자로 일하는 한편 나라살림연구소와 저널리즘학연구소 등에도 참여하고 있다.

선을 넘어 생각한다

2018년 4월 13일 초판 1쇄 발행 | 2020년 6월 5일 초판 6쇄 발행

지은이 박한식, 강국진 | 펴낸곳 부키(주) | 펴낸이 박윤우
등록일 2012년 9월 27일 | 등록번호 제312-2012-000045호
주소 03785 서울 서대문구 신촌로3길 15 산성빌딩 6층
전화 02) 325-0846 | 팩스 02) 3141-4066 | 홈페이지 www.bookie.co.kr
이메일 webmaster@bookie.co.kr
제작대행 올인피앤비 bobys1@nate.com
ISBN 978-89-6051-627-4 03340

남과 북을 갈라놓는 12가지 편견에 관하여

박한식 강국진 지음

선을 넘어 생각한다

부·키

차례

머리말

'6단계 법칙'이란 것이 있습니다. 세상 모든 사람은 여섯 단계를 거치기 전에 서로 연결된다는 것인데, 제가 북한과 인연을 맺게 된 과정이 딱 그렇습니다. 대학에서 가르치던 학생을 통해 지미 카터Jimmy Carter, 카터를 통해 덩샤오핑鄧小平, 덩샤오핑을 통해 황장엽과 이어지면서 북한을 방문하게 되었습니다. 그렇게 이어진 인연은 다시 미국 정부와 연결되고, 또 북·미관계에서 보이지 않는 가교 역할을 하게 되면서 '북·미 평화 설계자'라는 과분한 상찬까지 받게 되었습니다.

어린 시절 두 차례나 목격한 전쟁의 잔혹함과 참담함은 여든을 바라보는 지금도 뇌리에서 지워지지 않습니다. 사람이 사람을 얼마나 잔인하게 죽일 수 있는지, 대포와 공중 폭격이 얼마나 많은 사람을 쉽게 죽일 수 있는지를 보면서 다시는 이 땅에 전쟁이 일어나서는 안 된다는 것을 절감했습니다. 전쟁이 없는 한반도를 만들려면 어떻게 해야 할까요. 결국 평화와 통일이 아니면 안 된다는 것이 한평생 공부하며 얻은 결론입니다. 남북 간 체제 경쟁이나 적대감, 문화 차이는 전쟁의 상처나 평화와 통일이라는 절대적 가치에 비하면 아주 작은 문제에 불과할 뿐입니다.

사람이 간절히 바라는 것과 현실은 차이가 있을 수밖에 없습니다. 사실 한반도는 1950년부터 1953년까지 한반도를 불구덩이에 빠뜨린 한국전쟁 이후에 여러 차례 전쟁 직전의 상황까지 내몰렸습니다. 1968년 북한이 미군의 정보수집함 푸에블로호를 납치했을 때도 상당한 군사적 충돌 위기가 전개되기도 했습니다. 또 가장 유명한 사례는 1994년 북한의 핵 문제로 인해 전쟁 위기에 직면했던 경우입니다. 2000년대 초반에도 전쟁이 언제라도 일어날 수 있는 위기 국면이 계속되었습니다. 2002년 1월 부시 대통령은 북한을 '악의 축'이라 언급했고, 2002년에는 실제 '제2차 북한 핵 위기'가 고조되기도 했습니다. 조지 W. 부시 대통령 George W. Bush 의 자서전 『결정의 순간들』(2010)에 보면 2003년 2월 중국 주석 장쩌민 江澤民 을 만난 자리에서 "만약 우리가 외교적으로 북한의 핵 문제를 해결하지 못하면 나는 북한에 대해 군사적 공격을 고려해야 한다"고 말하는 구절이 나옵니다. 생각해 보면 부시 대통령이 대규모 침략을 감행한 곳은 이라크가 아니라 북한이 될 수도 있었습니다.

2017년 4월 미군이 보유한 항공모함 칼빈슨호가 동해에 나타난 적이 있었는데 그러한 것 역시 전쟁으로 이어지는 발단이 될 수도 있고, 전쟁 위기의 한 징표일 수도 있습니다. 다만 한국인들 대다수는 그런 일을 너무 오랫동안 자주 겪어 무뎌져 있을 뿐이지요. 실제로 외국인들 중에는 '너무 위험해 보인다'며 한국 여행을 주저하는 사람들이 많이 있을 정도입니다.

한반도에 전쟁이 다시 일어나길 원하는 사람은 아무도 없을 것입니다. 그럼 전쟁이 없는, 전쟁 걱정이 없는, 평화로운 한반도를 만들려면 어떻게 해야 할까요? 상식적으로 생각해 보면 정답은 의외로 간단합니다. 친구를 사귀려면 자주 만나 이야기도 나누며 서로를 알아 가는 과정이 반드시 필요합니다. 때로는 시답잖은 수다를 떠는 것도 우정을 돈독히 하는 데 도움이 되지요. 처음에는 오해도 생기고 갈등도 생길 수 있지만 '그럼에도 불구하고' 관계를 만들려면 포기하지 않고 상대방과 소통하려는 태도가 필요합니다.

　일부에서는 "북한은 믿을 수 없다"고 이야기할 수도 있습니다. 하지만 '신뢰'가 있어야만 친구가 될 수 있다고 한다면 세상에 친구를 사귈 수 있는 사람은 아무도 없을 것입니다. 그것은 순서가 뒤바뀐 것입니다. 신뢰라는 것은 대화의 전제 조건이 아니라 대화의 결과이기 때문입니다.

　남과 북이 대화를 재개하고 평화를 모색하기 위해서는 상대방을 알아야 합니다. 저는 지금까지 북한을 50여 차례 방문하면서 많은 북한 사람을 만나 보았습니다. 그러다 보니 북한에 대한 온갖 억측과 과장, 왜곡 등의 오해가 너무 많다는 것이 항상 마음에 걸렸습니다. 물론 북한이 워낙 폐쇄적이라 정보 자체가 적은 것도 중요한 원인이겠지만, 의도적인 '악마화' 혹은 '북한에 대한 오리엔탈리즘'이 존재하는 것 또한 분명한 사실입니다.

　심지어 정책 결정자들 중에서도 북한을 뒷골목의 조폭 집단처럼 묘사하거나, 세계를 망치려 드는 사이코패스처럼 여기는 모습을 보며 '이래서야 어떻게 냉정하고 합리적인 대북정책이 가능하겠는가'라는 생각이 들 때가 한두 번이 아니었습니다. 미국 클린턴 행정부에서 대북정책 조정관을 지낸 윌리엄 페리 William Perry 도 이야기했듯이 "우리는 우리가 바라는 북한이 아니라 있는 그대로의 북한 정부와 교섭해야 한다"는 자세가 필요합니다. 하지만 현실은 전혀 그렇지 않았습니다. 북한에 대한 호불호는 각자의 자유입니다만, 북한을 연구하는 학문적 태도는 북한을 있는 그대로 받아들여야 합니다.

　　통일이란 동질성을 회복하는 과정이 아닙니다. 그런 통일은 필요 없습니다. 저는 남과 북이 정-반-합으로 이어지는 '변증법적 통일'을 해야 한다고 생각합니다. 또한 저는 통일이 전 세계 인류 공동체에 미래를 위한 희망을 제시하는 길이 될 수 있다고 믿습니다. 2016년 겨울, 추위 속에서도 수백만이 함께 든 작은 촛불이 모여 민주주의를 회복하는 그 모든 과정이 전 세계에 감동을 주었듯이 남과 북이 만들어 가는 통일도 전 세계에 평화를 위한 확신을 심어 줄 것입니다. 작은 촛불이 세상을 밝혔듯이 한반도 통일이 테러리즘 공포와 군사적 긴장으로 신음하는 세계에 '희망의 근거'가 될 수 있습니다.

　　한평생 고민하고 경험한 것들을 한국 독자들과 나누고 싶었습니다만, 50년 넘게 미국 생활을 하다 보니 한국어로 글을 쓰는 것이 부담스러웠습니다. 그러던 차에 2015년 12월 인터뷰를 하고 싶다며 미국 방문길에 저를 찾아온 『서울신문』의 강국진 기자와 인연이 닿게 되었습니다. 당시 우리는 3시간 넘게 즐거운 대화를 나눴습니다. 그 자리에서 우리는 한반도 평화와 통일을 주제로 책을 함께 써 보기로 의기투합했습니다. 하지만 인터뷰 직후 심장마비로 큰 수술을 받게 되면서 1년 가까이 요양을 하는 바람에 계획을 진척시킬 수가 없었습니다. 다행히 시나브로 건강을 회복하면서 2016년 10월 무렵부터 우리는 본격적인 책 출간 작업에 착수할 수 있었습니다.

이 책을 준비하는 동안 한반도에는 많은 일이 일어났습니다. 한반도를 냉전 시대로 되돌렸던 박근혜 정부는 붕괴했고, 새누리당은 분열했으며, 여당에서 야당으로 처지가 바뀌었습니다. 전국을 밝힌 촛불혁명의 힘으로 박근혜 대통령을 탄핵시켰습니다. 문재인 대통령이 당선되는 정권 교체와 그로 인한 다양한 정세 변화 속에서도 우리는 한반도 평화와 통일에 작은 도움이 될 수 있도록 고민하고 토론했습니다. 그러는 동안 강국진 기자는 조세재정정책을 주제로 박사 학위를 받았습니다.

저는 일하며 공부하는 와중에도 저와 함께 책을 만드는 데 최선을 다해 준 강국진 박사를 이 자리를 빌려 특별히 언급하고 싶습니다. 세대가 다르고 살아온 경험이 다른 속에서도 우리나라와 우리 민족을 사랑하고 평화와 통일에 대한 분명한 소신을 공유했기에 우리 두 사람은 즐겁게 토론했고, 한목소리를 내는 데 어려움을 느끼지 않았습니다. 강 박사는 한국에서 나온 자료를 수집해 주었고, 지금까지 50회가 넘는 인터뷰를 정리하는 수고를 마다하지 않았습니다.

인터뷰는 주로 강 박사가 질문하고 제가 대답하는 방식으로 진행했으며, 이를 정리하여 책에 담았습니다. 강 박사는 활발한 토론을 위해 평소 생각보다 좀 더 비판적으로 날을 세운 질문을 던지려고 노력했습니다. 그러므로 이 글은 박한식과 강국진이 2년 넘게 함께 나눈 대화와 성찰, 질문과 답변, 문제제기와 논쟁의 결과물이라고 할 수 있습니다.

모쪼록 이 책이 전쟁 없는 한반도, 통일을 통해 평화를 누릴 후손들을 위한 작은 밑거름이 되기를 바랄 뿐입니다.

저자를 대표해 박한식 쓰다

첫 번째,　북한은 과연 붕괴할 것인가

강국진 북한에 대해 우리가 확실하게 이야기할 수 있는 단 한 가지가 있다면 그것은 바로 '우리는 북한을 제대로 모른다'는 것이 아닐까 싶습니다. 저 자신도 어린 시절 텔레비전에 나온 북한 사람들이 우리와 너무 똑같이 생겨서 낯설게 느껴졌던 기억이 있습니다. 머리로는 같은 민족이고 같은 언어를 쓴다는 것을 잘 알고 있지만, 북한을 가 본 적도 없고 북한 사람들과 이야기를 나누어 본 적도 없습니다.

우리는 일본을 일컬어 '가깝고도 먼 나라'라고 하지만 일본보다 더 멀게 느껴지는 곳이 북한이 아닐까요. 저는 기회가 있을 때마다 "우리는 일본에서 배울 점이 많다"는 말을 하고는 합니다만, 그렇다고 해서 저를 '친일파'라고 비난하는 사람은 아무도 없습니다. 하지만 공개적인 자리에서 "우리는 북한에서 배울 점이 있다"는 말을 꺼내는 것 자체가 부담스러운 것이 현실입니다. 냉전은 이미 수십 년 전에 끝났습니다만, 우리는 여전히 냉전보다 더한 냉전 시대를 살고 있지 않나 싶습니다.

한국에서 볼 때 가장 빈번하게 나오는 북한 관련 질문 세 가지가 있다면 그것은 바로 '북한은 망할까, 망하지 않을까', '망한다면 언제

망할까', '망하지 않는다면 왜 그럴까'가 아닐까 싶습니다. 북한에 대
해 이야기하면서 첫 번째 화두를 '북한은 붕괴할까?'로 정하는 것은
사실 그다지 좋아 보이지는 않습니다. 우리가 이름도 위치도 잘 모
르는 나라를 소개하면서 그 나라가 망할지의 여부부터 다룬다면 그
것은 분명 공정한 태도가 아닐 것입니다. 하지만 아무리 마음에 들
지 않아도 현실은 현실이겠지요. 이번 기회에 그 문제를 확실히 정
리해 보는 것도 의미가 있을 듯합니다.

박한식 북한 붕괴론의 역사는 오래되었습니다. 모르긴 몰라도
1948년 북한의 정부 수립과 함께 시작되지 않았을까 싶습니다. 특
히 동구권이 붕괴되던 1980년대 말 1990년대 초에 북한 붕괴는 시
간문제라고 보는 시각이 팽배했습니다. 당시 미국에서는 북한이 갑
자기 붕괴되면 미국 국익에 어떤 영향을 미칠 것인가에 대한 많은
토론회가 열렸습니다. 미국 정치권에서는 동북아시아의 정세 급변
을 우려하기도 했고, 군수산업체 쪽에서는 실제 북한이 붕괴되면 어
쩌나 우려하는 기류도 있었습니다. 1994년 7월 김일성 주석이 사망
했을 때는 또 어떻습니까. 대학 교수라는 분이 방송에 출연해 "빠르
면 사흘, 늦어도 3년 안에 북한이 무너질 것"이라는 말을 버젓이 하
기도 했습니다. 1994년 김영삼 대통령은 광복절 경축사에서 "우리는
점진적이고 단계적인 통일을 희망하고 있습니다. 그러나 통일은 예기

치 않은 순간에 갑자기 닥쳐올 수도 있습니다. 우리는 모든 가능성을 점검하고 충분히 준비해야 합니다"라고 이야기했습니다. 2011년 12월 김정일 국방위원장이 사망했을 때도 몇 개월 내에 북한이 붕괴될 것이라는 이야기가 나돌았습니다.

때로는 조그만 단서라도 있으면 북한이 붕괴할 징조로 연결시키기도 합니다. 북한 고위급 인사가 탈북할 때마다 북한 붕괴설도 함께 흘러나왔습니다. 최근 영국 주재 북한대사관 태영호 공사의 망명도 그렇지만, 1997년 조선노동당 비서 황장엽이 망명했을 때도 신문이나 방송에서는 당장이라도 북한이 붕괴될 것 같은 분위기였습니다. 물론 그 후 어떻게 되었는지는 우리 모두가 잘 아는 그대로입니다. 이쯤 되면 '북한 붕괴'는 거의 종교적 도그마 수준이라고 할 수 있습니다. 제 눈에는 1992년 한국 사회를 시끄럽게 했던 '휴거' 소동이나 마야 달력에 근거했다는 2012년 세계 종말론, 세기말 증후군과 북한 붕괴론이 얼마나 다른지 잘 모르겠습니다.

더구나 갖가지 북한 붕괴론을 들어 보면 정확히 '붕괴'가 어떤 의미인지도 모호하게 뒤섞여 있습니다. 김정은 국무위원장을 축출하는 것이 붕괴인 것인지, 정변이 일어나서 새로운 정권을 구성하는 것이 붕괴인 것인지, 조선노동당이 집권당 자리를 잃어야 붕괴인 것인지, 그것이 아니라면 북한이라는 국가 자체가 세상에서 사라져야 붕괴인 것인지 모르겠습니다. 이래서는 제대로 된 미래지향적인 토론을 할 수가 없습니다.

── 북한 붕괴라는 도그마

그러고 보면 우리가 북한에 대해 명확하게 아는 것은 딱 두 가지가 아닐까 싶습니다. 하나는 우리가 북한을 몰라도 너무 모른다는 점이고, 또 하나는 붕괴한 것은 북한이 아니라 닳고 닳은 '북한 붕괴론'이라는 점입니다.

북한 붕괴론이라는 거친 언사에 반론을 제기해 본다면, 단적으로 표현해서 북한은 '절대' 붕괴하지 않습니다. 1990년대 중반 이후 대규모 식량난과 '고난의 행군' 속에서도 북한은 붕괴하지 않았습니다. 우리는 그들 시스템이 이미 자체 생명력을 가지고 있다는 것을 알아야 합니다. 그것은 특정한 지도자가 있고 없고의 문제가 아닙니다. 더구나 북한은 개인을 우상화하는 체제이지만 김정일이나 김정은의 나라가 아니라 김일성 주석의 나라입니다. '김일성 주석은 영원히 우리와 함께 계신다'라는 구호가 그냥 빈말이 아닙니다. 김일성 주석의 비중이 우리가 상상도 하지 못할 만큼 큰 나라에서 김정은 국무위원장 한 사람이 없어진다고 체제가 붕괴하지는 않습니다. 더구나 뒤에서 다시 이야기하겠습니다만 북한은 김정은 국무위원장 혼자서 모든 것을 결정하지 않습니다. 일종의 '집단 결정 체제'라는 것을 잊지 말아야 합니다. 극단적으로 가정해서 김정은 국무위원장이 암살된다고 해도 북한 체제가 무너질 가능성은 거의 없습니다.

어떤 정치 체제도 단순히 경제가 어렵다는 이유 하나만으로 붕괴되지는 않습니다. 게다가 역설적이지만 독재국가에서는 외부의 압력으로 경제가 어려울수록 독재는 더 잘 이루어집니다. 카다피(리비아)나 후세인(이라크) 정권이 무너진 것이 경제 봉쇄 때문이 아니라는 것을 잊지 말아야 합니다.

체제가 붕괴하는 것은 그 체제를 유지하는 정통성이 무너졌을 때입니다. 만약 북한이 경제성장을 정통성의 근거로 삼는 국가였다면 북한은 몇 번이나 무너졌을 것입니다. 냉정히 말해서 북한 체제는 1948년 정부 수립 이후 단 한 번도 정통성의 위기를 겪지 않았습니다. 북한의 정통성은 경제성장이 아니라 항일 무장투쟁을 지도한 김일성 주석과 조선노동당 그리고 미국 등 외세에 맞서 자주성을 지키는 것에 그 뿌리를 두고 있기 때문입니다.

정통성은 주관적인 개념입니다. 경제가 정통성 유지에 도움은 되겠지만 기본적으로 정통성 자체는 상징적 가치관으로 유지됩니다. 북한에서 그것은 김일성 주석과 주체사상이라고 할 수 있습니다. 그런 논리로 본다면 북한은 정통성이 굉장히 강한 국가입니다.

그렇기 때문에 수십만 명이 굶어 죽을 정도로 경제가 나빠져도 국가의 정통성이나 정체성의 위기를 겪지 않는 것입니다. 종교적 성격도 분명히 있습니다. 뒤에서 좀 더 자세히 이야기하겠습니다만 북한은 이른바 김일성 주체 종교가 지배하는 국가이고, 끊임없이 김일성 - 김정일 - 김정은 찬송가를 만들어 내는 체제입니다. 국가에서 생산해 내는 환상이 공고합니다.

사실 체제 유지를 위한 환상은 어느 나라에나 존재합니다.

예를 들어 대다수 미국인들은 실제로는 돈이 지배하는 사회에서 살면서도 자신들이 세계에서 가장 민주적인 국가에서 살고 있다는 '아메리칸 드림' 환상에 빠져 있는 것을 생각해 보시기 바랍니다. 그런 이유로 저는 기회가 있을 때마다 북한이 지금까지 붕괴되지 않았던 것처럼 앞으로도 붕괴될 가능성이 없다고 강조하는 것입니다.

—— 민중봉기와 쿠데타가 일어나지 않는 이유

일부에서는 민중봉기의 가능성을 언급합니다. 민중봉기를 기대하는 대부분의 사람이 정작 국내 문제에서는 민중의 힘을 그다지 중요하게 생각하지 않는다는 사실을 논외로 치더라도, 북한에서 민중봉기는 다만 그들의 희망사항에 불과할 뿐입니다. 민중봉기가 가능했다면 1990년대 '고난의 행군' 시기에 벌써 일어났겠지요. 쿠데타 역시 현실성이 떨어지기는 마찬가지입니다. 앞에서도 이야기했듯이 김정은 정권은 이미 자리를 잡았습니다. 설령 쿠데타가 일어난다고 해도 그것은 북한이라는 국가 시스템이 무너지는 것이 아니라 권력 중심부의 일부분이 교체되는 것에 불과할 것입니다.

잇따르는 '숙청'과 '처벌'이 북한 정권이 붕괴하는 징후인 양 이야기하기도 합니다. 하지만 그들이 간과하는 것이 한 가지 있습니다. 권력에서 밀려나고 쫓겨나는 사람이 있으면 그 자리를 채우며 출세하는 사람도 있는 법입니다. 신문이나 방송을 통해 대기업에서 대규모 명예퇴직을 실시했다는 보도를 쉽게 접할 수 있지만, 그것 때문에 회사 업무가 마비되었다는 이야기는 들어 본 적이 없습니다. 그것은 명예퇴직으로 인해 생기는 빈자리를 채우며 이득을 보는 사람들이 있기 때문입니다.

　　북한 체제에 진심으로 충성하고 신뢰하는 사람들이 얼마나 되겠느냐는 질문을 자주 받습니다. 제가 보기에 북한 인구의 4분의 1은 북한 체제에 충성해야 할 분명한 이유가 있는 사람들입니다. 조선노동당은 당원이 약 360만 명 정도인데, 북한 인구 중 약 14퍼센트입니다. 이들은 체제를 신뢰할 뿐 아니라 체제를 유지하기 위한 수단과 능력, 의지가 있습니다. 최소한 이들은 현재 체제에서 수혜를 입고 있으며, 체제 유지에 이해관계가 있습니다. 게다가 이들의 배우자나 부모, 자녀까지 감안하면 '친정부' 범주를 대략 북한 인구의 절반 정도까지 확대할 수 있을 것입니다. 또 다른 4분의 1은 지성인을 포함해 이른바 '세상 물정을 아는 사람들'이라고 할 수 있습니다. 이들은 핵무기를 추구해서 얻는 것이 무엇인지 손해가 무엇인지, 주체사상의 장단점이 무엇인지 등을 생각할 수 있는 사람들입니다. 이들의 충성은 무조건적인 충성은 아닙니다. 비판은 하지만 체제에 적대적이지 않은 사람들, 곧 '건설적 비판' 혹은 '비판적 지지'를 하는 사람들이라고 할 수 있습니다. 한국에서도 여론 조사를 해보면 '헬조선'이니 하면서 불만을 제기하는 사람들이 많지만, 그렇다고 해서 혁명이나 체제 전복을 추구하지는 않는 것에 비유할 수 있을 것입니다.

북한을 알기 위해서는 '자아비판'이라는 제도도 알아야 합니다. 직장에선 직장대로, 마을에선 마을대로 각자 속한 사회 단위마다 정기적으로 반상회 같은 모임을 갖는데, 그 자리에서 '자아비판'을 합니다. 직장에는 직급이 높은 사람도 있고 낮은 사람도 있지만, 자아비판을 하는 자리에서는 직위가 낮은 사람이 직위가 높은 사람을 주저하지 않고 비판을 하며 그것을 미덕으로 여기는 분위기이기도 합니다. 제가 아는 교수들도 자기 동네 자아비판 모임에서 비판을 많이 당한다는 이야기를 들은 적이 있습니다. 당에서 높은 자리에 있는 사람도 예외 없이 자아비판을 하는 자리에 참석해야 합니다. 그런 과정을 통해 각종 불만을 체제 안으로 순치馴致시키는 것입니다.

이들 50퍼센트, 곧 당원과 지성인들은 국가의 향방을 좌지우지할 수 있는 사람들이지만, 이들은 체제에서 벗어나지 않는 부류이기도 합니다. 체제 유지가 이득이거나 체제 안에서 대안을 찾은 사람들이라고 할 수 있습니다.

북한이 곧 무너질 것이라고 간주하는 것은 실제 대북정책에 막대한 악영향을 끼친다는 점에서 심각성을 인식해야 합니다. 당장 장기적인 대북정책을 어렵게 만듭니다. 북한 붕괴론이라는 생각의 틀에 사로잡혀 있던 김영삼 정부가 보여 준 정책 실패와 국제적 고립은 두고두고 되짚어 보아야 할 반면교사입니다. 위키리크스wikileaks에 따르면 주한 미국대사관이 미 국무부에 보고한 외교 전문에 이명박 정부 당시 외교부 제2차관이었던 천영우는 캐슬

린 스티븐스 주한 미국대사와 가진 오찬에서 김정일 국방위원장 사후 2, 3년 안에 북한이 붕괴할 것으로 전망했다는 대목이 나옵니다. 이 문건에서 천영우는 북한이 경제적으로는 이미 붕괴했으며, 김정일 국방위원장이 죽고 나면 정치적으로도 무너질 것으로 전망했습니다. 하지만 실제로는 어땠습니까. 북한은 경제적·정치적으로 무너지지 않았습니다. 오히려 무너진 것은 이명박·박근혜 정부였지요.

　　한국의 보수 세력 중에는 북한이 붕괴하면 자연스럽게 남북통일이 되지 않겠느냐는 생각을 하는 사람들이 있습니다. 그것은 국제관계를 고려하지 않은 '우물 안 개구리' 사고방식에 불과할 뿐 아니라 한반도에 극심한 혼란만 초래할 위험하기 짝이 없는 발상입니다.

　　통일이란 그렇게 손쉽게 이루어지는 것이 아닙니다. 수십 년간 교류를 이어 가며 준비한 독일만 하더라도 지금도 보이지 않는 진통을 계속 겪고 있다는 것을 잊지 말아야 합니다. 좀 더 냉정히 말해서 만약 북한이 급작스럽게 붕괴한다면 이후 일어날 일은 흡수통일이 아니라 제2차 한국전쟁이 아닐까요? 그런 점에서 본다면 '북한 붕괴'의 결말은 '독일'이라기보다 '시리아'에 더 가깝지 않을까 싶습니다. 그다음에 북한의 2500만, 한국의 5000만 주민들에게 올 것은 고통과 갈등, 위험뿐입니다. 그러므로 저는 이렇게 이야기하고 싶습니다. 북한은 붕괴하지 않습니다. 그리고 붕괴해서도 안 됩니다.

——— 압박과 인내 모두 답이 아니다

　　이제나저제나 북한 붕괴를 바라는 이들은 물론이고 많은 사람이 범하는 또 다른 착각은 붕괴까지는 아니더라도 국제적 압박을 통해 북한을 굴복시키거나, 최소한 재갈이라도 물릴 수 있지 않겠느냐는 것입니다. 이들은 국제 사회가 한목소리로 압력을 가하면 그만큼 효과가 있을 것이라고 기대하지만 그런 방식은 오히려 역효과만 낳을 뿐입니다. 당장 대북 제재의 역사는 반세기가 넘었지만 북한은 무너지지도 않았을 뿐만 아니라 굴복한 적도 없다는 것을 상기해 보시기 바랍니다. 2006년 10월 9일 북한의 핵실험 이후 채택된 유엔 대북 제재 결의안(1718호)을 예로 들어 보겠습니다. 당시 저는 이 제재안은 반드시 실패할 것이라고 단언했습니다.

　　먼저 결의 내용이 효과적으로 수행된다면 전쟁 가능성을 배제할 수 없게 됩니다. 북한 선박이 일본 경비정에 강제로 수색을 당하면 물리적 마찰이 발생해 규모가 큰 전쟁으로 번질 가능성이 농후해집니다. 반면 결의안이 채택되었는데도 제대로 이행되지 않으면 지역 군비 경쟁이 불가피합니다. 결국 유엔 결의안은 이행이 잘되어도 문제, 안 되어도 문제인 '없었으면 훨씬 좋았을' 작품인 셈입니다. 저는 미국을 포함한 유엔이 이 같은 선택을 하게 된 이유를 북한에 대한 허상을 가지고 정책을 만들기 때문이라고 봅니다. 실제 대북 제재 이후에도 북한은 핵실험을 계속해 왔고, 그때마다 대북 결의안이 나왔습니다. 이쯤 되면 기존 정책의 타당성을 재검토하고

'발상의 전환'을 하는 것이 합리적이지 않겠습니까.

　　이명박·박근혜 정부는 북한을 힘으로 혹은 돈으로 굴복시키겠다는 인식에 근거한 정책을 폈다고 할 수 있습니다. 위키리크스가 폭로한 미국 외교 문건 중에 흥미로운 대목이 있습니다. 주한 미국대사관이 미 국무부에 보고한 3급 기밀 외교 전문을 보면, 커트 캠벨 Kurt M. Campbell 국무부 동아태차관보는 한국에서 '여론 주도층' 다섯 명과 북한의 미래에 대한 의견을 청취했는데, 그 자리에서 한 전문가는 "지난 10년 동안 한국과 미국, 중국, 일본 등 국제 사회가 응석을 받아 준 것이 북한의 정권 유지를 도와주었다"며 지난 김대중·노무현 정부의 대북 포용정책은 물론 미국의 대북정책까지 싸잡아 비판했다고 합니다. 그 '여론 주도층'이 강조한 핵심은 북한이 매우 취약한 상태이기 때문에 강하게 압박하면 굴복할 수밖에 없다는 것입니다. 이런 논리에 입각해 이명박 정부는 대북 강경 자세를 유지했습니다. 그렇게 강하게 나가면 북한도 더 버티지 못할 것이고 그러면 남북관계가 '정상화'된다고 생각한 것입니다. 취임 직후에는 '반년이면 된다'고 했다가 반년 뒤에는 '해 넘기기 전이면 된다'고 했습니다.

　　그런 취지에서 '기다리는 것도 전략'이라는 말이 나오기도 했습니다. 2008년 11월 12일 청와대에서 열린 언론사 논설실장단 오찬 간담회 자리에서 한 참석자가 이명박 대통령에게 경색된 남북관계를 빨리 푸는 것이 어떻겠느냐고 질문했는데, 당시 언론 보도를 인용해 보겠습니다.

이 대통령은 미리 준비하고 있었던 것처럼 자신 있는 말투로 비교적 자세하게 설명했다. "남북 문제는 김대중 정권 초기에도 8개월, 노무현 정권 초기에도 10개월(?) 등 정권이 바뀔 때마다 그런 (대화 중단) 전략을 써 왔다. 대화 중단하고 이대로 있는 것도 하나의 전략이다"라고 했다. 그러면서 "(지금 정권은) 북한과 색깔이 다르니 (다른 정권에 비해 대화 중단 기간이) 몇 달 더 걸릴 것이다"라는 말도 덧붙였다(『한겨레』, 2010년 5월 4일 자).

기다리기 전략의 결과가 무엇이었는지는 우리 모두가 경험으로 알고 있습니다. 북한은 굴복한 적도 없고 붕괴하지도 않았으며, 그렇다고 남북관계가 정상화되지도 않았습니다. 이명박 정부 내내 남북 대화라고 할 만한 사례는 2009년 김대중 대통령 사망 당시 찾아온 북측 조문사절단을 만난 것밖에는 없었습니다.

박근혜 정부 역시 2016년 급작스럽게 개성공단을 폐쇄하며 대북 압박에 나섰지만 그 결과는 개성공단 입주 기업의 피해만 눈덩이처럼 커졌을 뿐입니다. 입장을 바꾸어 생각해 보면 평양에 있는 정책 담당자들이 바보가 아닌 이상 자존심을 굽히며 한국에 왜 무릎을 꿇겠습니까. 중국도 있고 러시아도 있는데 말입니다. 중국과 러시아는 모두 국가 안보와 국제 정치, 그리고 경제적 차원에서 북한과 상당한 이해관계를 가지고 있습니다. 북한은 이미 반세기 넘게 중국과 러시아 사이에서 '밀당'을 하며 경제와 군사 분야에서 각종 지원을 받아 내는 데 도가 텄습니다.

사정이 이렇기 때문에 대북 제재는 국제적인 공조를 필요로 하지만 국제 정치 역학상 중국과 러시아의 적극적인 동의를 이끌어 내기가 쉽지 않습니다. 이와 더불어 대북 제재는 북한 경제가 중국에 종속되는 결과로 이어지고 있다는 점도 심각하게 고려해야 합니다. 이 문제에 대해서는 뒤에서 좀 더 자세히 다루도록 하겠습니다.

미국 오바마 행정부의 '전략적 인내' 역시 본질적으로는 '북한은 믿을 수 없다, 대화를 위한 대화는 의미가 없다, 북한이 먼저 주먹을 펴야 우리도 주먹을 펼 수 있다'는 접근법이라는 점에서 이명박·박근혜 정부의 9년과 다르지 않다고 평가할 수 있습니다. '전략적 인내'는 2010년 11월 오바마 Barack Obama 대통령의 "북한의 '목적의 진정성 seriousness of purpose'을 확인할 수 있는 조짐 없이 6자 회담 재개를 위한 노력을 기울이기 어렵다"는 발언에서 그 핵심이 드러납니다. 하지만 이런 접근법은 조금만 생각해 보면 도대체 말이 안 된다는 것을 금방 알 수 있습니다. 신뢰라고 하는 것은 대화의 전제 조건이 아니라 대화의 결과이기 때문입니다. 전 세계 군사력의 절반 이상을 보유하고 있는 미국의 주먹과 북한의 주먹을 단순 비교하는 것 자체가 합리적인 접근법이라고 하기 어렵습니다. 이런 방식으로는 관계 정상화는 고사하고 긴장이 고조되지만 않아도 다행일 것입니다. 결국 오바마 행정부의 대북정책은 오바마 행정부 관계자나 민주당 성향 전문가들조차 인정할 수밖에 없을 정도로 아무런 성과도 내지 못하고 실패했으며, 심지어 '전략적 혼수상태'라는 비판을 받기도 했습니다.

제재가 효과가 없다는 것은 북한 경제가 제재로 인해 받는 타격이 매우 제한적이라는 것에서도 알 수 있습니다. 유엔 세계식량계획(WFP) 보고서에 따르면 2013년 북한에서는 식량 문제가 없었고 오히려 식량 생산이 늘었다고 합니다. 서울대학교 통일평화연구원이 탈북자들을 대상으로 조사한 2016년도 보고서를 보면 북한에서 살 때 하루 세끼를 먹었다는 사람은 89.9퍼센트, 거의 쌀밥을 먹었다는 사람은 60.1퍼센트, 일주일에 한두 번 이상 고기를 먹었다는 사람은 50.6퍼센트였습니다. 탈북 직전 1년간 식생활 형편에 대해서도 80퍼센트 이상이 큰 문제가 없었다고 답했습니다. 한국개발연구원(KDI) 보고서를 보더라도 2016년 초반 제4차 핵실험으로 인한 대북 제재에도 불구하고 2016년도 북한 경제는 수력발전과 화력발전이 증가하면서 중공업과 경공업 모두 전반적으로 활기를 띠는 등 꾸준한 성장세를 기록했다고 합니다.

—— 북한은 자본주의화되고 있나

요즘 북한에서 나온 사람들 혹은 북한을 방문한 사람들이 "북한도 자본주의화되고 있다"는 말을 많이 합니다. 일부에서는 자본주의화로 인한 북한 붕괴 가능성을 점치는 사람들도 있습니다. 저는 이에 대해 반론을 제기하고 싶습니다. 북한이 경제성장에 주력하는 것은 분명한 사실입니다. 김정은 국무위원장은 어떻게 하든지 국민들의 의식주를 해결하겠다고 여러 차례 공개적으로 천명하기도 했습니다. 경제성장에 대한 정책 의지도 확고해 보입니다. 사람이라는 것이 이념적으로 투철해도 배가 고프면 문제가 생길 수밖에 없습니다. 하지만 단순하고 명확해 보이는 현상과 달리 본질적인 면에서는 조심스럽게 접근해야 할 대목이 많다는 것이 저의 생각입니다. 북한을 방문해 보면 갈수록 북한 전역에 시장이 활성화되고 있다는 것을 몸소 느낄 수 있습니다. 길에서 장사하는 사람도 늘었습니다. 하지만 겉으로 보이는 것만 보아서는 안 됩니다.

저는 평양을 방문할 때마다 명소인 모란봉 공원을 자주 들렀는데, 몇 년 전부터 입장료를 받기 시작했습니다. 물론 비싸지는 않지만 북한에서 돈을 내고 공원에 들어간다는 것은 의미가 적지 않은 변화라고 할 수 있습니다. 하지만 그것이 북한의 '자본주의화'일까요? 입장료를 누가 받고, 누가 모란봉 공원을 운영하는지를 보아야 합니다. 한국으로 치면 지방자치단체가 공원 관리 예산을 마련하기 위해 입장료를 받는 것과 같습니다. 제가 이 사례를 언급한 이유는 현재 북한의 변화 흐름이 국가정책 속에서 나타나고 있음을 강조하기 위해서입니다.

북한에도 장마당(한국식 표현으로는 시장)이 있고 노점이 있습니다. 이는 1990년대 경제난 이후 새롭게 나타난 현상입니다. 기존의 배급제도가 무너지면서 자생적으로 장마당이 생겨났습니다. 북한 당국은 2000년대 초 '종합 시장'이라는 공식 시장을 도입하면서 장마당을 합법화했습니다. 저는 북한을 방문할 때마다 궁금한 것이 시장이 어떻게 움직이는지, 사람들 의식구조가 어떻게 바뀌었는지 하는 점이었습니다. 그래서 직접적인 설문 조사는 하기 어려우니 허름하게 옷을 입고 혼자서 평양 시내를 둘러보며 시장 상인들과 많은 이야기를 나누곤 합니다. 경상도에서 자란 저에게는 지금도 그쪽 사투리가 남아 있는데, 재일동포 중에 경상도가 고향인 사람들이 제법 됩니다. 그러다 보니 장마당에서 만나는 사람들은 저를 곧잘 조총련 쪽 사람으로 오해하고는 합니다. 상인들의 이야기를 들어 보면 돈을 벌어서 자신들이 다 갖는 것이 아니라, 각 단위에서 물건을 시장에 내다 팔고 그 단위에서 수익을 갖는 구조입니다. 평양에 유명한 약장 골목이 있는데, 서로 자기 집 약을 팔기 위해 호객 행위를 하며 경쟁깨나 벌입니다. 왜 그럴까요? 가게마다 속해 있는 생산 단위가 있어 매상이 오르면 그 단위의 성적이 올라가고 상여금도 받게 됩니다. 집단과 집단 간 경쟁이 있는 것이지, 개인과 개인의 경쟁이 아닙니다.

제가 보기에 북한에서 '경제 발전'은 확고하게 국론으로 자리를 잡은 지 이미 오래입니다. 다만 장성택 처형을 계기로 '장성택 방식'은 절대 안 된다는 것을 명확히 했다고 할 수 있습니다. 장성택 방식은 자본주의 방법으로 사유재산, 개인주의 방법이라고 볼 수 있습니다. 장성택은 국가 이름으로 거래하면서 자신의 개인 재산을 중국은행에 축적한 흔적이 있었다고 합니다. 이는 북한 체제에서 절대 용납할 수 없는 문제였습니다. 장성택의 가장 큰 죄가 '개인주의'였던 것에는 이런 맥락이 있습니다. 개인은 국가를 위해 헌신해야 하는데 장성택은 그렇지 못한 행위를 저질렀고, 더욱이 높은 지위에 있는 사람이 거북한 존재가 되면서 일종의 혹으로 인식된 셈이지요.

한마디로 북한의 시장은 통제되는 시장입니다. 중국도 경제적으로 자본주의화가 되었지만 공산당이 주도하고 있는 것처럼, 북한도 노동당의 통제하에서 자본주의적 요소와 경제성장을 도모한다고 할 수 있습니다. 중국에서 시도했듯이 경제 특구에서 시작해 자본주의 경제적 요소, 사유재산 요소를 도입하면서 점진적으로 나아가려는 것이 북한의 구상입니다.

일부에서는 이런 변화가 결국 북한 체제의 근본적 변화를 가져오길 기대하지만 그렇게 속단할 수만은 없다고 봅니다. 이미 중국이나 베트남 사례에서 볼 수 있듯이 고도성장 속에서도 공산당의 정치적 안정과 정당성은 굳건하지 않습니까. 다시 말해서 조선노동당 통치와 자본주의적 경제는 양립 불가능한 목표가 아닙니다. 한국에서는 북한의 시장경제가 확산되고 있으므로 체제가 완화되어 붕괴될 가능성이 있지 않겠느냐고 쉽게 이야기하는데, 그것은 북한 체제를 잘 모르고 하는 이야기라는 것을 다시 한 번 강조하고 싶습니다.

단언컨대 대북 제재의 목표가 북한을 굴복시키는 것이라면 실패할 것입니다. 이는 한국이 아니라 중국 품에 안기라고 북한의 등을 떠미는 것이나 다름없습니다. 대북 제재의 목표가 북한을 굶겨 죽이는 것이라고 해도 역시 실패할 것입니다. 북한은 중국 품에 안겨 중국의 지원에 의존하며 살아가게 될 것입니다. 대북 제재의 목표가 북한에 대포알을 왕창 먹이는 것이라면 그 역시 실패할 것입니다. 대북 제재의 목표가 무엇이든지 간에 대북 제재는 북한을 중국 품에 안기게 만드는 결과를 초래할 수 있습니다. 가뜩이나 중국이 북한을 '동북 4성'으로 편입시키려고 하는 것 아니냐는 의구심이 높아지는 판에 대북 제재는 그런 흐름에 가속도만 붙일 뿐입니다. 더구나 대북 제재는 한국 경제에 먹구름을 몰고 올 것입니다.

한국의 자칭 '보수'들에게 묻고 싶습니다. 전쟁이 날지도 모르는 나라와 파업을 자주 하는 나라 중에 어느 나라에 투자하는 것이 더 매력적일까요? 결국 남북 대결은 한국은 미국에, 북한은 중국에 갇히는 결과만 초래할 뿐입니다. 불친절하고 비싼 데다 신선하지도 않은 채소를 파는 채소 가게가 세상에서 제일 좋은 가게인 줄 알고 있는 소비자와 같은 신세가 되는 셈입니다. 그것이 우리가 바라는 미래상인지, 우리 자손들에게 물려주고 싶은 나라의 모습인지 묻지 않을 수 없습니다.

두 번째,　　**미치광이 혼자 북한을
지배한다는 착각**

강국진 북한을 떠올릴 때 '상식'처럼 통용되는 것들이 있습니다. 북한 관련 뉴스를 살펴보면 사실과 전혀 맞지 않는 엉터리 뉴스가 한두 가지가 아닙니다. 세계 언론사에 길이 남을 '김일성 사망' 소식 오보를 비롯해서 금강산댐 소동은 일부에 불과합니다. 1990년대에는 북한 총리의 사위라는 사람이 기자회견을 열고 북한 핵무기를 폭로해 엄청난 충격을 받은 적이 있는데, 알고 보니 아무 근거도 없는 것이었습니다. 최근만 해도 해외에 있는 북한 식당 종업원들이 집단으로 탈북해서 시끄러웠는데, 그들이 탈북한 것인지 납치된 것인지도 불분명한 채 흐지부지되었습니다. 또 김정은 국무위원장의 최측근이라는 당 간부가 갑자기 모습을 보이지 않자 좌천되었다느니, 총살당했다느니 하며 호들갑을 떨었는데, 한두 달 뒤 버젓이 공개 석상에 김정은 국무위원장과 함께 나타난 사례는 이제 놀랍지도 않습니다.

저는 언론에 몸담고 있는 사람으로서 평양에 언론중재위원회 출장소를 설치하면 어떨까라는 생각을 할 때가 있습니다. 북한이 정부 차원에서 반론 보도 요청이나 정정 보도 요청을 한다면 '아니면 말고' 식의 보도가 조금이나마 줄어들지 않을까 싶기 때문입니다. 하지만 지금은 북한 관련 보도가 틀렸다고 뭐라 할 사람도 없고, 허위 왜곡 보도를 한다고 소송에 휘말릴 일도 없으니, '카더라'가 난무할 뿐입니다. 특히 종합편성채널은 북한 방송이 아닌가 싶을 정도로 북한 이야기가 넘쳐납니다. 물론 사실인지의 여부는 검증이 불가능합니다. 사실 아무도 묻지도 따지지도 않지요. 그중에서도 북한의 최고 권력자인 김정은 국무위원장은 과연 어떤 사람인지, 북한을 움직이는 사람들은 누구이며 어떤 방식으로 굴러가는지 제대로 된 정보가 너무 부족합니다. 과거 김대중 대통령이 정상회담을 준비하면서 가장 먼저 한 일 중 하나가 김정일 국방위원장이 어떤 사람인지, 대화가 통할 만한 상대인지, 능력은 있는지 등을 조사하는 것이었다고 합니다. 그런 면에서 보면 우리의 대북정책은 지금도 여전히 '장님 코끼리 만지는' 것은 아닌지 자괴감마저 듭니다.

박한식 제가 평양을 처음 방문했을 때 느낀 첫인상은 이 나라는 '구호'에 살고 '구호'에 죽는 나라구나라는 것이었습니다. 어린 시절 한국에서도 그 같은 모습을 많이 보았는데, 북한은 그보다 몇 배, 몇십 배는 더했습니다. 구호만 열심히 외치면 모든 일이 다 잘될 것 같은 분위기였습니다. '지상낙원'이란 구호가 딱 그랬습니다. 그들은 차별 없이 모두가 굶을 걱정 없이 잘사는 데다 무상 교육과 무상 의료를 이루었다며 자부심이 대단했습니다. 두 번째 느낌은 별나라에 온 것 같았습니다. 미국에서 10년 넘게 살다가 평양에 가 보니 '이곳 사람들과 대화가 가능할까'라는 생각이 들었습니다. 그런데 신기하게도 며칠 지나니 말이 통했습니다. 물론 사고방식이나 의식 구조에서 현격한 차이가 나기도 했지만 그래도 이야기해 볼수록 친근감도 생겼습니다.

'와! 여기도 우리 민족이 사는 곳이구나'라는 동질감을 느꼈습니다. 특히 나이가 좀 있는 사람들은 이른바 '공산주의' 사회인데도 유교적 예의를 중시하는 것에 무척 강한 인상을 받았습니다. 반면 북한 사람들과 이야기를 조금만 해 보면 생각했던 것보다 더 큰 이질성을 확연히 느끼는 것 또한 사실이었습니다. 그래도 김대중·노무현 정부 10년 동안 남북 교류가 급속히 활성화된 덕분에 만나서 이야기를 나눌 기회가 더 늘어나면서 이질성과 동질성 사이에서 균형점을 조금씩 찾을 수 있었습니다. 이슬람을 믿는 사람과 힌두교를 믿는 사람이 같이 살기 위해서는 상대방이 돼지고기와 쇠고기를 먹지 않는 것을 이해하고 서로에게 맞춰 주는 노력이 필요한 법입니다.

하지만 이명박·박근혜 정부 들어 남북 교류가 단절되면서 지난 9년 동안 북한 사람과 잠깐이라도 얼굴을 마주 보고 대화를 나눈 사람은 손가락으로 꼽을 정도가 되었습니다. 북한 관련 정보는 제한되어 있고, 그나마도 공정성을 의심받습니다. 그러다 보니 북한에 대한 선입견과 편견이 상식처럼 통용되기 일쑤입니다. 누가 북한을 이끌고, 무엇이 북한을 인도하느냐 하는 기초적인 사안에서도 오해가 적지 않습니다.

── '포악한 독재자'라는 프레임

　　그중에서도 가장 대표적이고 가장 심각한 '허상'은 김정은 국무위원장이 '미친놈'이며, 그 '미친놈'이 핵을 무기 삼아 세계 평화를 위협하고 있다는 것이 아닐까 합니다. 이런 레퍼토리는 기억을 조금만 되짚어 보면 주어가 김일성 주석이나 김정일 국방위원장에서 김정은 국무위원장으로 바뀌었을 뿐 사실 매우 익숙한 줄거리라는 것을 금방 알 수 있습니다. 김일성 주석이 살아 있을 때는 '김일성은 미친놈'이라는 게 상식처럼 통용되었지요. 또 북한을 지배한 김일성 주석은 항일운동의 영웅인 김일성의 이름을 훔친 것에 불과하다는 '김일성 가짜론'이 1990년대까지도 널리 유포되었습니다. 1980년대 후반 대학가에서는 김일성 주석이 만주에서 항일 무장투쟁을 한 것은 역사적 사실이라는 글을 학보에 실었다가 필자가 구속되는 일도 있었지요. 20세기 후반기만 해도 김일성 주석을 '김일성 주석'으로 지칭하는 것조차 조심스러운 분위기였습니다. 김일성 주석은 강제수용소와 공개 총살로 주민들을 억압하면서 자신은 호의호식하는 포악한 독재자의 전형이었을 뿐입니다.

　　40대 이상의 한국인이라면 누구나 김일성 주석을 사악하고 교활한 괴물 돼지로 묘사한 만화 영화 〈똘이장군〉을 기억할 것입니다. 솔직히 〈똘이장군〉에 나오는 그 우스꽝스러운 돼지야말로 한국에서 김일성 주석을 상징하는 대표 이미지가 아닐까 싶습니다.

　　김일성 주석이 사망하자 이번에는 김정일 국방위원장이 술

주정뱅이에 괴팍하고 종잡을 수 없는 인물이라는 '상식'이 뒤를 이었습니다. 일부에서는 '김일성 주석은 항일운동도 했고 나름대로 정통성이 있었지만 김정일 국방위원장은 그렇지 않다'는 논리를 펴기도 했습니다. 사회주의권 붕괴 이후 국제적 고립과 더불어 김일성 주석 사후 북한을 강타한 경제난과 대규모 아사사태는 김정일 국방위원장이 무능력하다는, 민생은 뒷전이고 자신의 권력욕을 충족시키는 데 혈안이 된 부패한 독재자라는 프레임을 강화시키는 확실한 근거였습니다. 심각한 경제난에도 불구하고 그가 권력을 유지했고 북한이라는 국가 시스템을 지켜 냈다는 점에서 호불호와 무관하게 정치가로서 유능하며, 최소한 미친 것과는 거리가 멀어도 한참 멀다는 반론이 설 자리는 좁기만 했습니다.

김정일 국방위원장의 역량에 대해서는 사실 두 차례의 남북 정상회담을 통해 국제 사회에 드러난 바 있습니다. 예를 들어 미국 국무장관이었던 매들린 올브라이트 Madeleine Albright 는 김정일 국방위원장과 6시간 동안 면담한 뒤 "상대방의 이야기를 매우 잘 들으며 훌륭한 대화 상대이다. 매우 결단력이 있으며 실용주의적이라는 인상을 강하게 받았다. 또 진지했다"고 표현한 바 있습니다. 또 본의 아니게 북한에서 8년 동안 지내며 김정일 국방위원장을 자주 만났던 최은희와 신상옥 역시 김정일 국방위원장을 "매우 지성적이고 냉혹하며 조그만 것까지 챙기는 관리자"라고 표현하면서 세간에 알려진 '방탕한 파티' 이야기에 의문을 제기하기도 했습니다. 그럼에도 여전히 근거도 없는 온갖 흑색선전과 프로파간다가 횡행하고 있습니다.

4

김정은의 목표는 덩샤오핑

　김일성 주석과 김정일 국방위원장이 세상을 떠났으니 이번에는 김정은 국무위원장 차례입니다. 장성택을 비롯한 고위층 처형과 더불어 김정남의 암살 소식은 김정은 국무위원장이 피도 눈물도 없는 패륜아이자 '사이코패스'가 틀림없다는 보도와 풍자를 넘쳐나게 했습니다. 〈미국의 소리 Voice of America, VOA〉 방송에 의하면 김정일 국방위원장 장례식 때 영구차를 호위한 리영호, 김정각, 김영춘, 우동측, 장성택 모두 권력 핵심부에서 밀려나거나 처형되었다고 합니다.[1] 한때는 김정은 국무위원장 부인인 리설주가 한동안 언론에 등장하지 않자 김정은 국무위원장이 리설주를 '숙청'했다는 보도가 줄을 잇기도 했습니다. 하지만 실제 북한을 방문하면서 제가 목격한 바에 의하면 김정은 국무위원장은 미친 것과는 거리가 멀어도 한참 멀었습니다. 당시 한국이나 미국 등에서는 장성택이 실세라느니, 리영호가 어떻다느니 말들이 많았지만 이미 그 시점에 김정은 국무위원장의 권력기반은 공고한 위치를 굳혀 가고 있었다고 봅니다. 상층

---

[1] 리영호 조선인민군 총참모장은 지난 2012년 7월 김정은 국무위원장의 권력기반 구축에 비협조적 태도를 보였다는 이유로, 변인선 총참모부 작전국장과 조영남 국가계획위 부위원장은 2015년 초 김정은 국무위원장에게 이견을 내놓았다가 숙청되었다. 같은 해 4월 현영철 인민무력부장은 회의 중 졸은 것이 빌미가 되어 재판도 없이 고사총으로 공개 처형되었다. 최영건 내각 부총리는 김정은 국무위원장이 추진한 산림녹화정책에 불만을 드러냈다가 처형되었고, 김용진 내각 부총리는 회의 중 자세가 불량했다는 이유로 역시 공개 처형되었다(〈미국의 소리〉, 2017. 2. 3).

부에서의 권력투쟁은 기미도 보이지 않았고, 밑으로부터의 봉기 또한 일어날 가능성은 전혀 보이지 않았습니다. 권력기반은 불안정하지도 않았고 오히려 갈수록 공고해지고 있었습니다. 경제 붕괴 예측도 틀렸고, 심지어 경제가 성장했다는 보고가 나오기도 했습니다.

이와 관련해 2016년 9월 9일 『뉴욕타임스 The New York Times』에 실린 분석이 좋은 참고가 되지 않을까 싶습니다. 이 기사에서 "북한은 미치기는커녕 너무 이성적이다"라면서 "북한이 핵실험과 미사일 발사 등 잇따른 도발을 하는 배경에는 생존을 위한 이성적인 사고가 자리 잡고 있다"고 주장했습니다. 이 분석에서는 북한이 체제 생존을 위해 위기를 최고 수준으로 끌어올려 전쟁을 일으킬 수도 있다는 위협을 가함으로써 상대를 움츠리게 만드는 전략, 즉 '미치광이 이론 madman theory'이라는 다소 역설적인 이론에 입각해 북한을 설명하고 있습니다. 미국 닉슨 행정부 당시 헨리 키신저 국무장관이 고안한 미치광이 이론은 미국이 구소련에 전 세계적인 핵전쟁 공포를 조성하여 베트남전쟁의 종결을 시도한 것에서 유래했습니다. 제가 보기에도 상당히 일리 있는 해석입니다.

누구든지 정치가 안정되고 체제의 정통성이 확립되고 나면 경제 발전을 추구합니다. 더구나 북한은 김일성 주석이 국가 정통성의 바탕을 만들었고, 김정일 국방위원장이 국가의 물리적 안정을 추구하는 수단으로 선군사상을 내놓는 등 정통성과 안보를 이미 이루어 놓았기 때문에 김정은 국무위원장은 경제를 살리는 것밖에 할 일이 없습니다. 덩샤오핑도 문화대혁명으로 인한 혼란이 가라

앉자 경제성장을 가장 중요하게 생각하고 개방을 강하게 밀고 나갔지요. 북·미관계 개선을 통해 미국을 선두로 하여 외국 투자를 받아들이겠다는 자세도 보이고 있습니다. 제가 판단하기에 김정은 국무위원장은 직접적으로 말하지 않을 뿐이지 '북한의 덩샤오핑'이 되고자 합니다. 2012년 4월 15일 김일성 주석 탄생 100주년을 기념하는 군사 열병식 때 김정은 국무위원장은 평양 시민들 앞에서 처음으로 연설을 했는데 저도 그 현장에 있었습니다. 김정은 국무위원장은 군사적 안보와 사상적·문화적 주체성이 공고해졌으므로 이제는 경제를 성장시켜 앞으로 나아가야 한다고 했습니다. 이후에도 비슷한 이야기를 여러 차례 했는데 의지가 분명히 나타나 있었습니다. 더구나 김정은 국무위원장은 어릴 때부터 서구를 경험한 사람이라는 것도 고려해야 합니다. 청소년 시절에 경험한 것들이 그 사람의 일생에 미치는 영향은 결코 적지 않은 법입니다.

━━ 북한은 1인 독재국가인가

김정은 국무위원장에 대한 세간의 인식이 얼마나 현실 적합성이 있고 타당한지 따져 보기 위해서는 북한의 권력 집단이 움직이는 작동방식을 제대로 알아야 합니다. 많은 사람이 북한의 국가 체제를 '1인 독재'라고 생각하는데, 제가 오랜 세월 북한을 관찰하면서 내린 결론은 북한은 '1인 독재'가 아니라는 것입니다. 북한을 지배하는 것은 조선노동당입니다. 북한은 조선노동당이 지배하는 일당 독재국가로, 조선노동당을 움직이는 것은 특정한 개인이 아닙니다. 조선노동당은 거대하고 구심력이 매우 강한 복합체로 당원 규모가 약 360만 명이나 됩니다. 북한 전체 인구가 약 2500만 명이라는 것을 감안하면 조선노동당이 얼마나 방대한 조직인지 알 수 있을 것입니다. 참고로 중국공산당 당원은 8779만 명(2014년 말 기준)입니다. 전체 숫자는 중국공산당이 많지만 인구 규모와 비교해 본다면 조선노동당은 가히 세계 최대 정당입니다.

　　북한에 가서 조금만 지내다 보면 어떤 사람이 당원인지 아닌지 금방 눈에 들어옵니다. 북한에서 당원이 된다는 것은 굉장히 중요합니다. 중국공산당 당원이 갖는 사회적 지위가 남다르다는 말을 하지만 북한은 그보다 더하다고 보면 됩니다. 그만큼 당원이 되기 위해서는 엄격한 심사를 거쳐야 합니다. 먼저 사로청(사회주의청년동맹)을 비롯한 다양한 하부 단체 활동 등 여러 단계를 거쳐 준당원이 된 뒤 몇 년간 엄격한 검증을 거쳐야만 비로소 당원이 될 수 있습니다. 조선노동당의 운영방식은 한국 사람들이 생각하는 것보다 훨씬 더 능력주의에 입각해 있습니다. 승진을 하거나 중책을 맡는 일 모두 집단적인 평가 과정을 거칩니다. 특히 지도부에 들기 위해서는 매우 엄격한 검증 절차를 거쳐야 합니다.

　　조선노동당은 당원들에게 매우 높은 수준의 민족관과 집단주의를 요구합니다. 개인주의적 성향을 보이는 당원은 가차 없이 배제되며, 결코 지도부로 올라갈 수 없습니다. 북한 헌법 제63조에 "조선민주주의인민공화국에서 공민의 권리와 의무는 '하나는 전체를 위하여, 전체는 하나를 위하여'라는 집단주의 원칙에 기초한다"라고 명시했을 정도입니다. 집단주의는 북한에서 매우 강력한 원칙으로 작용합니다. 당원은 주체사상에 입각해 생각하고 행동하도록 교육과 훈련을 받습니다. 주체사상이 항일 무장투쟁에 뿌리를 두다 보니 조선노동당 자체도 민족주의 성향이 대단히 강할 수밖에 없습니다.

이러함이 현실에서 나타나는 양상 중 하나가 국제결혼을 터부시하는 점이 아닐까 합니다. 우리 민족을 세상에서 가장 우수한 민족으로 보는 생각의 틀에서 보자면 국제결혼은 아무래도 맞지 않는 옷일 수밖에 없으니까요. 그런 점에서 보면 조선노동당은 배타적 민족주의에 기반한 정당이라고 할 수 있습니다. 아울러 출신 성분에 따라 입당 자격이 제한된다는 인식이 광범위하지만 제가 보기에 꼭 그렇지는 않습니다. 제가 만난 한 당원 출신 탈북자는 "그것은 1980년대 초반까지의 이야기"라며 "정세가 엄혹할 때는 그랬지만 그 이후에는 자기가 성실히 일해서 인정받으면 당원이 될 수 있다"고 했습니다.

참고로 조선노동당은 1945년 해방 직후 평양에서 결성한 조선공산당 북조선분국으로 출발해 조선신민당과 합당해 탄생한 북조선노동당을 거쳐 남조선노동당과 합당하면서 조선노동당으로 발전했습니다. 해방 직후만 해도 사회주의 활동의 중심 무대는 서울이었습니다. 하지만 미군정 치하에서 조선공산당과 뒤이은 남조선노동당이 탄압을 계속 받으면서 조직력에 상당한 타격을 받은 반면, 북조선노동당은 북한 전역에서 급속히 세력을 확장하면서 주도권이 역전되었습니다. 이와 더불어 한국전쟁과 뒤이은 박헌영 일파 실각, 1958년 소련파와 연안파 축출 등을 거치면서 조선노동당은 명실상부하게 김일성 주석과 그를 중심으로 한 1930년에서 1940년대 동북항일연군 동지들을 중핵으로 한 정당이 되었습니다.

　이 같은 성격은 지금도 계속 이어지고 있습니다. 예를 들어 김정은 국무위원장의 최측근으로 알려진 조선노동당 중앙정치국 상무위원 겸 조선인민군 차수 최룡해는 '빨치산 2세대'에 해당합니다. 최룡해의 아버지는 동북항일연군 지휘관으로 활약한 최현이었습니다. 최현의 아버지는 홍범도 부대에서 활동했고, 어머니는 경신참변 때 살해되었습니다.

　북한 지배층의 성격을 좀 더 살펴보기 위해 제가 북한에서 만나 본 조선노동당 고위직들을 예로 들어 보겠습니다. 이들에 대한 호불호 혹은 지지 여부와 별개로 이들이 엄격한 과정을 거쳐 성장한 매우 능력 있는 엘리트들이라는 것은 부인할 수 없는 사실입니다. 이 점은 중국공산당과 유사한 측면이 있습니다. 중국공산당 역시 당원을 대상으로 엄격한 검증을 거쳐 한 단계씩 올라가는 과정을 통해 차세대 지도부를 구성할 인재들을 육성, 관리한다는 점은 잘 알려져 있습니다. 또한 순환 근무제 방식으로 운영하는 한국 정부의 공무원 조직과 달리 조선노동당이나 북한 정부는 자리를 쉽게 바꾸지 않고 오랫동안 근무합니다. 자연스럽게 해당 분야에서의 전문성이 높아질 수밖에 없습니다. 1994년 북·미 제네바합의 당시 북한 측 협상 담당자들이 그대로 2000년대 6자회담 담당자로 활동했을 정도입니다. 한국 정부는 1년마다 담당자가 바뀌는데, 이 점은 북한을 배웠으면 좋겠습니다.

현재 공식적으로 북한 최고 통치자는 김영남 최고인민회의 상임위원장입니다. 김영남은 제가 평양을 방문할 때마다 자주 만났는데, 그는 굉장히 세련된 사람으로 세계 어느 나라 정치 지도자들과 같이 있어도 결코 뒤지지 않을 것입니다. 그는 평생 외교관계를 도맡아 했기 때문에 국제 정세에도 밝고 아는 것도 많습니다. 또한 고집을 부리지 않는 부드러운 성격이어서 정권이 어떻게 바뀌든 살아남을 사람이라고 봅니다. 경험도 많고 업적도 많기 때문에 후임자들이 김영남에게 꼼짝을 못 하더군요. 강석주[2]도 김영남과 비슷한 유형의 인물입니다. 박식하고 점잖은 성격으로 다른 사람의 말을 경청하고 자신의 이야기를 잘 하지 않았으며, 잘난 체하며 떠드는 법이 없었습니다. 김영남이나 강석주와 정반대 성격이 바로 김용순[3]이었습니다. 김용순은 김일성 주석 부인인 김정숙과 인척관계로, 엘리트의식도 있고 자기 의견을 직설적으로 이야기하는 성격이었습니다. 그런 성향을 김양건[4]이 그대로 물려받았습니다. 김용순과 김양건 모두 자기주장이 강한 사람이었습니다.

---

2 강석주(1939~2016)는 외무성 제1부상을 지냈다. 2016년 식도암으로 사망했다.

3 김용순(1934~2003)은 사망 당시 조국평화통일위원회 부위원장을 지냈다.

4 김양건(1942~2015)은 사망 당시 조선노동당 통일전선부장과 조선아시아태평양평화위원회 위원장을 역임했다. 그는 2015년 12월 교통사고로 사망했다(『연합뉴스』, 2015. 12. 31).

── 장성택 처형의 의미

북한 정부 공무원이나 당원들이 모두 뇌물만 받아먹는 사람들이고, 뇌물 덕분에 승진하는 것처럼 생각하는 사람들도 있는데 그것도 다르게 볼 필요가 있습니다. 평양을 방문하던 초기에 현금을 봉투에 넣어 당 간부들에게 선물이라며 준 적이 몇 번 있습니다. 그들은 그것을 거절하지 않고 다 받은 뒤 고스란히 당에 보고를 하더군요. 그것을 통해 자신의 충성심을 과시하는데, 실제로 높은 평가를 받을 수 있습니다. 그렇지 않고 돈을 사사로이 갖게 되면 십중팔구 적발되어 처벌받을 수 있습니다. 돈을 주는 것이 이들에게 오히려 골칫거리가 될 수도 있습니다. 북한은 화폐 개혁을 여러 차례 했는데, 기존 화폐에 색깔을 조금씩 달리해서 신권을 발행한 뒤 기존 화폐와 1대 1 비율로 교환해 줍니다. 그러고 나면 집 안에 숨겨 놓은 돈은 고스란히 무용지물이 되어 버리곤 했지요. 북한 지배층이 사치를 일삼는 '특권층'이라는 것도 조금 다르게 볼 수 있지 않을까 싶습니다. 물론 당과 정부 고위층이 일반 인민들보다 더 윤택한 생활을 하는 것은 부인할 수 없습니다. 하지만 제가 보기에 북한 체제에서 우리가 생각하는 식으로 사치하다가는 금방 비판을 받고 쫓겨나기 십상입니다.

2013년 12월에 있었던 장성택 처형은 이런 관점에서 재구성이 필요합니다. 대다수 한국 사람들에게 장성택을 누가 죽였는지 물어보면 대부분 '김정은 국무위원장'이라고 대답할 것입니다. 저에게 같은 질문을 한다면 저는 '모른다'고 답할 것입니다. 제가 평양에서 들은 바를 종합해 보면 조선노동당의 여러 최고위급 간부들이 협의한 끝에 장성택을 처형하기로 결정했기 때문입니다. 결정 과정에서 눈물을 흘린 사람도 여럿 있었다고 들었습니다. 결정 과정에 참여할 정도가 되는 지도부 일원이라면 장성택과 오랜 친분이 있는 사람들이고, 또 "개인적으로 너무 안 됐다"며 마음 아파하는 사람도 있었다고 합니다. 그럼에도 당 차원에서 '당과 국가를 위해 살려 둘 수 없다'고 결정했다는 것입니다. 한마디로 '당에서 결정'한 것으로 보아야 합니다. 제가 보기에 김정은 국무위원장 역시 '당의 결정'을 거부할 수는 없었을 것입니다.

이와 관련해서는 김정은 국무위원장과 장성택의 관계도 이해할 필요가 있습니다. 장성택은 김일성종합대학을 다니다 김정일 국방위원장의 여동생인 김경희와 결혼을 했으니 김정은 국무위원장에게는 고모부가 됩니다. 김정은 국무위원장을 키우다시피 한 사람이 바로 고모 김경희였고, 김정은 국무위원장이 스위스에서 공부하도록 권하고, 학교 다닐 때 후견인 역할을 한 사람이 장성택이었다고 합니다. 김정은 국무위원장은 자신을 애지중지 키워 준 사람을 자신의 손으로 죽여야 하는 것이 마음에 걸렸고, 또 상당히 괴로워했다는 이야기를 북한의 고위 관계자에게 들은 적이 있습니다. 그럼에도 장성택을 처형할 수밖에 없는 내부 사정은 무엇이었을까요? 민감한 내용이기는 하지만 북한에서는 김일성 주석 혈통, 흔히 말하는 백두혈통이 아니면 최고 지도자에 도전할 수 없다는 철칙이 있습니다. 그런데 장성택은 그 부분에서 정치 체제에 위협이 될 만한 어떤 징후를 보였다고 합니다. 당이나 군에 별다른 장성택 추종 세력이 있었던 것도 아니었습니다. 다만 장성택이 김정은 국무위원장의 명령에 불복한 것은 북한에서도 인정을 하는 부분인데, 물리적으로 저항했을 가능성도 배제할 수 없습니다.

김정은 국무위원장에게 불복하고 항명한 적이 여러 번 있었다는 이야기를 북한의 관계자에게 듣기도 했습니다. 장성택은 수산물 수출에서 막대한 이권을 누렸다고 합니다. 다시 말해서 장성택이 사사로이 부정부패를 저지르고, '개인주의'를 추구했다는 것입니다. 사실 장성택은 김정일 국방위원장이 김정은 국무위원장을 후계자로 결정했을 때 그리 탐탁지 않게 생각했다는 이야기가 나오기도 했습니다. 실제 제가 목격한 장면도 있습니다. 앞에서도 이야기했듯이 저는 2012년에 열린 김일성 주석 탄생 100주년 기념행사에 초청받아 평양을 방문했습니다. 김정은 국무위원장이 연설하는 모습을 보았는데 그때 장성택이 김정은 국무위원장 옆에 있었습니다. 뭐랄까, 어딘가 불손한, 김정은 국무위원장을 깔보는 태도가 제 눈에도 보였던 기억이 납니다. 그런 모습이 사진에도 고스란히 담겼습니다. 공개 석상에서 그런 태도를 보이는 행동들이 그의 몰락을 예고했다고 할 수 있습니다.

장성택 처형이 갖는 의미는 저에게도 복잡할 수밖에 없습니다. 특정한 체제가 다양성을 수용하는 것은 그 체제의 강점을 의미합니다. 그런 맥락에서 보면 장성택 처형은 그 같은 불편함을 수용할 수 없었다는 것이고, 이는 곧 약함을 나타내는 것입니다. 또 다른 측면에서 본다면 다른 점이 생겼을 때 어느 누구를 불문하고 가차 없이 처단하는 것은 물리적으로 명령 계통이 잘 서 있다는 것을 나름대로 과시한 것입니다. 그렇게 보면 약한 국가라 할 수만은 없다는 것을 의미한다고 볼 수 있겠지요.

　　한국 언론에서는 이를 '숙청'이라는 관점에서 접근하지만 숙청은 권력투쟁을 동반한다는 점에서 리영호 대장 사례를 숙청으로 보아야 할지는 의문입니다. 리영호는 자기 주위에 자신의 세력 같은 것이 전혀 없었으므로 줄줄이 숙청되는 일은 일어나지 않았습니다. 물론 세대 차이가 좀 있어서 나이 든 사람들이 물러나고 젊은 사람들이 발탁되기는 했지요. 당시 리영호는 나이가 일흔 살이 넘어 그렇게 건강하지도 않은 데다 자신이 모시던 김정일 국방위원장이 세상을 떠나자 심리적으로도 자신의 자리에서 물러나겠다는 생각이 있었던 것 같습니다. 자기 뜻에 맞지 않게 숙청되어 밀려난 것은 아닌 것으로 판단합니다.

　　김정남의 암살 사건은 좀 더 예민한 주제입니다. 만약 김정남의 암살을 김정은 국무위원장이 지시한 것이라면 그것은 명백한 중대 범죄이며, 도덕적인 비판을 피할 수 없을 것입니다. 하지만 현재로서는 확실한 증거가 없기 때문에 정색하고 북한에 문제 삼기도 애매한 상황입니다. 아마도 영구 미제 사건으로 남지 않을까 생각합니다. 존 F. 케네디 John F. Kennedy 암살을 둘러싸고 수십 년째 온갖 추측이 난무하는 것처럼 말입니다. 제가 경찰이나 정보기관 종사자가 아닌 이상 누가 어떻게 왜 죽었는지 길게 분석하는 것은 주제 넘는 일입니다. 다만 학자로서 김정남 암살 사건의 정치적인 맥락을 살펴보는 것은 가능할 것입니다. 먼저 북한에서 '백두혈통'이 아니면 어느 누구도 정통성을 가진 지도자가 될 수 없다는 현실을 다시 한 번 강조하고 싶습니다. 북한은 말 그대로 김일성 '왕국'이고, 김정남은 어쨌든 김일성 주석의 맏손자입니다.

　　역사를 살펴보면 왕조국가에서는 이런 일이 비일비재했습니다. 중국 당나라 때 '현무문의 변'이나 조선시대 '왕자의 난' 모두 왕위를 둘러싼 골육상쟁이었고, 거기서 승리한 당 태종과 조선 태종이 권좌를 차지했습니다. 조선 후기 영조가 외아들인 사도세자를 죽일 수밖에 없었던 배경에는 사도세자의 후계자 자격을 박탈하는 것만으로는 세손, 곧 훗날 정조가 임금이 되었을 때 발생할 정치적 권위의 붕괴 문제를 해결할 방법이 없었다는, 왕조국가 시스템의 치명적 결함이 자리 잡고 있습니다.

　　저 같은 일개 학자조차 북한을 방문해 보면 김정남이 북한의 후계 구도에 장애물이 될 수 있겠다는 생각을 하게 되는데 본인이라고 그것을 몰랐을까요. 김정일 국방위원장만 해도 이복동생인 김평일과 미묘한 관계에 있었고, 결국 김평일은 수십 년째 유럽 대사관을 전전하고 있는 것으로 알려져 있습니다. 김일성 주석을 가장 덜 닮은 아들이 김정일 국방위원장이고, 가장 많이 닮은 아들이 김평일이라는 사실은 상황을 더 복잡하게 만들었다고 합니다. 김정남은 어릴 때부터 놀기 좋아하고 물욕만 많아서 일찍부터 김정일 국방위원장의 눈 밖에 났었는데, 일본을 몰래 방문했다가 억류된 것이 결정타였습니다. 친엄마인 성혜림도 정통성 있는 부인이 아니었습니다. 성혜림의 전남편은 제가 개인적으로 아는 사람이기도 합니다. 김정남 자신도 그것을 잘 알고 있었을 테고, 그래서 더욱더 해외를 전전할 수밖에 없었을 것입니다. 거기다 김정남의 후견인 역할을 한 사람이 바로 장성택이었습니다. 일각에서는 충성 경쟁 차원에서 발생한 암살일 가능성을 제기하기도 했고, 그럴 가능성도 배제할 수는 없을 것입니다. 그래서인지 김정남이 죽은 직후 김정일 국방위원장 생일 경축식에 나타난 김정은 국무위원장은 무척 침통한 표정이었던 것이 외신에서 화제가 되기도 했습니다.

세 번째,

선군정치는 군부독재와 같은 말이 아니다

강국진 북한을 제대로 이해하기 위해서는 북한을 움직이는 것이 무엇인지 아는 것도 중요할 듯합니다. 흔히 주체사상이 북한을 움직인다는 이야기는 많이 합니다만, 사실 주체사상이 정확히 무엇인지 제대로 배운 적도 없고 설명해 주는 사람도 없습니다. 다만 대학 시절 도서관에서 해방 직후 월북해 북한 역사학계의 최고 권위자로 활동한 박시형이 쓴 『발해사』라는 책을 읽은 것은 지금도 기억이 납니다. 이른바 '주체사관'에 입각해 있다는 그 책에는 각 장마다 첫머리에 김일성 주석 어록이 수록되어 있었습니다. 예를 들면 발해의 문화를 정리한 장에서 "위대한 수령 김일성 동지는 우리 민족이 문화민족이었다고 말씀하시었다"라고 시작을 하는 식입니다. 세상의 좋은 말은 모두 김일성 주석이 한 것은 아닌가라는 생각이 들 정도였습니다.

주체사상은 김일성 주석의 항일 무장투쟁 경험에서 출발한 것으로 알고 있습니다. 민족주의적 성격이 강한 것이 오히려 북한 체제에 독으로 작용하는 것은 아닌가라는 생각을 해 봅니다. 독립국가로서 자주성을 견지하는 것을 나쁘게 볼 사람은 없겠지만, 세상 어느 나라도 완전히 독립적으로 홀로 살 수는 없지 않을까요? 한국이 석유 한 방울도 나지 않아 중동에서 원유를 수입한다고 해서 한국이 중동에 '예속되었다'고 표현할 수 없는 것처럼 말입니다. 북한은 그런 면에서 '주체성'이란 도그마에 갇혀 버린 것은 아닌가 하는 생각도 듭니다. 거기다 주체사상이 강조하는 우리민족제일주의 같은 구호를 듣다 보면 트럼프식 인종주의와 어떤 차이가 있느냐는 비판도 가능하지 않을까요. 어떤 때는 주체사상이 내세우는 '사람', '자주성'이라는 것이 국제 스포츠 대회 때마다 지겹도록 듣는 '정신력'과 무엇이 다른지 의문이 들 때도 있습니다.

박한식 북한은 우리가 흔히 쓰는 '서기' 대신 '주체'라는 독자적인 연호를 쓸 정도로 '주체성'을 중시합니다. '주체'는 영어로 번역하기가 참 까다롭습니다. 북한에서의 주체는 곧 김일성 주석과 직접 연관됩니다. 다시 말해서 김일성 주석을 빼놓고는 그 어떤 것도 상상할 수 없는 곳이 북한입니다. 북한에서 김일성 주석은 한마디로 신神이라고 할 수 있습니다. 기독교 신자가 예수를 생각하는 것처럼 북한에서 김일성 주석은 그런 존재입니다. 그런 점에서 본다면 북한은 사실상 신정국가나 다름없습니다. 평양의 도서관이나 지하철에서 사람들이 무슨 책을 읽나 살펴본 적이 있는데, 대부분이 김일성 주석의 어린 시절과 얼마나 힘들게 항일운동을 했는지에 관한 내용이었습니다. 김일성 주석의 수령화, 그것이 주체사상의 핵심입니다.

주체사상은 핵심적으로 사람이란 자주성, 창조성, 의식성이라는 세 가지 본질적 특성을 갖는다는 인식에 입각해 있습니다. 이세 가지는 사실 추상적이고 형이상학적인 개념입니다. 한국에서는 주체사상이 마르크스-레닌주의에 뿌리를 두고 있기 때문에 유물론의 일종이라고 생각하는 사람들이 있습니다만, 제가 보기에는 주체사상 자체가 인간을 중심에 둔 형이상학적인 철학입니다. 주체사상은 김일성 주석이 만주에서 항일 무장투쟁을 한 경험에서 태동했습니다. 그런 점에서 주체사상은 식민지 민족의 해방운동에서 출발했고, 반제국주의와 반외세주의 성격을 강하게 띠고 있습니다. 또한 주체사상은 단순한 반외세주의를 넘어 '분리될 수 없는 신성한 전체'인 민족에 대한 확신, 민족이 없으면 개인도 살아갈 근거를 잃게된다고 강조합니다. 이런 인식의 틀에서는 민족에 대한 완전한 충성심을 자연스러운 것으로 간주하게 됩니다. 또한 수령을 혁명의 '뇌수'로 규정함으로써 수령에 대한 절대적인 복종을 자연스럽게 요구합니다.

북한의 심장, 주체사상

북한에서 주체사상이 등장한 것은 1950년대 중반 중국과 구소련이 대립하던 시기로 볼 수 있습니다. 1955년 김일성 주석은

'사상에서의 주체'를 천명했고, 곧이어 '경제에서의 자립', '정치에서
의 자주', '국방에서의 자위'를 표명했습니다. 1970년 제5차 당 대회
는 주체사상을 마르크스-레닌주의와 동등한 위상을 갖는 공식 이
념으로 채택했고, 1980년 제6차 당 대회에서는 독자적 통치 이념의
자리까지 차지했습니다.

북한에서 주체사상이 본격적으로 발전한 것은 주체사상연
구소가 생기면서부터입니다. 제가 평양을 방문했을 때 연구소에 가
보니 300명이 넘는 학자들이 모여서 주체사상을 연구, 토론하고 있
었습니다. 당시 그곳의 책임자가 바로 이후에 남한으로 망명한 황
장엽이었습니다. 황장엽이 망명한 뒤 한국에서는 주체사상 창시자
가 김일성 주석이 아니라 황장엽이라는 주장이 나오기도 했습니다.
황장엽은 자신이 주체사상을 창시했는데, 김정일 국방위원장이 주
체사상을 왜곡했다는 식으로 말하곤 했습니다. 하지만 저는 황장
엽이 주체사상의 창시자가 아니라는 점을 분명히 하고 싶습니다.
한국에서는 황장엽이 대단한 거물인 것처럼 생각하는데 실상은 조
금 다릅니다.

황장엽이 주체사상을 철학적으로 정립하는 데 이바지한 것
은 제가 볼 때도 사실입니다. 인간 중심의 철학 개념이라든가 자주
성이나 창조성, 의식성 등은 그의 작품이라고 할 만한 것입니다. 황
장엽은 김일성 주석 생전에 상당한 총애를 받았는데, 그럴 수밖에
없는 것이 김일성 주석을 우상화하는 데 지대한 공헌을 한 사람이
바로 그였습니다. 황장엽은 부유한 지주 집안 출신이었는데 그것이

북한에서는 아무래도 좋게 보일 리 없지요. 그렇다 보니 명석한 두 뇌로 김일성 주석에게 필요 이상의 충성을 바쳤습니다. 보기에 따라서는 아부로 비칠 수도 있을 듯합니다. 저는 황장엽이 망명하기 전 평양에서 그의 별명이 '똥걸레'라는 이야기를 여러 사람에게 듣기도 했습니다.

그의 사무실에서 주체사상을 주제로 13시간 동안 토론을 한 적이 있는데, '혁명의 뇌수이자 노동계급의 대표자인 수령이 없으면 전체 인민들의 육체적·정신적 삶도 존재하지 않는다'는 수령론을 정립하는 데 큰 공을 세운 사람이면서 정작 자신은 수령론이 매우 싫다고 했습니다. 그는 김일성 주석을 억지로 영웅화하기 위한 정치적 필요 때문에 수령론을 만들었을 뿐 사상적·철학적으로는 잘못된 것이라고 이야기하더군요. 자신이 만든 이론에 대해 부정적으로 생각한 것입니다. 제가 보기에도 수령론은 체제 유지 차원에서 무리한 측면이 있습니다.

황장엽은 김정일 국방위원장이 김일성 주석의 후계자가 되는 과정에서 이념적으로 큰 역할을 하지 못했습니다. 또한 김정일 국방위원장이 권력을 계승하는 것도 긍정적으로 생각하지 않았습니다. 평양에서 이야기를 나눌 때면 그는 곧잘 김정일 국방위원장 험담을 하곤 했는데, 자기밖에 모르는 이기적인 사람이라는 것입니다. 북한에서는 집에 손님이 찾아오면 그 집의 아이들이나 부인이 손님의 구두를 닦아 주는 것이 예의인데, 명색이 자기가 당 비서이고 아저씨뻘인데도 김정일 국방위원장은 한 번도 그의 구두를 닦아 준

적이 없었다고 합니다.

　　그러나 김일성 주석에 대한 충성심만은 대단했습니다. 김일성 주석이 사망할 당시 황장엽은 쿠바를 방문하던 중이었습니다. 아바나 공항에 내렸을 때 김일성 주석이 사망했다는 연락을 받고 그는 가방도 풀지 않은 채 그대로 평양으로 돌아올 정도였습니다. 하지만 그런 그의 충성심은 김정일 국방위원장에게로 이어지지 않았습니다. 김정일 국방위원장이 그것을 모를 리 없었겠지요. 김일성 주석이 살아 있을 때는 그게 큰 상관이 없었는데, 김일성 주석이 뜻밖에도 갑자기 죽은 것입니다. 김정일 국방위원장 험담을 하다가 자신의 입장을 바꿀 기회를 놓쳐 버린 셈이지요. 결국 그는 김정일 국방위원장의 눈 밖에 났고, 정치적 위상은 추락했습니다. 김정일 국방위원장은 선군사상을 만들었는데, 황장엽은 이 선군사상을 이론적으로 뒷받침하는 데 참여하지 않았습니다.

　　황장엽은 아마도 역사상 가장 유명한 탈북자가 아닐까 싶습니다. 그는 1997년 1월 일본에서 열린 주체사상 관련 학술회의에 참석했다가 귀국하는 길에 베이징北京에서 김덕홍과 함께 2월 12일 한국대사관에 망명을 신청했습니다. 그가 망명을 신청한 뒤 가장 먼저 요청한 것이 저와 통화를 하고 싶다는 것이었습니다. 당시 주중 대사였던 정종욱은 저와 대학 동창으로, 밤에 전화가 와서 받으니 "황장엽이 박 교수와 연결시켜 달라고 했다"고 하는 말을 듣고 황장엽이 망명했다는 것을 알았습니다. 사실 황장엽은 한국이 아니라 미국으로 가고 싶어 했습니다. 그는 카터센터 같은 곳에서 일을 하고 싫어 했는데, 그것 때문에 저와 연락하려고 했던 것입니다. 하지만 한국대사관에서 황장엽을 순순히 미국으로 보내 줄 리가 없지요. 당시 안기부였던 국정원에서 정 모 씨가 30여 명 되는 직원들을 이끌고 곧바로 베이징으로 간 뒤 모든 접촉을 막아 결국 2개월 정도 치열한 외교전을 벌인 끝에 황장엽은 그해 4월 한국에 입국할 수 있었습니다.

노무현 정부에서 국정원장을 지낸 김만복이 당시 황장엽을 담당했던 사람이었는데, 그는 미국 주재 공사로 일할 당시 저와 자주 연락을 했던 사이였습니다. 그 덕분에 한국을 방문할 때 황장엽을 몇 번 만날 수 있었습니다. 평양에서는 위세가 등등하던 사람이 한국에서는 달리 할 일도 없이 국정원에서 마련해 준 안가에 갇혀 지내야 하는 모습을 보며 속이 상했습니다. 애초에 그의 목적지는 서울이 아니었지만 서울에서 살기 위해 정부가 시키는 일은 잘했습니다. 김정일 국방위원장 체제를 혹평하는 책을 썼는데 정말로 그가 쓴 것인지 의문이 들기도 합니다. 한번은 제 손을 잡고 미국에 가고 싶다고, 아내 생각이 난다며 울기도 했습니다. 개인적으로 비극적인 말년이었습니다.

주체사상을 김일성 주석이 만들었다는 데에는 이견이 있을 수 없습니다. 저는 김일성 주석이 "사람이란 것을 중요하게 생각한다"라고 하는 말을 들은 적이 있습니다. 마음에 와닿는 말이었습니다. "이 인간 언제 사람이 되겠냐"라고 하는 말에서 보듯 인간과 사람이라는 단어에는 미묘한 차이가 있습니다. 이 또한 영어로 번역하는 것이 쉽지 않습니다. 매우 형이상학적이고 철학적인 의미가 들어 있습니다. 그런 식으로 사상을 정당화시키고 미화시키며 설득을 잘 하는 사람이 김일성 주석이었습니다.

─── 주체사상을 떠받치는 네 기둥

북한을 움직이는 것이 주체사상이라고 한다면 주체사상을 만든 김일성 주석은 사상 이념적 영역에서도 북한을 움직인다는 말이 됩니다. 적어도 북한에서는 김일성 주석과 직접 연관되는 '역사적 기억'을 공유합니다. 첫 번째는 일제강점기의 경험과 항일운동에 대한 기억입니다. 북한은 명백하게 항일운동, 특히 김일성 주석과 그 동료들이 주도한 동북항일연군 혹은 조선인민혁명군의 경험에 뿌리를 두고 있습니다. 일제 통치라는 유례없는 시련에 맞섰던 경험은 국가의 정통성과 역사적 연원을 규정했습니다. 두 번째는 분단의 기억입니다. 북한에서는 친일파를 배제하고 외세를 배격하는 과정을 통해 정부를 수립했다는 점을 강조합니다. 해방 이후 분단이 되고 정부를 수립하는 과정을 남쪽에서는 미군정 후원을 받은 이승만 대통령과 친일파 조합이 주도했다면, 북쪽에서는 구소련과 김일성 주석 등 항일운동가 그룹이 주도했습니다. 이들이 주류로 부상했고 빠르게 주도권을 장악했습니다.

세 번째는 전쟁의 기억입니다. 1950년부터 1953년까지 한반도를 뒤덮은 전쟁은 냉전 요소가 없던 것은 아니었지만, 결국 우리 민족끼리 벌이던 싸움이 악화되어 폭발한 것이었습니다. 참혹하지 않은 전쟁이 없겠지만 한국전쟁은 특히 더 참혹했습니다. 제2차 세계대전에서 전 세계에 사용한 폭탄에 맞먹는 양을 한반도에 터뜨렸습니다. 군인 사상자만 해도 한국군 62만여 명, 조선인민군 60만여 명, 중국인민지원군 97만여 명, 유엔군 15만여 명이나 됩니다(박동찬, 『통계로 본 6·25전쟁 국방부 군사편찬연구소, 2014』). 한반도 곳곳에서 잔인한 대규모 민간인 학살이 조직적으로 벌어지면서 지금도 씻어지지 않는 마음의 상처를 입혔습니다. 특히 북한은 전 국토가 원시 시대로 되돌아갔다는 말이 나왔을 정도로 극심하게 폭격을 당했습니다. 북한 입장에서 보면 이런 엄청난 고통을 겪으면서 결국 미국에 패하지 않았다는 것이 철저한 민족주의를 고착시켰습니다. 네 번째는 중소대립中蘇對立의 기억입니다. 북한으로서는 중국과 구소련 사이에서 벌어지는 갈등 속에서 어느 한쪽만 일방적으로 편을 들 수가 없었습니다. 답은 등거리 외교밖에 없었습니다. 그리고 중국과 구소련의 갈등 속에서 북한은 양측으로부터 지원을 받아 냈습니다. 그런 경험을 바탕으로 북한은 생존 능력 혹은 외교력을 키워 나갔습니다.

    초기의 주체사상에는 정치 구호밖에 없었습니다. 그러던 것이 앞에서 이야기한 역사적 경험을 거치면서 철학적 체계로 발전하기 시작했다고 할 수 있습니다. 이것이 조선노동당의 지도 이념으로 승격되었고, 북한을 지배하는 '유일사상'이 되었습니다. 주체사상은 사실 마르크스-레닌주의가 표방하는 유물론이 아닙니다. 제가 보기에 주체사상은 민족주의에 토대를 두고 있으며, 조선 민족보다 훌륭한 민족은 없다는 우월주의 성격도 매우 강합니다.

　앞서 이야기했듯이 주체사상을 연구해 보면 그 종교적 성격에 눈길이 갈 수밖에 없습니다. 제가 원래 종교철학에 관심이 많았던 터라 주체사상을 종교철학적 맥락에서 살펴보는 것이 주체사상을 더 잘 이해할 수 있는 방편이지 않을까 하는 생각을 많이 합니다. 그런 점에서 보면 주체사상은 김일성 주석이 태어난 1912년을 원년으로 하는 '주체종교'라고 표현할 수 있습니다. 주체종교에서는 김일성 어록이 곧 성경입니다. 북한의 고위직 관료 집무실에는 '일력'이 있는데, 하루하루 넘길 때마다 김일성 주석의 교훈이 쓰여 있습니다. 기독교인들이 묵상하고 가르치고 배우는 대상이 성경이듯 북한에서는 김일성 어록이 그런 역할을 합니다. 또한 종교치고 노래가 없는 곳이 없듯이 북한에서는 김일성-김정일-김정은 찬송가가 끊임없이 울려 퍼집니다. 김일성 주석을 찬양하는 노래와 예수를 찬양하는 노래가 본질적으로 다를 것이 없습니다. 노래가 있고, 신학이 있고, 성경이 있고, 목사가 있습니다. 한마디로 종교 집단이나 다름없습니다.

━━ 김일성과 기독교 그리고 통일교

사실 김일성 주석이 외가 쪽을 통해 어린 시절 개신교의 영향을 많이 받았다는 것은 유명한 이야기입니다. 김일성 주석은 미국 목사들을 북한으로 초청해 직접 만나기도 했습니다. 한 목사가 북한을 방문해 김일성 주석의 별장에 초대되어 같이 밥을 먹는데 김일성 주석이 "목사님, 식전 기도를 해 주십시오"라고 해 기도를 했다는 이야기를 들은 기억이 납니다. 김일성 주석의 외할아버지인 강돈욱 장로의 6촌 동생인 강양욱 목사는 조선그리스도교연맹 초대 위원장으로 일했으며, 부주석 자리까지 오르기도 했습니다. 그의 아들인 강영섭 목사는 저와도 친분이 있습니다. 강영섭 목사는 조선그리스도교연맹 제3대 위원장을 지냈는데, 그가 2012년 세상을 떠난 뒤에는 그의 아들인 강명철 목사가 제4대 위원장으로 일하고 있습니다.

주체사상과 통일교의 관계를 살펴보는 것도 흥미로운 대목입니다. 제가 대학에 입학할 즈음 서울대학 캠퍼스에서 그리 멀지 않은 곳에 문선명이 세운 통일교회가 있었습니다. 학구적인 관심 때문에 그곳에 몇 번 가 본 적이 있는데, 나중에 북한에 가서 깜짝 놀랐던 것이 문선명이 세운 통일교회와 김일성 주석이 창시한 '주체종교'가 많은 부분 굉장히 비슷했습니다. 그래서 2002년에 「신정국가라는 측면에서 본 북한」이라는 글을 쓰기도 했습니다. 주체사상과 통일교는 한민족의 우월성, 선민의식을 강조합니다. 특히 북한에서 이야기하는 민족주의는 경제적 문제가 아니라 다분히 신학적이고 철학적인 관점에 입각해 있습니다. 저는 미국에서 살면서 미국인 통일교 신자들을 여러 명 만나 보았는데, 그들이 한민족 자체에 대해 특별한 감정을 느끼는 것이 신기했습니다. 통일교 교주 문선명은 생전에 여러 차례 평양을 방문해 김일성 주석을 만났는데, 두 사람의 맥이 통한 것은 바로 조선 민족의 우월성이었습니다. 김일성 주석은 생전에 통일교가 한민족의 우월성을 강조하고 외국에 널리 전파하는 것을 긍정적으로 평가했습니다. 문선명 역시 주체사상의 민족 우월주의적 성격을 나쁘지 않게 보았다고 합니다.

1991년 김일성 주석과 문선명이 평양에서 만날 당시 문선명은 순금으로 만든 대형 한반도 지도를 김일성 주석에게 선물했다고 합니다. 조선노동당 관계자에게 듣기로는 당시 회담 분위기가 화기애애했다고 합니다. 이처럼 김일성 주석과 문선명에서 시작된 북한과 통일교의 관계가 오늘날까지 이어지고 있습니다. 김대중-김정일 정상회담 당시 통일교가 다리를 놓았다는 이야기가 있는데 충분히 가능한 이야기입니다. 2012년 문선명이 죽었을 때 김정은 국무위원장 명의로 조전을 보내기도 했고, 평양 시내 보통강 호텔 바로 옆에는 김일성 주석이 교회 설립을 허용해 주어 통일교회도 자리하고 있습니다. 그곳에 상주하는 통일교 사람들은 영어도 가르치며 통일교 전파를 위해 노력하고 있습니다. 또한 보통강 호텔도 통일교에서 세웠으며, 통일교가 중심이 되어 투자해 만든 평화자동차도 있습니다. 평양을 방문한 통일교 대표와 김정은 국무위원장이 만나는 것을 제가 목격한 적도 있습니다.

　　종교 이야기가 나온 김에 잠깐 북한에서의 종교 자유에 대해 이야기해 보겠습니다. 많은 사람이 저에게 "북한에도 종교의 자유가 있느냐"고 묻습니다. 조선노동당이 관용하는 범위 안에서 종교 활동이 가능합니다. 철학적·신학적으로 조예가 있는 사람들은 자신의 종교와 주체사상 관계에 대해 토론하기도 합니다. 예를 들면 개신교회에서 '예수와 주체사상의 관계'에 대해 토론하는 식입니다.

　　물론 교인이면서 당원인 사람들도 있습니다. 제가 그분들과 함께 교회 예배에 간 적도 있습니다. 조선노동당에서는 김일성 주석 때부터 기독교라고 백안시하면 안 된다는 원칙을 가지고 있습니다. 그런데 북한에서 종교는 결국 모두 어용 아니냐 하는 시각도 일부 있는데, 물론 그런 측면이 없다고 할 수는 없습니다. 종교를 정치적으로 이용하려고 하는 정객들이나 정권이 있는 한 종교를 어용 종교로 만들어 놓기 마련이지요. 그럼에도 종교는 기본적으로 개인적인 문제입니다. 그것을 잊어서는 안 됩니다. 평양 봉수교회에 가보면 나이가 많거나 병든 많은 사람이 하나님에게 간절히 기도하고 있습니다. 그것은 어용의 산물일 수가 없지요.

── 선군정치는 군부독재의 이데올로기인가

　　1994년 김일성 주석이 사망한 뒤 김정일 국방위원장은 선군정치를 내세웠습니다. 선군정치는 1995년 1월 김정일 국방위원장이 다박솔 초소를 시찰하면서 시작되었다고 합니다. 북한은 1998년 헌법을 개정하면서 조선노동당 국방위원회에 '국가주권을 군사적으로 영도하는 최고 기관'이라는 최고의 권위를 부여했습니다. 이어 1999년 6월 17일 조선노동당 중앙위원회 소속 기관지인 『로동신문』과 『근로자』는 '우리 당의 선군정책은 무적이다'라는 공동 사설에서 "군을 우선시하는 것은 현 시대의 완벽한 정치 형태"이자 "혁명 과정에서 일어나는 모든 문제를 풀 수 있는 지도력 형식"이라고 강조하면서 "우리의 혁명적 철학은 군이 바로 당이며 인민이며 국가라는 것"이라고 밝혔습니다. 2009년 개정 헌법 제3조에서는 한발 더 나아가 "조선민주주의인민공화국은 사람 중심의 세계관이며 인민대중의 자주성을 실현하기 위한 혁명사상인 주체사상, 선군사상을 자기 활동의 지도적 지침으로 삼는다"고 명시함으로써 선군사상을 주체사상과 동격인 지도 이념으로 격상시켰습니다.

　　선군정치에 대해서는 많은 오해가 존재합니다. 특히 군사독재 정권의 기억이 남아 있는 대다수 한국인들에게 선군정치는 곧 군부독재로 느껴지기 십상입니다. 하지만 선군정치는 단순히 군부를 존중하고 군부에 권력을 집중시키는 것이 아니라는 점을 이해할 필요가 있습니다. 선군정치의 핵심을 단순하게 표현하면 그것은 군부 지배가 아니라 '군인들에게 배우자', '군대가 인민들의 생활을 도우라'라고 할 수 있습니다. 군인들을 존경하고 흠모하게 만들기 위해 군인들의 위상을 높여 주는 차원이고, 인민들이 필요로 하는 것을 군인들이 해결해 주는 시스템입니다. 심지어 농사일도 군인들이

도와주고, 사회기반시설 공사도 군인들이 앞장섭니다. 가정집에서 수도꼭지가 고장이 나면 군부대에 전화를 걸어 도움을 요청합니다. 그러면 군복을 입은 군인 기술자가 나와 고쳐 주니 일반 사람들은 군인들을 좋아하고 존경할 수밖에 없습니다. 원래 군과 민의 차이가 없는 곳이 북한이었습니다. 군이라는 존재가 민간과 따로 떨어져 있는 것이 아니라 긴밀하게 밀착해 인민 생활에 보탬이 되도록 동원하겠다는 것입니다. 과거 중국공산당 역시 혁명 과정에서 민심을 잃으면 공산혁명은 성공하지 못한다며 비슷한 정책을 편 경험이 있습니다.

　　선군정치에 대한 부정적인 인식을 강화시키는 것이 외국에서 원조한 식량 대부분을 군인들에게 공급한다는 지적입니다. 식량이 항구에 도착하면 그것을 운송하는 것은 군부대 트럭밖에 없는데다 위성으로 확인해 보아도 군대가 모두 가져가는 것처럼 보입니다. 하지만 상식적으로 외부에서 지원받은 식량을 군대에서만 소비한다면 어떻게 될지 상상하기 어렵지 않습니다. 군인들은 자기 집에서 자주 잠을 자기도 하고, 또 동생이나 친척들은 쫄쫄 굶고 있는데 자신은 군대에서 실컷 먹을 수 있다면 군인들은 신망을 잃을 수밖에 없을 것입니다. 군대가 인민에게 복무한다는 원칙이 무너지는 것은 체제 정당성에 위협이 됩니다. 북한 체제 성격상 원조 받은 식량을 군대가 모두 차지한다는 것은 힘든 일입니다.

　　선군정치의 배경에는 김정일 국방위원장이 군인으로서 내세울 만한 업적이 없다는 사실도 작용했다고 할 수 있습니다. 김일성 주석은 이미 10대 후반부터 일본군을 상대로 유격대 활동을 하는 등 군사 분야에서 역량을 보여 주었지만 김정일 국방위원장은 그렇지 못합니다. 그런 면에 주목해서 선군정치를 '김정일 국방위원장이 군부를 제대로 장악하지 못했다는 반증'으로 해석하는 학자들도 있습니다. 물론 그런 해석도 충분히 나올 수 있다고 봅니다. 김정일 국방위원장이 군부를 상당히 의식했던 것은 사실이기 때문입니다. 또 김일성 주석이 사망한 뒤 곧바로 대규모 아사사태가 발생하는 비상 상황에서 대규모로 동원할 수 있는 군대 조직은 사회를 안정시키는 데 꼭 필요한 요소였다는 점도 고려해야 할 것입니다. 선군정치를 통해 군부의 지지를 얻는 작업은 성공적이었습니다. 김정일 국방위원장이 2002년 고이즈미 준이치로小泉純一郎 일본 총리와 정상회담을 할 때 "일본인 납치를 군에서 했다. 잘못이다. 사과한다"고 했는데, 이는 김정일 국방위원장이 군부를 완전히 장악하지 않고서는 결코 나올 수 없는 발언이었습니다.

── 북한식 성과 평가는 그 기준이 다르다

　　북한에도 경쟁과 성과 관리가 있어 성과 관리제도가 촘촘하게 북한을 움직입니다. 다만 그 작동방식은 우리가 알고 있는 것과 상당한 차이가 있습니다.

　　앞에서 장마당 이야기를 하면서 말씀드렸습니다만, 북한에서의 경쟁은 개인끼리 하는 것이 아니라 집단과 집단끼리 이루어집니다. 이런 시스템이 집단주의 정체성과 문화를 강화하는 역할을 합니다. 예를 들어 학업 성적에 대한 평가를 하더라도 개개인끼리 하는 것이 아니라 학교별로 경쟁합니다. 좋은 성적을 거둬 상을 받더라도 1등을 한 학생이 아니라 1등을 한 학교가 받습니다. 부상으로 피아노 등을 받는데 개인은 배지가 대표적입니다. 중국에서는 마오쩌둥 毛澤東 배지가 길에 차일 정도로 흔하지만 북한은 전혀 다릅니다. 저도 북한에서 기념품으로 배지를 구하려고 했지만 구할 수가 없었습니다. 북한에서 배지를 받기 위해서는 일정한 식순에 따라 맹세를 해야 하는 등 까다로운 절차를 거쳐야 합니다. 그런 배지를 다는 것 자체가 상당한 영광이며 자랑입니다. 배지도 종류가 많습니다. 배지를 경제학적인 용어로 표현하면 액면가는 얼마 안 되어도 정치 이념적인 가치를 가진 '가치재'인 셈입니다.

　　북한식 성과 관리에서 승진이란 개념은 별로 의미가 없습니다. 수십 년간 알고 지낸 교수나 간부들도 승진하는 것을 보지 못했습니다. 예를 들어 리종혁 조선아시아태평양평화위원회 부위원장은 상당한 실세입니다만, 30년 전이나 지금이나 계속 부위원장입니다. 조선노동당이나 외무성에는 '참사'라는 직제가 있는데, 참사가 대사가 되기도 하고 대사가 참사가 되기도 합니다. 북한에서는 한국의 부장이니 차장이니 하는 승진 서열이 아니라, 조선노동당에서 인정받고 영향력 있는 이른바 '성분'이 제일 중요합니다. 북한 관계자들과 회의를 할 때면 높은 자리에 있는 사람이 아니라 '성분'이 좋은 사람이 하는 말에 귀를 기울여야 합니다. 뒤에서 더 자세히 이야기 하겠습니다만, 트랙II 대화를 할 때 북한이 보내 주는 참석자 명단을 보면 직위가 형편없는 사람도 여럿 있는데, 사실 그런 사람들이 실제로는 중요한 역할을 하는 실세입니다. 계급이라는 간판은 북한을 이해하는 데 도움이 되지 않습니다.

네 번째,   **북한 인권을 정치적으로
이용하는 사람들**

강국진 예전에 북한의 인권 문제를 주제로 여러 차례 기획 기사를 쓴 적이 있습니다. 당시 인권연대 오창익 사무국장에게 "북한의 인권 논의에서 흔히 범하는 두 가지 편향이 있다"는 말을 들은 기억이 납니다. 첫 번째 편향은 '북한에는 인권 문제가 없다'는 관점입니다. 이는 당연히 말도 안 되는 헛소리일 것입니다. 두 번째 편향은 '북한에만 인권 문제가 있다'는 시각입니다. 이런 오류는 북한의 인권 문제를 냉정하게 바라보는 것을 방해하고, 더 나아가 공정성을 스스로 훼손시킵니다.

그런 통찰을 염두에 두고 북한의 인권 문제, 그중에서도 가장 뜨거운 주제 중 하나인 탈북자 문제를 생각하다 보면 국내의 시선에서 '오리엔탈리즘'[1]이 크게 작동하는 것이 아닌가 하는 생각이 들 때가 많습니다. 북한은 못사는 곳이고, 북한 정권은 전근대적이며 악랄하다고 끊임없이 강조하는 속에서 정작 탈북자들의 목소리는 잊히고,

---

1 에드워드 사이드 Edward Said 가 처음 제시한 오리엔탈리즘은 '서양'이 동양을 특정한 방식으로 인식하고 규정하는 담론을 비판하면서 내놓은 개념이다. 그 개념을 북한에 적용해 본다면 북한을 특정한 방식으로 규정하고 정의하는 담론이 존재한다. 물론 담론이란 언제나 특정한 정치적 맥락 속에서 존재하는데, 북한에 대한 오리엔탈리즘 역시 예외는 아니다.

그들은 열등한 혹은 야생이 살아 숨쉬는 '순수'한 존재로 굳어 버리는 것은 아닌가 싶습니다. 우리는 탈북자들에게서 우리가 보고 싶어 하는 모습만 보고, 우리가 듣고 싶어 하는 말만 듣는 것은 아닐까요.

그런 점을 염두에 두더라도 북한의 인권 문제가 심각하다는 것은 어느 누구도 부인할 수 없을 것입니다. 선거권이나 언론·출판·집회·결사의 자유 같은 시민적-정치적 권리(이른바 자유권)는 말할 것도 없고, 북한이 내세우는 경제적-사회적-문화적 권리(이른바 사회권) 역시 과연 얼마나 자랑할 만한 수준인지 의문입니다. 북한에서는 공동체로서 집단적 생존권을 강조합니다. 그것이 중요하다는 것은 인정하지만, 그렇다고 해서 공동체라는 이름으로 개인에게 가해지는 폭력이 모두 정당화될 수 있는 것인지는 모르겠습니다.

박한식 북한의 인권이라는 주제를 다루기 전에 먼저 '인권'이 무엇인지 이해할 필요가 있습니다. 인권이란 사람이 사람으로서 사람답게 살아갈 수 있는 '자연적이고 양도 불가능하며 신성불가침한' 기본적인 권리를 가리키는 개념이라고 할 수 있습니다. 인권이란 빌려줄 수 있는 것도, 빼앗을 수 있는 것도 아닙니다. 인권은 보편성과 상호의존성, 불가분성을 가집니다. 이러한 성격 때문에 구체적인 현실 정치나 전통 혹은 문화와 끊임없이 충돌과 갈등을 빚기도 하니다. 그런 과정을 통해 인권에 대한 개념이 성숙해지고 보편화된 것이 바로 현대 인권의 역사라고 할 수 있습니다. 인권을 한자로 써 보면 '人權'입니다. 영어로는 'human rights'인데 '人權'과 같은 의미를 담고 있습니다. 눈여겨볼 것은 영어에서 인권은 단수형이 아니라 복수형입니다. 이는 다양한 인권이 존재한다는 의미입니다. 저는 개인적으로 생명권, 평등권, 선택권이란 구분법을 제시하고 싶습니다.

　먼저 생명권을 살펴보면 사람이 사람으로서 사람답게 살기 위해서는 가장 먼저 생명의 위협으로부터 안전해야 합니다. 언제라도 길을 걷다 총에 맞아 죽을지 모른다거나, 강도나 성폭력이 무서워 집 밖에도 나가지 못한다면 그것은 기본적인 생명권조차 확보하지 못한 것이 됩니다. 이런 곳에서는 사람으로서의 권리를 누릴 수가 없습니다. 최근 세계 각지에서 테러가 잇따르면서 많은 사람이 불안해하는데, 테러가 심각한 문제인 것은 테러가 인간의 기본 인권인 생명권을 훼손하기 때문입니다. 전쟁 역시 동일한 맥락에서 인권과 양립할 수 없습니다.

　두 번째로 평등권은 인권이 단순히 개인의 자유 차원에서 그쳐서는 안 된다는 것에서 출발합니다. 투표권을 예로 들어 보면 유럽 근대사에서 투표권을 확대하는 문제는 매우 중요한 현안이었습니다. 1848년 마르크스와 엥겔스는 『공산당 선언』을 발표했는데, 이들이 제시한 주요 요구사항 중 하나가 바로 보통선거권의 쟁취입니다. 여성 투표권은 또 어떻습니까. 20세기 초만 해도 여성 투표권은 혁명적인 구호였습니다. 그런데 누구나 투표할 수 있는 권리는 있지만 정작 국민 대다수가 먹고살기 너무 힘들어서 투표할 시간도 없이 일을 해야 한다면 투표권이 무슨 의미가 있겠습니까. 사람이 사람으로서 권리를 누리려면 경제적 자립이 필요합니다. 그런 맥락에서 노동3권(단결권, 단체교섭권, 단체행동권)이라든가 일할 권리, 실업자로서의 권리는 인권의 중요한 범주가 될 수밖에 없습니다.

마지막으로 선택권이라는 개념은 쉽게 말해서 '선택할 수 있는 권리'입니다. 이 권리가 권리로서 기능하려면 생명권과 평등권이 먼저 갖춰져야겠지요. 더 나아가 건강할 권리, 행복할 권리, 깨끗한 환경에서 살 권리 등 다양한 권리가 필요합니다. 현대 사회에서 국가가 갖는 '존재의 이유'는 바로 인권을 보장하고 증진하기 위한 것이 아닐까라는 생각을 해 봅니다.

인권을 '누구의 권리인가'라는 측면에서 구분할 수도 있습니다. 하나는 개인주의적 관점에서 인권을 보는 것이고, 다른 하나는 집단이라는 관점에서 인권을 보는 것입니다. 기독교의 영향을 많이 받은 곳에서는 인권을 개인의 권리로 보는 관점에 익숙합니다. 저와 아내는 열심히 교회에 다니고 있지만 그렇다고 부부가 함께 구원을 받는다는 보장은 어디에도 없습니다. 함께 교회에 다녔어도 아내는 천국에 가고 남편은 지옥에 가는 것이 교회의 시각에서 보자면 지극히 당연한 것입니다. 이에 비해 인권을 집단의 권리로 인식하는 곳도 많습니다. 사람은 공동체 안에 존재하기 때문에 집단 차원의 인권 역시 인권에서 중요한 영역입니다. 집단이라고 하면 민족을 가장 먼저 떠올릴 수 있지만 반드시 그런 것은 아닙니다. 마을 공동

체가 될 수도 있고, 특정한 종교 공동체가 될 수도 있습니다. 북한
은 공동체 차원의 인권을 개인의 권리보다 더 앞세우는 곳입니다.

　　인권이 갖는 이상은 아무리 강조해도 지나치지 않지만 구
체적인 국제 정치 현장에서 인권이 외교정책의 한 수단으로 동원된
다는 것 또한 분명한 사실입니다. 바로 이런 '인권 정치'가 인권과
관련한 논의를 복잡하게 만듭니다. 특히 인권은 제2차 세계대전 이
후 국제 정치에서 정치의 한 수단으로 이용되고 있습니다. 예를 들
어 냉전 시대 미국은 시민적-정치적 권리를 중심에 두고 구소련 등
사회주의권 국가의 인권 문제만 거론했으며, 구소련은 경제적-사회
적-문화적 권리를 중심에 두고 자본주의 진영의 인권 문제만 거론
했습니다.

　　아마도 많은 이가 세계에서 가장 유명한 인권단체인 국제 앰
네스티Amnesty International(국제사면위원회)가 넬슨 만델라 Nelson Rohihlahla
Mandela를 석방시키기 위해 많은 노력을 했을 것이라고 믿어 의심치
않겠지만 이는 사실이 아닙니다. 30년 가까이 양심수로 감옥에서 지
냈고, 남아프리카공화국 대통령을 역임한 노벨평화상 수상자 만델
라는 사실 '국제 앰네스티에서도 거부당한 투사'였습니다. 당시 국
제 앰네스티는 폭력 행위에 가담한 인사는 '양심수'에서 제외한다는
방침을 따르고 있었기 때문입니다. 또한 영국 외무부와 오랫동안 밀
월관계를 유지한 국제 앰네스티는 영국 연방에 속한 국가에서 발생
하는 인권 문제에 대해서는 지극히 '비정치적인' 태도로 일관하곤 했
다는 것을 염두에 두어야 합니다. 국제 앰네스티와 만델라 이야기는

인권과 정치 혹은 인권 정치의 미묘한 경계선을 고민하게 만드는 생생한 사례라고 할 수 있습니다. 이 문제는 제가 이야기하고자 하는 '북한 인권'에 대한 다양한 혼란과 모순, 때로는 위선에서도 그대로 드러납니다.

—— 인권 뒤에 숨은 인권 정치

미국을 비롯한 서구에서는 북한을 말 그대로 '인권 지옥' 프레임으로만 보는 경향이 강합니다만, 제가 보기에 지나친 단순화는 본질을 놓치는 지름길일 뿐입니다. 북한을 제대로 보기 위해서는 다양한 측면의 역사적·제도적 맥락을 종합적으로 살펴보는 시각도 필요합니다. 사회는 여러 요소가 다양하게 결합하는 곳이고 이는 북한도 마찬가지이기 때문입니다. 그것은 북한이 도덕적으로 우월하다는 것과는 전혀 다른 이야기입니다. 북한은 분명 다양한 문제를 안고 있습니다. 어쩌면 심각한 문제가 있다고 해도 과히 틀린 지적은 아닐 것입니다. 그러나 외부에서 보는 것처럼 '세습'이나 '1인 독재'만으로 모든 것을 설명할 수는 없습니다. 그것만으로는 설명할 수 없는 여러 가지 현상이 지금 실제로 나타나고 있다는 점에 주목해야 합니다.

북한을 '악의 축'으로 지칭하면서 북한을 비난했던 조지 W. 부시 전 미국 대통령이나 네오콘(신보수주의자)들은 북한을 '인권을 탄압하는, 국민을 굶기는 정권'이라고 단정 짓고 그 이상은 북한에 대해 알려고도, 대화를 나누려고도 하지 않았습니다. 하지만 오히려 이런 태도야말로 반인권적인 자세가 아닐까요. 비단 네오콘들뿐만 아니라 오바마 전 대통령이 보여 준 북한에 대한 태도 역시 별반 다르지 않았습니다. 그는 공개적으로 북한 정권의 붕괴 가능성을 언급해 논란을 일으키기도 했습니다.

선입견은 힘이 매우 강합니다. 한국에서 활동하는 한 젊은 평화단체 대표가 미국을 방문해 의원들과 간담회를 가졌는데, 의원들이 북한의 인권 문제가 심각하다고 하면서 "어린이가 정부 창고에서 먹을 것을 훔쳐 처벌을 받았다"는 사례를 예로 들자, 그 평화단체 대표가 "그럼 미국에서는 어린이가 월마트에서 먹을 것을 훔치면 상이라도 주느냐"고 반문했더니 아무 말도 하지 못했다고 합니다. 성경에 보면 "너는 네 눈 속에 있는 들보를 보지 못하면서 어찌하여 형제에게 말하기를 형제여 나로 네 눈 속에 있는 티를 빼게 하라 할 수 있느냐"라는 구절이 있는데, 바로 이런 문제를 꼬집은 것이 아닐까 생각합니다. 그런 점에서 보면 '역지사지 易地思之'야말로 인권 감수성의 첫 단추라고 할 수 있습니다.

북한의 인권과 관련해서는 1990년대 식량난이 일으킨 파괴적인 효과를 이야기하지 않을 수 없습니다. 자연재해와 에너지 부족 등이 복합적으로 작용한 북한의 식량난은 국가가 책임지던 배급과 무상 의료제도를 무너뜨렸습니다. 이른바 '고난의 행군' 시기에 약 30만 명이 넘는 사망자가 발생했습니다. 무엇보다 식량난은 그 자체로 생존권을 심각하게 침해합니다. 식량이나 최소 자원을 확보한 사람들과 그렇지 못한 사람들 사이에 폭력이 빈발해졌습니다. 재난 상황에서 여성·아동·노인들이 가장 큰 위협에 노출되었습니다. 누릴 수 있는 사상과 표현의 자유의 수준도 더욱 낮아졌습니다. 북한식 상호 감시제는 자유권을 침해하는 대표적인 사례라고 할 수 있지만, 주민들 스스로 상호 감시에 익숙해지면서 간접화법을 발달시키는 등 심각한 폐해를 일으키지는 않았습니다. 그런데 식량난으로 체제 불안이 가중되자 당국은 감시와 통제를 강화했고, 이것이 상호 감시제와 상승작용을 일으켜 피해가 심각해졌습니다. 이전에는 자아비판이나 단순 경고로 넘어갔을 언행도 식량난이라는 재난 속에서 '정치범'으로 지목되곤 했습니다. 물론 2000년대 들어 경제 상황이 호전되면서 상황이 많이 안정되었지만 상처가 완전히 아물려면 더 많은 시간이 필요할 것입니다.

　　인권과 인권 정치는 각기 다른 맥락 속에 위치합니다. 미국이 북한의 인권 문제를 제기하는 것을 북한 주민들의 인권 향상을 위한 순수한 인류애적 관심에 따른 것이라고 볼 수 있을까요? 특히 조지 W. 부시 전 대통령은 북한의 인권 문제를 틈날 때마다 강조했지만 인권 향상이 아니라 북한 정권을 붕괴시키는 것이 목표라는 비판을 받았습니다. 실제 이라크에서 벌어진 일련의 상황이 이런 우려를 증폭시켰습니다. 6자회담에서 2005년 9·19 공동성명에 합의를 하자마자 미국 재무부가 제기한 '방코델타아시아(BDA) 위폐 문제'와 인권 문제는 모두 어제오늘의 문제가 아니었습니다. 미국은 왜

9·19 공동성명에 합의한 시점에서 그 문제를 제기했을까요? 두말할 것도 없이 6자회담을 계속하면 '공약 대 공약', '행동 대 행동' 원칙에 따라 미국은 북한에 해 주어야 할 것이 많아지기 때문이었습니다. 부시 행정부로서는 경제적 보상도 해 주어야 하고 결국은 북한과 수교를 맺어야 하는 상황에 이를 수밖에 없게 되는 것이지요. 이런 상황을 바라지 않았기 때문에 공동성명을 회피함과 동시에 북한을 궁지로 몰아넣으려고 '위폐 문제'와 인권 문제를 제기했던 것입니다.

탈북자 증언, 어디까지 믿을 것인가

국제 사회에서 주로 거론되는 북한의 인권 문제와 관련해 고려해야 할 또 다른 문제는 주요 보고서의 근거가 되는 탈북자 증언의 신빙성 논란입니다. 제가 보기에 '탈북자'들에게 듣는 정보는 많은 경우 편향되어 있는 데다가 정보 자체가 정확하지 않다는 비판에서 자유롭지 못합니다. 북한 체제의 특성상 '탈북자' 몇 사람이 북한의 체제와 사회가 어떻게 움직이고 있는지 안다고 보기 힘든데도 마치 자신이 모든 것을 다 아는 양 이야기하는 경우가 많습니다. 게다가 잘못된 정보, 편향된 정보보다 더 큰 문제는 그것을 정치적으로 이용하는 것입니다.

황장엽을 예로 들어 보겠습니다. 그는 자신이 북한 주민들

을 위해 무엇인가 해야겠다는 소명의식을 가지고 탈북했다는 듯
이 이야기하곤 했습니다. 하지만 앞에서도 이야기했듯이 그가 북한
을 떠난 것은 그저 자기 살길을 도모하기 위해서였습니다. 영국 주
재 북한대사관 공사로 근무하다 2016년 8월 한국으로 망명한 태
영호도 마찬가지로, 고위직에 있던 사람들은 기본적으로 자기 살길
을 찾아서 탈북하는 경우라고 할 수 있습니다. 일단 한국으로 들어
오면 자신의 몸값도 높여야 하고, 자신의 행동을 합리화해야 하므
로 북한을 비판하고 한국을 칭찬합니다만, 그다지 믿음이 가지 않
는 것이 사실입니다. 월북한 사람들 중 일부도 북한 매체에 나와 한
국을 비난하고 북한을 찬양하곤 하는데, 한국 사람들이 보기에 별
로 믿음이 가지 않는 것과 같은 이치입니다.

　　일부 탈북자들의 왜곡된 증언이 미치는 영향은 꽤 심각합니
다. 비슷한 증언과 비슷한 소동이 계속되고 그것이 북한 인권에 대
한 부정적인 선입견을 강화시킵니다. 대표적인 사례를 몇 가지 들어
보겠습니다. 자신을 북한 정무원 총리 강성산의 사위라고 주장한 강
명도라는 탈북자가 있었습니다. 그는 1994년 7월 27일 기자회견을
자청해서 "북한이 현재 핵탄두 5개를 보유하고 있으며, 핵탄두 5개
를 추가로 개발할 계획"이라고 주장했습니다. 당시 한·미 정보 당국
에서는 북한의 핵 능력을 핵폭탄 1~2개 분량을 만들 수 있는 핵 물
질을 보유하고 있는 정도로 판단했던 것과 비교하면 충격적인 내용
이었습니다. 그런데 강명도가 제시한 근거는 무엇이었을까요? 자신
이 알고 있는 국가안전보위부 간부에게 들었다는 것 외에는 별다른

근거가 없었습니다. 나중에 드러난 사실은 이 기자회견 자체가 청와대 지시로 급조되었다는 것이었습니다. 『신동아』가 2003년 이 사안에 대해 질문서를 보냈을 때 김영삼 대통령 측은 "기자회견을 하라고 지시했고, 그 이유는 북핵 협상이 한국을 배제한 채 진행되는 데 대한 불만 때문이었다"고 답변했습니다.

　　2000년대 초반 탈북자 김운철의 증언은 북한 내 강제수용소와 고문, 처형 등 북한의 인권 문제를 국제적으로 공론화시키는 계기가 되었습니다. 특히 『르몽드 Le Monde』와 『뉴스위크 Newsweek』등이 그의 증언을 대대적으로 보도해 큰 반향을 일으켰습니다. 그러나 자신이 김운철이라고 주장한 사람은 사실 박충일이라는 전혀 다른 인물이었다는 것이 나중에 밝혀졌습니다. 박충일은 1997년부터 중국을 드나들며 돈벌이를 하다 다섯 번이나 중국 당국에 체포되어 북한으로 송환된 뒤 북한 보위부에 수감되었다가 2001년 4월 다시 탈북한 사람이었습니다. 그는 1999년 11월 러시아 국경수비대에 체포되어 북한으로 송환된 일곱 명 중 한 명인 김운철과 닮았다는 소리를 듣고 김운철로 행세하다 한국에 입국했습니다. 그가 늘어놓은 강제수용소 관련 거짓 증언은 그가 한국으로 들어오는 데 결정적인 도움이 되었다고 합니다. 2001년 7월 17일 국회 정보위원회에서 당시 신건 국가정보원장이 탈북자 박충일과 김운철은 다른 사람이라고 밝힘으로써 그의 거짓 행각은 공개적으로 탄로가 났습니다.

　　한마디로 김운철과 박충일 사건은 국제적인 사기극이었던 것입니다. 그런데도 그의 거짓 증언은 이후 국제 사회에서 북한의 인권을 문제 삼는 주장에서 결정적인 증언으로 채택되었습니다. 이 과정에서 한국과 일본의 일부 민간단체들은 박충일이 김운철과 전혀 다른 사람인 것을 알면서도 그를 진짜 김운철인 양 선전하기도 했습니다. 북한과 중국의 접경 지역을 오랫동안 취재해 온 독립 비디오 저널리스트 조천현은 2004년 12월호 『말』에 기고한 글에서 "EU에서 북한의 인권 문제에 관심을 보이자 한국과 일본 NGO들이 박충일을 김운철로 바꿔치기해 태국으로 빼돌려 외신들과 인터뷰를 주선했다"며 "한국에 갈 수 있다면 무슨 짓이든 할 수 있는 탈북자와 자신들의 목적을 위해서는 무슨 짓이든 할 수 있다는 탈북 관련 NGO들의 비도덕성을 보여 준 대표적인 사례"라고 꼬집었습니다.

　　이런 과장과 위증은 미국에서 북한인권법을 제정하는 데도 영향을 미쳤습니다. 당시에도 "일부 탈북자들이 자신들의 몸값을 부풀리기 위해 과장된 발언을 일삼는다"는 비판이 제기되기도 했습니다. 이순옥이라는 탈북자는 미국 의회 청문회에서 기독교인을 대상으로 한 생체 실험, 쇳물 주입 살해 등을 증언하기도 했습니다. 정성장 세종연구소 연구위원은 2004년 11월호 『정세와 정책』에서 이순옥의 증언에 대해 "이는 탈북자들조차 의구심을 가질 정도로 비현실적"이라며 "과장된 증언에 충격을 받은 미국 의회가 만장일치로 북한인권법을 통과시킨 셈"이라고 지적하기도 했습니다. 게다가 이순옥은 자신이 정치범 수용소 출신이라고 했지만 사실은 경제범이었습니다.

── 정치적인, 너무나 정치적인

최근 사례인 신동혁은 처음에 자신이 14호 수용소에서 태어난 탈북자라고 했습니다. 그의 증언을 담은 『14호 수용소 탈출』은 27개국에서 출간될 정도로 베스트셀러가 되었습니다. 2014년 9월 미국 국무장관이던 존 케리John Kerry가 신동혁을 직접 초대해 면담한 뒤 "북한의 인권 탄압을 알리는 살아 있는 표본"이라고 하는 등 그의 증언은 국제 사회에 상당한 영향을 미쳤습니다. 유엔에서 북한 인권결의안이 통과되는 데도 상당한 역할을 했습니다.

그런데 북한에서 2014년 10월 신동혁의 부친을 방송에 출연시켰고, 신동혁이 여섯 살 때 찍은 사진도 함께 공개했습니다. 또 신동혁이 "열세 살 소녀를 성폭행하고 달아난 범죄자"라고 주장했습니다. 그뿐만 아니라 신 씨 어머니와 형이 처형된 것은 살인죄 때문이라는 탈북자도 나타났습니다. 신동혁은 결국 "여섯 살 때 어머니, 형과 함께 14호 수용소에서 18호 수용소로 옮겨졌다"고 자신의 증언을 번복했고, 탈출을 계획하던 어머니와 형을 감시자들에게 고발한 일 역시 14호 수용소가 아니라 18호 수용소에서 있었던 사건이라고 정정했습니다. 또 열세 살 때 수용소를 탈출했다가 다시 붙잡힌 뒤 고문을 당했다던 기존 진술 역시 스무 살 때의 일이었다고 말을 바꾸었습니다.

문제는 일부 오류라고 넘어가기에는 그 정도가 너무 지나치다는 것입니다. 탈북자 출신인 『동아일보』 주성하 기자는 자신의

블로그에서 신동혁 증언의 문제점을 조목조목 짚어가며 "그는 이미 말을 너무 많이 바꾸어 신뢰를 잃었다"고 지적한 바 있습니다. 주성하 기자의 말에 따르면 먼저 14호 수용소와 18호 수용소는 그 성격이 전혀 다른 곳입니다. 14호 수용소가 완전 통제구역인 반면 18호 수용소는 이른바 '이주민'과 '외부인', '해제민'들이 함께 사는 곳이라고 합니다.[2] 신동혁은 이 중 해제민일 가능성이 있는데, 해제민은 외부에 나갈 수도 있고 선거권이 있으며 심지어 노동당 입당도 가능하다는 것입니다. 신동혁의 지인인 정광일 북한 정치범수용소 피해자가족협회 대표(15호 수용소 출신)는『중앙일보』와의 인터뷰에서 "처음부터 동혁의 말을 믿지 않았다. 14호에서의 탈출은 불가능하기 때문이다. 그런 점을 지적해도 다른 사람들은 시기 때문에 그런다고 생각하더라. 동혁이는 국내에선 별 활동을 안 했다. 들통날까 봐 두려웠을 것이다"라고 이야기했습니다.

이 밖에도 2014년 영국 BBC 방송이 '올해의 여성 100인'으로 선정했던 '탈북 여대생' 박연미의 증언 역시 거짓이라는 논란이 일었습니다. 2007년 탈북한 박연미는 2014년 '세계 젊은 지도자 회

---

2 주성하에 따르면 18호 수용소는 1958년 만들어진 정치범 수용소가 원조였지만 1975년부터는 주로 경제범과 출신 성분이 나쁜 '신해방지구' 추방자들이 수감되었다. 1980년대 초반부터 경미한 사안에 해당되는 사람들은 죄수 신분에서 벗어났는데 이들을 '해제민'이라고 부른다. 해제민을 다른 지역에서 받기 꺼리는 바람에 보통 그대로 수용소에 눌러앉아 산다고 한다. '이주민'은 아직 죄수 신분인 사람들로 공민권과 이동의 자유 등이 박탈된다. '외부인'은 탄광 등의 부족한 노동력을 메우기 위해 외지에서 파견한 사람들을 가리킨다.

의'와 영국 의회 등에서 자신의 탈북 경험을 전하며 북한의 인권 문제를 상징하는 인물이 되었습니다. 하지만 미국의 외교 전문지 『디플로매트 The Diplomat』는 2014년 12월 10일 자 기사에서 신뢰성에 의문을 제기했습니다. 예를 들면 친구 어머니가 2002년에 미국 영화를 보았다는 이유로 공개 처형되었다는 등의 신뢰성이 떨어지는 증언을 비롯해 그녀의 증언이 그때그때 조금씩 달라진다는 것입니다.

　　왜 자꾸 이런 행태가 반복되는 것일까요. 첫 번째 문제는 탈북자들을 인터뷰할 때 돈을 지불하는 관행입니다. '정보의 가치'에 따라 몇만 원에서 몇십만 원까지 차이가 납니다. 더 큰 문제는 탈북자들의 실제 신원을 확인하기가 매우 어렵다는 것입니다. 또한 통역사의 사용 여부, 연구자의 성별, 질문자와 답변자의 연령관계 등도 탈북자 증언에 영향을 미칩니다. 거기다 '탈북 활동가에 대한 시장 압력'이 존재한다는 것도 중요합니다. 이와 관련해 북한의 인권 문제를 연구해 온 송지영 싱가포르 경영대학교 교수가 쓴 글을 인용해 보겠습니다.

　　　"탈북자들은 인터뷰를 하는 사람이 듣고 싶어 하는 이야기를 잘 알고 있다. 유엔 북한인권조사위원회나 미국 의회, 서구 언론을 불문하고 질문은 한결같다. '왜 북한을 떠났나? 그곳에서의 삶은 얼마나 끔찍했나?' 그들의 이야기가 끔찍하면 끔찍할수록 더 많은 관심을 받는다. 국제적인 행사에 초청받는 일이 늘어날수록 수입이 늘어난다. 비극적이고 충격적인 이야기들의 경쟁, 이것이 자본주의가 작동하는 방식이다. 이는 한국에서 폐지를 줍거나 화장실을 청소하며 돈을 버는 일보다 나은 삶이다."

북한을 비판하는 쪽에서는 북한 정보의 신빙성에 문제가 있다는 것을 알면서도 이를 정치적 이익을 위해 이용하는 행태를 되풀이하고 있습니다. 우리에게 반드시 필요한 것은 바로 공정성과 엄정함입니다. 한국에서는 북한의 외교관이 외교 무대에 나와서 김정일 국방위원장의 지시만 기다린다고 비판을 하는데 한국과 미국은 무엇이 다릅니까? 최종 판단은 최고 지도자가 내리는 것이고, 북한도 그러한 상식적인 기준에 따라 움직이고 있음에도 불구하고 유독 북한은 '독재국가'라는 비판을 받곤 합니다. 북한에 인권 문제가 존재하는 것은 부정할 수 없는 사실입니다. 시민사회가 북한의 인권 문제를 제기하고 비판하는 것 또한 반드시 필요합니다. 하지만 북한의 인권 문제를 거론하는 시민단체 중에는 북한 붕괴라는 정치적 목표를 위해 움직이는 집단이 존재하는 것 또한 분명한 사실입니다.

—— 탈북자 북송반대, 과연 인도주의적인가

사회적으로 큰 관심을 받은 황장엽이나 태영호 같은 고위직들은 물론이고 국제적인 논란을 일으키는 이들도 사실 전체 탈북자 중에서 보면 극소수에 불과합니다. 대다수 탈북자들은 언론의 관심을 받을 일이 거의 없습니다. 가장 중요하게 검토해야 할 문제는 탈북자들의 일반적 성격을 어떻게 볼 것인가, 다시 말해 이들을 난민으로 볼 것인가, 노동 이민으로 볼 것인가 하는 점입니다. 탈북자 문제를 바라보는 이런 인식 차이는 결국 북한 또는 통일을 어떻게 볼 것인가 하는 시각 차에서 나옵니다. 또한 탈북자를 어떻게 간주할 것인가 하는 문제는 대북정책에도 지대한 영향을 미칩니다. 탈북자를 이주민으로 간주하는 입장에서는 남북경협 등 햇볕정책을 강조하지만, 그들을 난민으로 보는 경우는 남북경협조차 북한 정권을 돕는다는 이유로 부정적입니다.

　　탈북자는 왜 생기는 것일까요? 최근 탈북자 문제를 공론화시키는 쪽에서는 탈북자를 '정치적 난민'이라는 프레임으로 접근합니다. 하지만 여기에는 중대한 자기모순이 존재합니다. 이들 주장대로 탈북자들이 정치적 탄압과 인권 침해를 견디지 못해 탈출하는 사람들이라면 그 수가 급증할 기미가 보이지 않는 것은 어떻게 설명해야 할까요. 어떤 사람은 이들을 '경제적 이민'으로 규정하기도 합니다. 탈북자 중 적지 않은 수가 저임금 지대에서 고임금 지대로 자연스럽게 이동해 돈을 벌거나 식량을 구한 뒤 다시 북한으로 돌아간다는 것에서도 확인할 수 있습니다.

　　탈북자 문제를 역사적 맥락에서 살펴보는 것 역시 탈북자 문제를 이해하는 데 중요합니다. 탈북자 문제는 1990년대 식량난 이후 갑자기 생긴 현상이 아닙니다. 이는 조선 후기 간도 개척 때부터 시작된 '압록강–두만강을 사이에 둔 도강과 월경'의 연장선상에 있습니다. 살길을 찾아 두만강을 넘은 조선인의 후예가 지금의 조선족입니다. 저의 할아버지 역시 먹고살기 위해 식구들을 이끌고 만주로 갔습니다. 그래서 제가 태어난 곳이 만주입니다.

　　20세기 중반에는 국공내전國共內戰과 대규모 기근, 문화대혁명 등을 피해 수많은 조선족과 일부 한족들이 북한으로 넘어갔습니다. 반대로 1990년대에는 경제난으로 인해 북한 주민들이 압록강과 두만강을 건너기 시작했습니다. 그렇게 본다면 통일이 되고 북한 경제가 발전하면 수많은 조선족이 압록강과 두만강을 건너 북한으로 가겠지요. 아마 그때쯤에는 일자리를 찾아 떠난 조선족 노동자 수십만 명이 신의주나 나선특별시 등지에서 살게 되지 않을까 생각합니다. 지금 이 순간에도 많은 북한 노동자가 압록강 너머 단둥丹東에서 일하고 있는 것처럼 말입니다.

　　탈북자들은 대부분 휴전선이 있는 남쪽이 아니라 두만강이나 압록강을 건너 중국으로 갑니다. 중국 입장에서 보면 이들은 말 그대로 불법 체류자입니다. 북한으로 돌려보내는 이른바 북송은 그 과정에서 필연적으로 인권 문제를 야기합니다. 바로 그 지점에서 북송 반대운동이 벌어집니다. 2012년 총선을 앞두고 조중동 등에서 북송 문제라는 인권 의제를 강하게 제기하면서 공공 의제로 급부상한 적이 있습니다. 탈북자 출신 청소년들과 차인표 등 연예인들이 가세한 기자회견으로 불이 붙기 시작했던 것으로 기억합니다. 당시 자유선진당 소속 박선영 의원은 단식 농성을 하기도 했습니다. 취임 첫해인 2008년 10월 시작한 라디오 연설을 2년간 50회를 하면서

단 한 번도 '인권'이란 말을 입에 담은 적이 없던 이명박 대통령이 임기 4년 차 기자회견에서 '탈북자 인권' 문제를 언급했을 정도였으니 반향이 크기는 컸다고 할 수 있습니다.

탈북자 북송 반대운동은 '인도주의적' 인권운동을 표방합니다. '인도주의적'이라는 말은 자신들의 의도가 '비정치적'이라고 강조하는 역할을 합니다만, 제가 보기에 인권 문제는 언제나 정치적인 문제입니다. 다만 어떤 정치인지 그것이 중요할 뿐이지요.

그런 면에서 북송 반대운동의 목표가 북한 공격하기인지, 중국 흠집 내기인지, 아니면 탈북자의 인권 보호인지 모호한 측면이 있습니다. 만약 탈북자의 인권 보호가 목표라면 이는 중국 흠집 내기 그리고 북한 공격하기와 양립할 수 없을 것입니다. 탈북자 북송은 기본적으로 북한과 중국 간 특수한 외교관계에서 기인하기 때문입니다.

북한이나 중국 모두 '시국이 잠잠할수록' 탈북자 처리에서 융통성이 커집니다. 구금과 강제송환을 조용히 중단하거나 중국인과 결혼한 경우 합법 체류 자격을 주는 등 최소한의 인도적 조치를 취하는 식입니다. 반면 탈북자 관련 사건이 세계적인 뉴스로 부상한 직후에는 어김없이 북한과 중국 간 국경 경비를 강화하고, 강제송환을 위한 임시 수용소를 설치하는 등 강경한 조치를 취하곤 합니다.

다시 말해서 인도적 목적을 위해서라면 어느 정도 '조용한 외교'가 필수적입니다. 단식투쟁을 하고 유엔 회의장에서 북한과 중국을 자극하는 공격적인 행동을 할수록 중국 내 탈북자들은 더 큰 위험에 빠질 수 있다는 역설적인 현실을 감안해야 합니다. 독도 문제에서 보듯이 조용한 외교는 굴욕 외교가 아닙니다. 둘을 혼동해서는 안 됩니다.

그렇다면 탈북자 문제가 국제적인 뉴스로 등장하는 때는 어떤 때일까요. 한국과 미국, 일본의 정치적 필요가 탈북자 뉴스에 주목하게 하는 기제로 작용합니다. 지금은 그 정도가 덜하지만 2001년 6월 26일 '장길수 등 일곱 명 유엔고등난민판무관실 진입 사건' 이후 주중 대사관과 영사관, 국제학교 등에 진입하는 방식을 통한 '기획입국'이 유행한 적이 있습니다. 이런 방식을 탈북자들은 '대사관 치기'라고 합니다. 당시 탈북자들이 담장을 넘을 때는 어디선가 누군가가 생생한 모습을 촬영한 영상이 전파를 탔다는 점에 많은 사람이 의문을 제기했습니다. 제가 보기에 '대사관 치기'는 사실상 '인권 사건'이 아니라 탈북 브로커와 탈북 관련 단체들의 치밀한 계산에 따라 이루어진 '정치적 사건'입니다. 사례를 통해 좀 더 자세히 살펴보겠습니다.

2002년 3월 14일 탈북자 25명이 베이징 주재 스페인대사관에 진입한 사건은 공교롭게도 같은 해 3월 14일부터 15일로 예정된 유럽연합 회의에 맞춰 일어났습니다. 당시 스페인은 유럽연합 의장국이었지요. 탈북자들이 대사관에 진입한 직후 일본 민간단체인 '북조선난민구원기금' 관계자가 성명서를 배포했습니다. 당시 현장 부근에는 CNN과 AP통신 등 외신 기자들이 미리 연락을 받고 기다리고 있었습니다. 이 사건은 미국, 일본, 독일 등 NGO 관계자 30여

명이 2001년 말부터 치밀하게 준비한 것으로 드러났습니다.

　　이 사건의 파장은 매우 컸습니다. 유럽연합은 3월 16일 대북결의안을 채택하려고 했지만 중국 당국이 탈북자들을 27시간 만에 제3국으로 추방했고, 결국 결의안은 통과되지 못했습니다. 이 사건을 계기로 중국 공안 당국에서는 탈북자 검거 열풍이 불기 시작했습니다. 당시 브로커들은 '대사관 치기' 대가로 1인당 300만 원을 받았다고 합니다.

　　2003년 1월 20일 '탈북자 80여 명이 중국 산둥성山東省 옌타이煙臺 항에서 보트를 타고 한국과 일본으로 건너가려다 실패한 사건'이 일어났습니다. 두리하나 선교원 등 국내외 7개 단체가 연합해서 공모한 이 사건은 사전 준비를 제대로 하지도 않은 채 탈북자 문제를 정치 쟁점으로 삼기 위해 일으킨 기획 망명 사건이었습니다. 탈북자 80여 명은 대부분 중국 공안에 붙잡혀 북한으로 강제 송환되었습니다. 당시 현장에 있던 탈북자가 2004년 12월호『말』에서 "계획을 주도한 단체 관계자는 현장에 참가하지도 않았고 한국에서 전화로만 지시를 내렸으며, 불과 다섯 명이 나서서 얼굴도 모르는 80여 명을 모집하고 인솔했다"고 증언하기도 했습니다.

　　미국에서 북한인권법을 통과시킨 2004년에 기획입국이 유독 잦았다는 것도 우연의 일치라고 하기에는 시점이 너무 절묘합니다. 대표적인 경우만 해도 2004년 9월 29일 45명(캐나다대사관, 44명 성공), 10월 15일 20명(한국 총영사관, 전원 성공), 10월 22일 29명(한국 국제학교, 전원 성공), 10월 25일 18명(한국 총영사관, 3명 성공) 등이 있었습니다.

또한 기획입국에 일본 민영방송사들이 적극 개입하고 있다는 주장이 제기되기도 했습니다. 2003년 3월 탈북자들의 중국 광저우廣州 외국 영사관 진입을 취재하다 공안에 체포되어 수감 생활을 한 비디오 저널리스트 오영필은 2004년 7월 "영사관 진입 시도 과정에서 도쿄 방송사로부터 취재비 명목으로 100만 엔, 실패한 뒤에도 협력비 명목으로 100만 엔을 각각 받았다"고 폭로했습니다. 그는 "귀국해 사건의 전말을 알아보니 탈북자 취재를 위해 중국에 간 것이 아니라 기획탈북에 이용된 것"이라고 주장했습니다.

저는 탈북자 문제를 접근하는 기본 방식으로 두 가지 측면에 좀 더 주목해야 한다고 봅니다. 먼저 이들이 한국에서 불법 체류를 하는 이주노동자와 본질상 같은 상황이라는 것을 인식하자는 것입니다. 또 하나는 '역지사지'하는 마음입니다. 탈북자는 경제 문제를 해결하기 위해 자본의 흐름에 따라 저임금 지역에서 고임금 지역으로 일자리를 찾아 이동하고 있습니다. 북한에 제조업 일자리가 늘어나고 경제가 활성화된다면 탈북자는 자연스럽게 줄어들 수 있습니다. 그러므로 탈북자의 인권을 위해서는 미국이 제2차 세계대전 이후 유럽을 대상으로 시행한 '마셜 플랜'과 같은 전략적 프로젝트가 필요합니다. 개성공단을 비롯한 남북 경제협력, 나선특별시 등 다양한 북한 내 경제특구 활성화가 여기에 해당될 것입니다. 불법 체류자를 색출해 수감한 뒤 본국으로 쫓아 버리는 중국 당국과 열악한 상황을 악용해 탈북자를 착취하는 자들에 분노하듯이, 이들과 하나도 다를 바 없는 행태를 일삼는 한국 상황에도 분노해야 합니다.

다섯 번째,　북한은 외국인 억류로
무엇을 얻고자 하는가

강국진 최근 오토 웜비어Otto Warmbier라는 미국인 대학생이 북·미 관계에서 핵심 쟁점이 되었습니다. 그는 3박 4일 일정으로 평양을 방문했다가 숙소인 양각도 국제호텔 종업원 구역에 설치된 정치 선전물을 훔치려고 한 혐의로 2016년 1월 2일 체포되었습니다. 북한의 최고재판소는 3월 웜비어에게 국가전복음모죄를 적용해 노동교화형 15년을 선고했습니다.

미국 정부는 트럼프 행정부가 출범한 뒤 2017년 5월 조셉 윤Joseph Yun 국무부 대북정책 특별대표를 노르웨이 오슬로로 보내 반관반민 대화를 계기로 북한 외무성 관계자와 접촉해 미국인 석방 문제를 논의했습니다. 이후 6월 12일 조셉 윤 대표가 평양을 방문해 웜비어의 석방을 요청했으며, 웜비어는 6월 13일 억류 17개월 만에 의식불명 상태로 미국으로 돌아왔습니다. 그러나 안타깝게도 가족들이 지켜보는 가운데 웜비어는 6월 19일 세상을 떠났습니다.

오토 웜비어 사망 사건은 평범한 미국인 관광객이 저지른 '경범죄'가 15년형을 선고받아야 할 정도로 중대 범죄로 둔갑했다는 점에서 북한 인권에 대한 오랜 논쟁의 불씨를 다시 지폈습니다. 아울러 트럼프 행정부가 북·미관계를 구상하는 과정에 대형 암초가 된 것도 사실입니다. 미국 정치권에서는 미국 시민권자가 북한을 방문하지 못하도록 법제화하자는 논의까지 나왔습니다.

이 사건은 리처드 기어가 중국을 방문했다가 느닷없이 살인범으로 몰리면서 구속되어 재판받으며 고초를 겪는 미국인 사업가로 출연한 1997년작 〈레드 코너 Red Corner〉를 떠올리게 합니다. 또 2009년 발생한 두 명의 미국인 여성 기자 억류 사건과 2010년 미국인 아이잘론 말리 곰즈 Aijalon Mahli Gomes 송환과의 차이점은 무엇인가라는 의문도 들게 합니다. 2009년 여성 기자 두 명을 송환시키는 데 일정 부분 역할을 한 분으로서 오토 웜비어 억류와 사망을 어떻게 보시는지 궁금합니다.

박한식 오토 웜비어 사망과 관련해서 많은 미국 언론으로부터 인터뷰 요청을 받았습니다만 모두 거절했습니다. 그가 죽었다는 사실만 알 뿐 확실한 것은 아무것도 모르는 상황에서 제가 인터뷰를 하는 것이 주제넘다고 생각했기 때문입니다. 잘 이해는 가지 않습니다만 부검도 하지 않았기 때문에 정확한 사망 원인도 알 수 없게 되었습니다. 그런데도 미국 언론에서는 온갖 억측을 내놓으며 이러쿵저러쿵 소설을 써 댔습니다.

　　물론 이해하지 못하는 것은 아닙니다. 호기심이 많고 앞길이 창창하던 한 젊은이가 느닷없이 체제 전복을 시도한 위험인물로 몰려 15년형이라는 중형을 선고받았습니다. 17개월이나 억류되어 있다가 겨우 가족의 품으로 돌아왔는데 의식불명 상태에 빠져 있다가 세상을 떠났습니다. 사랑하는 아들을 잃은 부모의 슬픔을 어느 누가 대신해 줄 수 있겠습니까.

하지만 고인을 추모하고 유족을 위로하는 것과는 별개로 이 불행한 사건을 좀 더 큰 맥락에서 살펴보는 노력을 게을리해서는 안 됩니다. 이 사건을 단순히 호기심을 충족시키거나 적대감을 높이는 수단으로만 삼는다면 불행은 되풀이될 수밖에 없습니다. 또 다른 웜비어가 나오지 않게 하기 위해서라도 우리는 불편한 진실을 직시해야만 합니다.

━━ 2009년과 2016년, 두 외국인 억류 사건의 차이

이번 사안은 매우 불행한 사태로 한 젊은이가 죽음에 이르게 된 과정에서 북한이 잘못했다는 사실은 명백합니다. 다만 북한에서 계획적으로 미국 시민을 붙잡아 무엇인가 해 보려고 했다고는 생각하지 않습니다.

먼저 이야기하고 싶은 것은 오토 웜비어가 17개월이나 억류되어 있었다는 사실입니다. 즉 오바마 행정부는 오토 웜비어의 석방을 위해 제대로 노력하지 않았다는 비판에서 자유롭지 못합니다. 오토 웜비어의 부친 프레드 웜비어 Fred Warmbier 가 2017년 6월 15일

기자회견에서 이런 말을 했습니다.

> "아들이 처음 억류되었을 때 우리는 지난 정부(오바마 행정부)로
> 부터 석방을 추진하는 동안 '행동을 조심하라'는 충고를 들었습
> 니다. 우리는 그 말을 따랐지만 결과를 얻지 못했습니다. 올해 초
> 아내와 저는 '전략적 인내'를 끝내기로 결심했습니다. 우리는 몇몇
> 언론에 모습을 드러냈습니다. 워싱턴 D.C.에서 조셉 윤 국무부 대
> 북정책 특별대표를 만났습니다."

오바마 대통령 시절인 2009년 발생한 미국인 여성 기자 유
나 리 Euna Lee 와 로라 링 Laura Ling 이 억류되었다 송환된 과정과 비교
해 보더라도 논란의 여지가 분명히 있습니다. 공교롭게도 그 두 여
기자를 송환하는 과정에서 평양과 워싱턴 D.C.를 오가며 중재한 것
이 바로 저였습니다. 두 여기자가 억류되고 송환되는 과정을 되짚어
볼까요. 로라 링의 언니가 바로 유명한 토크쇼 진행자인 리사 링 Lisa
Ling 입니다. 리사 링은 당시 국무장관이었던 힐러리 클린턴 Hillary
Clinton 과 친분이 두터운 사이였습니다. 동생을 구하기 위해 동분서
주하던 그녀는 제가 방송사와 북한 관련 인터뷰하는 것을 보고 저
에게 연락을 해 도움을 청하면서 북한이 무엇을 원하는지 알아봐
달라고 했습니다. 저는 송환 문제를 협의하기 위해 몇 차례 평양을
방문했습니다. 조선아시아태평양평화위원회의 김양건 위원장, 원동
연·리종혁 부위원장 등과 만나서 억류 경위를 먼저 파악했습니다.

두 여기자는 앨 고어 Al Gore 전 부통령이 만든 커런트 TV 소속으로, 2009년 3월 북한과 중국의 접경 지역에서 탈북자 관련 취재를 하던 중 두만강을 넘어 북한에 밀입국해 영상을 촬영했습니다. 강둑으로 올라와 주변을 촬영하면서 "우리는 방금 허가 없이 북조선 경내에 들어왔습니다"라는 해설을 녹음하고, "침입 기념으로 땅바닥에서 돌멩이를 하나 주어 넣기까지 했다"고 밝혔습니다. 이들을 발견한 북한 경비병들이 고함을 지르면서 달려오자 카메라맨은 카메라를 든 채 중국 영토로 도망갔지만 두 여기자는 경비병들에게 붙잡혔습니다.

그해 6월 8일 북한 중앙재판소는 이들에게 조선민족적대죄, 비법국경출입죄 등의 혐의로 각각 노동교화형 12년을 선고했습니다. 다만 감옥에 보내지 않고 호텔 같은 집에 가택 연금을 시켰는데, 북한에서도 이들을 언제까지 억류할 생각은 없었던 데다 감옥에 보내면 기자들에게 북한 감옥의 실상을 취재하게 해 주는 꼴이 되니 부담스러웠던 것 같습니다.

저는 김양건 위원장 등에게 "북·미관계에 굉장히 큰 화를 미치니 어떻게든 석방을 시키자"고 조언했습니다. 그들에게 석방 조건을 물어보니 두 가지를 제시하더군요. 미국 정부 차원에서 범법 행위에 대한 사과 apologize 표현을 공식 문서에 명시할 것, 그리고 책임 있는 정부 고위 관계자가 평양을 방문해서 사면을 서류로 요청하라는 것이었습니다. 그 두 가지 조건을 수용하면 사면하겠다고 했습니다. 혹시 오해가 있을까 싶어 분명히 말씀드립니다만 북한에서는 금전적인 문제에 대해 전혀 거론하지 않았습니다. 그 말을 듣고 제가 지미 카터 전 대통령이 사과를 하고 특사로 오면 어떻겠느냐고 제안하자 "실권자가 아니지 않느냐"며 거절했습니다. 이어 앨 고어 전 부통령은 어떻겠느냐고 물어보니 이번에는 "억류된 기자들의 사주가 오는 것은 안 된다"고 했습니다. 한참 이야기한 끝에 그들이 먼저 빌 클린턴 Bill Clinton 전 대통령을 지목했습니다. 거기까지 이야기한 다음 저는 베이징으로 가서 리사 링과 통화를 했습니다. 제가 대통령까지 지낸 클린턴이 평양에 간다는 것이 쉽지 않겠지만 당신이 힐러리 클린턴과 매우 가까운 사이이니 이제부터는 당신 손에 달렸다고 하자, 리사 링은 제 말을 듣고 기뻐하면서 자기가 부탁해 보겠다고 했습니다.

　　나중에 다시 물어보니 작업 중이라고 대답을 하기에 제가 할 일은 거기까지라 생각하고 가족들과 함께 여름휴가를 떠났습니다. 하룻밤 자고 일어나 보니 CNN을 비롯해 온갖 언론사 차량이 몰려와 저를 인터뷰하겠다고 난리가 났습니다. 그날 아침 빌 클린턴 전 대통령이 방북을 위해 비행기에 오르면서 기자들에게 "자세한 것은 박 교수에게 물어보라"고 했다는 것입니다. 힐러리 클린턴 국무장관은 공식 문서에 'apologize'라는 단어를 넣어 정식으로 사과를 했는데, 이는 오바마 행정부가 북한의 요구를 받아들인 것입니다. 빌 클린턴 전 대통령은 8월 4일 평양에 도착해 일정한 양식에 따라 사면을 요청하는 문서를 김정일 국방위원장에게 전달했고, 또 김정일 국방위원장과 회담을 가졌습니다. 이후 두 기자는 특별 사면되어 곧바로 풀려나 비행기를 타고 미국으로 돌아왔습니다.

두 번째로 의아한 것은 북한이 체포한 오토 웜비어가 한국계가 아니라 백인이라는 점입니다. 이 부분은 인종 문제와 연관되어 있기 때문에 조심스럽기는 합니다만, 지금까지 북한에 억류된 미국인은 대부분 한국계였습니다. 현재 북한에 억류된 미국 시민권자 세 명 역시 모두 한국계입니다. 북한에 2년 넘게 억류된 캐나다 시민권자도 한국계 목사입니다. 오토 웜비어처럼 한국계가 아닌 사람을 체포한 것은 대단히 이례적인 경우입니다. 그럼 왜 한국계가 많은가. 거기서 우리는 분단이라는 불행한 역사와 마주하게 됩니다. 북한 입장에서 본다면 한국계는 간첩 행위를 했다고 의심할 여지가 큰 것이 사실입니다. 거기다 좀 더 민감한 문제는 바로 한국인이거나 한국계 미국인들이 북한을 상대로 벌이는 선교 활동과 연관이 있습니다.

북한과 중국의 접경 지역에서 주로 활동하는 개신교 선교 단체에 대한 문제는 이번 기회에 꼭 짚고 싶습니다. 저도 개신교 신도입니다만 일부 선교단체들이 이 접경 지역에서 행하는 행태에는 문제가 매우 많습니다. 이 단체들의 목적은 북한 사람들을 대상으로 전도를 하겠다는 것인데, 이들의 접근법은 전형적인 선민의식에 빠져 있습니다. '남쪽은 옳고 북쪽은 틀렸다', '남쪽은 천국이고 북쪽은 지옥이다', '북쪽이 살길은 개종하는 것밖에 없다'는 사고방식이 북한 사람들의 인권 수준을 높이는 데 어떤 도움이 되는지 저는 잘 모르겠습니다.

그런 방식은 전도는 고사하고 분란만 일으킬 뿐입니다. 연변조선족자치주에 가 보면 중국 당국이 가장 껄끄럽게 생각하는 것이 선교단체입니다. 저는 선교단체들이 북한 사람들을 개종시키려고 열정을 쏟을 시간에 차라리 대북 인도적 지원 재개를 위한 운동에 나서는 것이 낫지 않을까라고 생각합니다. 공교롭게도 두 기자가 이 접경 지역을 취재할 당시 안내해 주었던 사람들도 그곳에서 오랫동안 활동해 온 선교단체였습니다.

이외에도 고문 가능성에 대해 이야기하고 싶습니다. 일부 언론에서는 오토 웜비어가 북한에서 고문을 당했을 것이라고 단정지어 보도를 했는데, 제가 보기에 그가 북한에서 고문을 당했을 가능성은 매우 낮습니다. 일반적으로 오토 웜비어 같은 상황에서는 굳이 고문을 할 필요가 없습니다. 억류된 이들은 손가락 하나 건드리지 않아도 '자백'을 하게 되어 있습니다. 그리고 북한 입장에서도 미국인을 고문하거나 죽이는 것이 무슨 이득이 있겠습니까. 다만 감옥이라는 곳이 좋은 환경일 수 없고, 또 오토 웜비어 스스로 극심한 스트레스를 받았을 것입니다. 충분한 치료를 받지 못했을 가능성도 높고, 무엇보다 그의 입장에서는 가족 품으로 돌아가는 것 말고는 '백약이 무효'인 상황이었을 것으로 짐작할 수 있습니다.

── 북한이 요구하는 것은 돈이 아니다

　　오토 웜비어 사망 이후 북한 외교관과 통화를 했습니다. 북한 관계자는 오토 웜비어가 그렇게 빨리 죽을 줄 몰랐으며, 부검도 하지 않은 것에 대해 의아하게 생각한다고 했습니다. "사인을 규명해야 하는데 부검도 하지 않은 채 우리를 매도하는 것은 억울하다"며, 자신들이 그를 데리고 있을 때는 위독하지 않았고, 의학적인 치료도 자신들이 할 수 있는 한 모두 했다고 했습니다. 북한은 외무성 대변인 담화에서도 "우리는 그의 건강 상태가 나빠진 것을 고려해 인도주의적 견지에서 그가 미국으로 돌아갈 때까지 성의껏 치료해 주었다"고 밝힌 바 있습니다.

　　여러 상황을 정리해 보겠습니다. 오토 웜비어가 선고받은 15년형은 매우 가혹한 형벌입니다. 우리가 볼 때는 경범죄이지만 북한에서는 간첩 행위와 국가를 손상시키려 했다는, 곧 체제 전복 의도가 있었다고 간주한 것입니다. 북한은 고슴도치가 가시를 곤추세우는 것처럼 미국 등이 가하는 국제적 압박에 상당한 경계심을 가지고 있습니다. 하지만 지나친 피해의식이 오히려 북한을 국제 사회에서 더 고립시키는 악순환을 만드는 것 또한 사실입니다.

　　북한에서 의식불명 상태인 오토 웜비어를 계속 억류하고 있었던 것은 분명 문제였습니다. 그것은 논란의 여지가 없습니다. 다만 억류한 사람만 비난한다고 문제가 해결되지는 않습니다. 아무런 조치를 취하지 않고 시간만 끈 오바마 행정부 역시 비판에서 자유롭지 못합니다. 2009년 두 기자가 억류되었을 때처럼 미국 정부가 적극 나섰다면 진작에 송환되었을 것입니다.

오바마 행정부는 북한 문제와 관련해 '전략적 인내'를 견지했습니다만, '전략적 인내'는 핵무기와 관련한 것이지 억류된 미국 시민을 데려오는 것과는 다른 문제가 아닐까요. 하지만 오토 웜비어가 억류된 지 1년이 넘도록 오바마 행정부에서 한 번도 공식적으로 북한과 접촉을 시도하지 않았다는 말이 있습니다. 2016년 당시 빌 리처드슨 Bill Richardson 전 뉴멕시코 주지사는 그의 석방을 위해 어떤 노력이라도 해 보려고 했지만 오바마 행정부에서 승인을 해 주지 않아 움직일 여지가 많지 않았습니다. 그의 건강이 그렇게 나쁜 것을 알았다면 저라도 나섰을 것입니다. 불행한 일입니다.

일본 『마이니치신문 毎日新聞』이 2017년 6월 25일 보도한 내용을 보면 북한에서 미국에 협상 특사로 전직 미국 대통령을 보내라고 요구했는데 미국이 이를 거부하자 결국 억류된 네 명 중 오토 웜비어만 송환했다고 합니다. 북한에서 미국인 송환을 위해 미국 정부의 고위급 인사가 북한을 방문해 송환을 요청하는 절차를 밟으라고 하는 선례는 사실 많았습니다. 1996년에는 빌 리처드슨 당시 뉴멕시코주 하원의원이 북한을 방문해 미국인 에번 헌지커 Evan Hunziker 를 석방시켰고, 2009년에는 빌 클린턴 전 대통령이 두 기자를, 2010년 8월에는 지미 카터 전 대통령이 방북해 미국인 아이잘론 말리 곰즈를 석방시켰습니다.

고위급 인사가 북한을 방문하면 자연스럽게 북·미 간 대화의 장도 열리게 되는데 빌 클린턴 전 대통령은 김정일 국방위원장과 면담을 했고, 지미 카터 전 대통령은 김영남 최고인민회의 상임위원장과 박의춘 당시 외무상, 김계관 외무성 부상 등을 만났습니다. 빌 리처드슨 하원의원 역시 강석주 당시 외무성 제1부상과 면담을 하기도 했습니다.

　　북한 입장에서 사과를 요구하는 것은 체면을 세우는 일과 밀접하게 연관됩니다. 왜냐하면 사면을 해 주는 것은 김정일 국방위원장이나 김정은 국무위원장이 아니면 불가능하기 때문입니다. 결국 미국에서 그들에게 직접 요청할 정도의 중량감 있는 인물이 아니면 안 된다는 것입니다. 2009년 당시에도 "장군님을 만날 품격 있는 사람이 오지 않으면 장군님을 만날 수 없다"는 이야기를 들었습니다. 그래서 전직 대통령을 제안한 것이고, 빌 클린턴 전 대통령 이야기가 나온 것입니다. 만약 빌 클린턴 전 대통령이 수락하지 않았다면 지미 카터 전 대통령에게 제가 직접 요청했을 것입니다.

　　우리는 흔히 그러한 일들을 북한이 돈을 요구하기 위한 흥정용으로 생각하는데 그렇지가 않습니다. 분명히 이야기하지만 북한은 흥정할 거리를 만들기 위해 외국 사람을 체포하는 것이 아닙니다. 앞으로도 그런 식으로 북한을 대한다면 대화도 이루어지지 않겠지만 효과도 없을 것입니다. 북한은 체제의 취약점을 그런 식으로 드러낼 정도로 어리석지는 않습니다. 이는 깡패가 할 짓이지 국가가 할 짓이겠습니까. 그런 식으로 북한을 대하기 때문에 북한과 대화가 되지 않는 것입니다.

여섯 번째, **대북 지원이 핵 개발을 도왔나**

강국진 2000년 6월 김대중 대통령과 김정일 국방위원장이 평양에서 남북 정상회담을 가진 것은 희망찬 21세기를 예고하는 축복처럼 느껴졌습니다. 하지만 정상회담 직후 일부에서 대북 인도적 지원을 '퍼 주기'라며 문제 삼으면서 소모적인 논쟁이 끊임없이 이어지는 것을 보면서 아직도 갈 길이 멀다는 생각이 들었습니다. 2001년 4월 18일 이회창 한나라당 총재가 "현대는 북한에 퍼 주고 우리 정부는 현대에 퍼 주고, 국민들은 정부에 퍼 주고 있다"는 이야기를 했는데, 이것이 과연 얼마나 사실에 부합하는 주장인지 궁금합니다.

'퍼 주기' 공격이 계속 이어진 끝에 결국 이명박·박근혜 정부에서는 대북 인도적 지원을 끊었고, 남북관계도 단절되었습니다. 그러는 동안 "북한 경제가 무너져 주민들이 대거 남한으로 밀려들면 비극이 될 것이므로 남한이 북한을 지원하는 것은 무조건 효과가 있다"는 귄터 그라스 Günter Grass (1999년도 노벨문학상 수상자)의 언급이나, "남북 경협은 북한에 대한 퍼 주기 사업이 아닙니다. 중소기업들이 대안으로 선택한 희망입니다"라는 김기문 중소기업중앙회 회장의 언급은 어느 사이 기억 속으로 사라졌습니다. 그 자신이 대북 강경론의 대표주자 중 한 명이었으면서도 2007년 제2차 남북 정상회담에 대해

"남한이 북한보다 경제적으로 월등히 우월하다. 우리가 밑지고 양보하는 것 같아도 포용하면서 풀어 가는 것이 맞다"며 전향적으로 평가했던 정형근 의원이 보수단체 회원들에게 달걀 세례를 받은 것은 어찌 보면 상징적인 장면이 아니었나 싶습니다.

한국이 국제 사회에서 자랑스럽게 생각하는 부분이 바로 '원조를 받던 나라에서 원조를 하는 나라가 된 유일한 사례'라는 것입니다. 한국 정부는 개발도상국에 다양한 방식으로 유무상 원조를 하고 있으며, 원조액을 더 늘려야 한다는 논의도 활발합니다. 하지만 그런 한편 북한에 대해서는 대북 지원이 핵 개발에 이용된다는 비판이 끊이지 않고 있습니다. 이것 역시 과연 어디까지가 사실인지 알고 싶습니다.

박한식 전직 대통령과 현직 대통령이 언론지상에서 대놓고 논쟁을 벌이는 일은 흔치 않은 경우이지요. 그런데 몇 년 전에 그런 일이 실제로 일어났습니다. 2009년 7월 유럽을 방문한 이명박 대통령은 7월 7일 폴란드 수도인 바르샤바에서 유럽 뉴스 전문 채널인 〈유로 뉴스 Euro News 〉와 인터뷰를 가졌습니다. 그는 "강경한 대북정책을 추진하는 것이 아니냐"라는 질문을 받고, "지난 10년간(김대중·노무현 정부 때인) 막대한 돈을 지원했으나 그 돈이 북한 사회의 개방을 돕는 데 사용되지 않고 핵무장하는 데 이용되었다는 의혹이 일고 있다"라

고 답했습니다. 이 발언을 보도한『서울신문』(2009년 7월 9일 자)은 청
와대 핵심 관계자의 말을 인용해 "이 대통령의 북핵 관련 발언은 평
소에도 늘 하던 말"이라고 전했습니다. 기사를 보면 그 핵심 관계자
는 뒤이어 "같은 물을 젖소가 마시면 우유가 되고 뱀이 마시면 독이
되는 것 아니냐"면서 지난 정권의 대북 지원금이 북한의 핵 개발에
쓰였을 것이란 점에 국민적 공감대가 형성되어 있다고 주장했다고
합니다.

　　이명박 대통령은 그 직전인 2009년 3월 30일 자 영국『파이
낸셜타임스 Financial Times』에 게재된 인터뷰에서도 "북한을 많이 지
원했지만 북한은 결과적으로 핵무기를 만들었다. 이로 인해 우리 국
민들의 대북 신뢰도는 전보다 많이 후퇴했다"고 이야기했습니다. 그
러고 보면 '대북 퍼 주기가 핵 개발로 이어졌다'는 인식은 이명박 대
통령의 평소 소신이었다고 보아야 할 듯합니다. 여러 정황을 종합해
보면 비단 이명박 대통령뿐 아니라 당시 새누리당 구성원 모두가
공유하는 인식의 틀이라고 할 수 있습니다.

　　이명박 대통령의 인터뷰 소식이 알려진 뒤 김대중 전 대통
령은 즉각 반박하고 나섰습니다. 김대중 전 대통령은 7월 10일 영국
BBC 서울 특파원과 인터뷰를 가졌는데, 7월 17일 BBC의 한반도
관련 특집 방송에 포함된 내용을 보면 북한은 대북 지원을 받기 이
전부터 이미 핵 개발에 나섰다는 점에서 대북 지원을 핵 개발과 연
계시키는 것은 어불성설이라고 밝혔습니다. 북한이 핵 개발을 한 것
은 자신이 대통령에 취임하기 이전, 즉 새누리당의 전신인 민주자유

당-신한국당-한나라당이 정권을 잡고 있을 때였음을 꼬집은 것입니다. 또한 김대중 전 대통령은 "'국민의 정부'는 북한에 현금을 준적이 없다. 대신 매년 20~30만 톤씩 식량과 비료를 지원했다. 그런 것을 가지고 핵은 못 만들지 않느냐"라고 반문하기도 했습니다.

이들 대통령 사이에서 벌어진 논쟁을 보면 대북 인도적 지원 문제란 단순히 인도주의 차원이 아니라 남북관계라는 전반적인 맥락 속에 위치해 있다는 점, 그리고 대북정책 방향을 어떻게 설정하느냐에 따라 대북 지원에 대한 입장이 극과 극으로 달라진다는 점을 느끼게 됩니다. 특히 '대북 퍼 주기'라는 프레임은 자연스레 '북한에 너무 많이 주었다, 그것도 별 실익도 없이 갖다주었다'는 진단을 도출하는 효과가 있다는 점에서 반드시 짚고 넘어가야 할 주제가 아닐까 생각합니다.

── 대북 지원 내역 뜯어보기

2000년 제1차 남북 정상회담 직후 한나라당(현 자유한국당) 소속이었던 김용갑 의원이 대북 식량 지원 방침을 비난하면서 처음 사용한 '대북 퍼 주기'라는 말은 이후 햇볕정책 비난을 상징하는 용어가 되었습니다. '퍼 주기'라는 담론은 대북 지원액이 얼마나 되는지, 중장기 국가재정 전략에 비추어 볼 때 적정한 수준인지 등에 대한 토론을 가로막고 정부의 대북정책의 선택 폭을 심각하게 제약했습니다. 하지만 정작 '대북 퍼 주기'의 실제 규모는 어느 정도인지, 다른 사업 예산과 비교해 많은지 적은지, 과도하다면 얼마나 과도한지 등에 대한 차분하고 성숙한 토론은 거의 이루어지지 않았습니다. 이는 퍼 주기라는 담론의 부산물이기도 하지만 어떤 측면에서는 퍼 주기라는 담론을 이야기하고 확대시키는 쪽이 의도한 것일 수도 있습니다.

'대북 퍼 주기' 규모를 밝히기 전에 먼저 분명히 해야 할 것은 대북 지원과 남북경협, 민간 상거래 등을 구분해야 한다는 것입니다. '퍼 주기'라는 담론은 당초 대북 쌀 지원 논란 와중에 출현했습니다만, 시간이 지나면서 금강산 관광이나 개성공단 등 대북정책과 관련한 거의 모든 영역으로 확대되면서 개념상의 혼란이 극심해졌습니다. '퍼 주기'는 애초 '정부'가 북한에 '지원', 특히 '무상 지원'

주체별 대북 인도적 지원

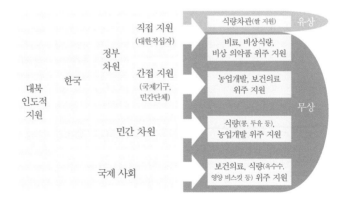

출처: 국회예산정책처

연도별 대북 지원 현황 단위: 억 원

연도	무상			유상	총계
	정부	민간	계	정부(식량차관)	
1995	1,854	2	1,856	-	1,856
1996	24	12	36	-	36
1997	240	182	422	-	422
1998	154	275	429	-	429
1999	339	223	562	-	562
2000	978	387	1,365	1,057	2,422
2001	975	782	1,757	-	1,757
2002	1,140	576	1,716	1,510	3,226
2003	1,097	766	1,863	1,510	3,373
2004	1,313	1,558	2,871	1,359	4,230
2005	1,360	779	2,139	1,787	3,926
2006	2,296	709	3,005	-	3,005
2007	2,159	920	3,079	1,649	4,728
누계	13,929	7,171	21,100	8,872	29,972

주: 민간단체에 대한 정부의 기금 지원(매칭지원)분은 정부 지원에 포함
출처: 통일부 통일백서, 2008 | 국회예산정책처, 2008, 214쪽

하는 것을 지칭했습니다. 그런데 금강산 관광이나 개성공단 등 남
북 경제협력은 '지원'이 아니라 '투자'라는 점에서, 현대가 50년간 금
강산 관광 사업권을 갖는 대가로 지불한 4500만 달러 등은 민간기
업 상거래를 위한 지불이라는 점에서 '대북 지원'과는 다른 범주입니
다. 그 구분만 분명히 해도 혼란을 상당 부분 정리할 수 있지 않을

까 싶습니다.

많은 사람이 대북 인도적 지원은 제1차 남북 정상회담 이후, 즉 김대중 정부가 처음 시작한 것으로 알고 있지만 사실 첫 대북 지원은 1995년에 있었습니다. 그해 8월 대규모 수해가 발생하자 북한은 국제 사회에 식량 지원을 공식 요청했고, 김영삼 정부는 9월 쌀 15만 톤(1854억 원 상당)을 지원했습니다. 1995년에서 1997년 사이 김영삼 정부가 북한에 제공한 대북 인도적 지원은 2118억 원이었고, 민간 차원에서 이루어진 196억 원을 합하면 2314억 원 규모였습니다. 그럼 말도 많고 탈도 많은 김대중·노무현 정부 10년간 대북 인도적 지원 총규모는 얼마일까요. 통일부(2008)에 따르면 김대중·노무현 정부가 집행한 대북 지원 규모는 1조 8786억 원에 해당하는 현물이었습니다. 여기에 '10년 거치, 20년 분할 상환, 이자율 1퍼센트 조건'으로 현물을 제공한 식량차관 8872억 원을 사실상 무상 지원으로 인정하더라도 2조 7658억 원(김대중 정부 8396억 원, 노무현 정부 1조 9262억 원)입니다.

대북 지원사업은 북한에 '현금'을 지원했다는 비판을 숱하게 받았습니다. 2017년 대선에서도 그런 장면이 되풀이되었던 것을 기억하실 겁니다. 하지만 대북 지원사업 중에서 현금을 직접 지원한 경우는 없었습니다. 10년간 대북 지원액 2조 7658억 원 중 가장 큰 비중을 차지하는 것은 식량차관(8872억 원)과 비료 지원(7872억 원)입니다. 이 두 가지가 대북 지원액의 60퍼센트가 넘는 1조 6744억 원 규모입니다. 식량차관은 2000년에 외국산 쌀 30만 톤과 중국산 옥

분야별 대북 지원액 현황 단위: 만 US 달러

연도	일반 구호		농업 복구		보건의료		계	
95~93	23,680	100%	5	0%	–	–	23,685	100%
1997	4,329	92%	205	4%	189	4%	4,723	100%
1998	2,891	91%	254	8%	40	1%	3,185	100%
1999	565	12%	3,941	84%	182	4%	4,688	100%
2000	1,435	13%	8,562	75%	1,380	12%	11,377	100%
2001	6,067	45%	5,476	40%	1,996	15%	13,539	100%
2002	4,174	31%	7,351	54%	1,967	15%	13,492	100%
2003	6,517	39%	7,673	49%	1,933	12%	15,76	100%
2004	10,472	42%	8,695	35%	5,624	23%	24,791	100%
2005	4,346	20%	13,744	65%	3,164	15%	21,254	100%
2006	11,672	39%	14,082	47%	4,301	14%	30,005	100%
2007	14,792	46%	11,926	37%	5,716	17%	32,434	100%
누계	90,580	46%	81,914	41%	26,492	13%	198,986	100%

주: 반출통계 기준. 식량차관 제외
출처: 통일부, 2008 | 국회예산정책처, 2008, 217쪽에서 재인용

수수 20만 톤을 시작으로, 2002년에서 2004년 쌀 40만 톤, 2005년 쌀 50만 톤, 2007년 쌀 40만 톤 등이었습니다. 나머지는 민간단체를 통한 지원이 852억 원, 국제기구를 통한 옥수수나 분유 지원 등이 1587억 원입니다.

남북협력기금을 재원으로 하는 대북 지원사업은 사업 시행 주체를 기준으로 정부 차원과 민간 차원으로 나눌 수 있는데, 민간

분야별 대북 지원 비중 추이

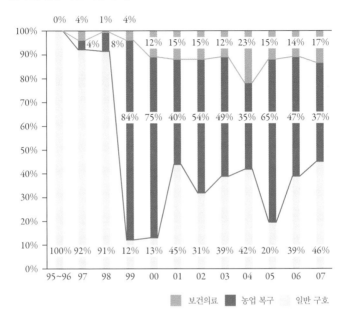

출처: 통일부, 2008 자료를 토대로 국회예산정책처 작성

차원의 사업에 대해서는 2000년부터 통일부가 자격을 인정하는 민간단체의 대북 지원에 대해 매칭펀드 형태로 지원했습니다. 정부 차원과 별개로 1995년부터 2007년까지 민간 차원의 지원액은 7171억 원이었습니다. 이 중 1757억 원(25퍼센트)은 대한적십자사(국제적십자사 포함)를 통해 북한에 전달했고, 나머지 5414억 원은 대북사업 민간단체를 통해 지원했습니다.

　　정부 스스로 밝힌 자료에서도 명확히 드러나듯이 적어도 김대중·노무현 정부 10년 동안 북한에 지원한 내역 중에 '현금'은 없었습니다. 이에 대해서는 '남북경협을 통해 들어간 돈이 핵 개발에 쓰였을 수도 있지 않느냐'는 반박을 할 수도 있을 것입니다. 말로만 설명하려면 복잡하니 다음 쪽 〈표〉를 참고해 이야기해 보겠습니다. '철도와 도로 건설' 차관은 자재와 장비를 제공한 것이고, '경공업 원자재 제공'도 현물 지원입니다. 모두 현금 지원과는 거리가 먼 것들입니다. 그렇다면 금강산이나 개성공단 사업을 위한 대가로 지불한 돈은 어떻게 보아야 할까요. 이럴 때 쓰는 적합한 용어가 있습니다. 바로 '투자'입니다. 한국 기업이 외국에 진출해 토지를 구입한 뒤 공장을 세우고 현지 노동자를 고용해서 일을 시킨다고 생각해 봅시다. 토지 소유주에게 토지 구입비를 지불해야 하고, 당국에 공장 등록을 해야 하며 그에 따른 각종 세금이나 부담금도 내야 합니다. 우리는 그런 돈을 '퍼 주기'라고 하지 않습니다. 상거래는 기본적으로 이익을 낼 수 있다고 판단했을 때 하는 것입니다. 현대가 북한에 투자를 한 것은 현대가 공익재단이어서가 아닙니다.

이명박 정부 이후 남북관계가 '관계'라는 말 자체가 무색할 정도로 흘러가면서 자연스럽게 남북협력기금 등 북한과 관련한 예산은 쓸 곳을 찾지 못해 집행하지 못하는 상황이 계속되었습니다. 2008년의 남북협력기금 사업비 집행률은 계획현액(계획+이월) 1조 2746억 원 대비 18.1퍼센트에 불과했습니다. 그중 대북 식량 지원인 인도적 지원(융자)사업은 1974억 원 전액 불용되었고, 민간단체와 국제기구 등을 통한 지원도 당초 계획액 2672억 원 중 2304억 원이 불용되었습니다. 이런 상황은 이명박 정부 임기 내내 계속되었습

남북경협 현황

단위: 억 원

구분	국민의 정부	참여정부	계
금강산 도로	-	27	27
백두산 피치 제공	-	96	96
철도·도로 건설(차관)	305	1,189	1,494
경공업 원자재(차관)	-	800	800
개성공단 기반 시설	-	1,754	1,754
소계	305	3,866	4,171

출처: 통일부

민간기업 상거래 현황

단위: 억 원

구분	국민의 정부	참여정부	계
현대 포괄 사업권	45,000	-	45,000
금강산 관광	40,070	7,458	47,528
금강산 교예단	381.2	949.8	1,331
금강산 시설 이용 등	1,081.1	3,758.3	4,839.4
개성 관광	-	91	91
개성 관광 사업권	-	300	300
개성공단 북측 근로자 임금	-	2,759	2,759
개성공단 토지 임차료	-	1,200	1,200
총계	86,523.3	16,516.1	103,048.4

❶ 현대 포괄 사업권 대가 : 50년간 금강산 관광 사업권의 대가
❷ 금강산 관광 대가 : 관광객 1인당 △2박 3일 $80 △1박 2일 $48 △당일 $30 △내금강 $22
❸ 금강산 교예단 대가 : 북한 교예단 공연 1회당 $5000
❹ 금강산 시설 이용 등 : △금강산 관광 시설 임대료 △봉사원, 건설 노동자 인건비 등
❺ 개성 관광 대가 : 관광객 1인당 $80
❻ 개성 관광 사업권 대가 : 50년간 개성 관광 사업권 대가
❼ 개성공단 임금 : 기본 임금 $63.375 / 월+가금금(연장, 휴일 근무시)
❽ 개성공단 토지 임차료 : 50년간 100만 평 토지 임차료

니다. 예를 들면 2009년에는 남북협력기금 계획현액 1조 1612억 원 중 집행률이 8.6퍼센트뿐이었고, 인도적 지원사업 계획현액 7294억 원 중 집행액은 192억 원, 집행률은 2.6퍼센트를 기록했습니다. 박근혜 정부에서도 사정은 별반 달라지지 않았습니다.

── '퍼 주기'의 실체

'퍼 주기'의 실체를 처음 제대로 보도한 것은 다소 역설적이게도 2008년 9월 19일 자 『조선일보』 1면 기사였습니다. "노무현 대통령과 북한 김정일 국방위원장이 서명한 10·4선언의 합의 사업을 이행하려면 14조 4000여억 원의 비용이 들 것이라고 통일부가 18일 밝혔다"로 시작하는 이 기사는 남북 정상회담이 너무 많은 예산을 들여야 한다는 점을 강조하려는 것이 목적이었고, 당시 한나라당 소속 윤상현 의원이 통일부에 요청해 받은 서면 답변 자료를 근거로 작성한 것이었습니다. 눈길을 끄는 것은 『조선일보』가 거액을 들여야 한다는 주장을 입증하기 위해 인용한 자료가 갖는 역설적 맥락이 아닐까 합니다. "김대중·노무현 정부 10년 동안 인도적 지원, 경제협력 기반 조성, 경제협력 대가 등으로 재정과 민자를 합해 북한에 모두 3조 5000억 원 정도를 지원했다." 10년간 3조 5000억 원이면 1년에 3500억 원꼴입니다. 이 정도를 퍼 주기라고 할 수 있을까요? 같은 날 『한겨레』 1면에 "통화 당국이 3조 5000억 원의 긴급 유동성을 시장에 공급했다"라는 기사가 났습니다. 이것은 퍼 주기일까요, 아닐까요? 액수는 같습니다.

　　대북 '퍼 주기'는 밑 빠진 독에 물 붓기라는 예산 낭비의 전형처럼 생각하는 사람들이 많습니다. 그런데 다른 한쪽에서는 한 번에 그만한 액수를 지원하지만 어느 누구도 여기에 대해서 '퍼 주기'라고 이야기하지 않습니다. 예를 들면 경상남도가 마창대교와 주변 연결 도로를 건설하는 데 쓴 예산이 3800억 원입니다. 1년에 3500억 원꼴로 지원해서 '퍼 주기'라며 욕이란 욕은 다 먹었는데, 다른 곳에서는 다리 하나 건설하는데 3800억 원을 썼다고 합니다. 다리를 짓는 것은 퍼 주기일까요, '투자'일까요?

　　생각해 보면 세상은 거짓말투성이 통계가 넘쳐 납니다. 미국의 어떤 문인이 이야기했듯이 세상에는 세 가지 거짓말이 있습니다. '그럴듯한 거짓말, 새빨간 거짓말, 통계.' 최근 미국의 트럼프 대통령이 대규모 감세를 발표하면서 중산층과 서민층에 큰 혜택이 돌아간다고 강조했습니다. 이런 것이 바로 통계 가지고 장난치는 전형적인 사례일 것입니다. 대북 '퍼 주기'라는 시끄러운 논란 속에서도 우리는 "도대체 얼마나 퍼 줬는데?"라는 질문에 답을 할 만한 통계 자료조차 제대로 찾아보지 않았습니다. '퍼 주기'를 그토록 비판했던 어느 누구도 김대중·노무현 정부 10년 동안 대북 인도적 지원에 쓴 돈이 다리 하나 건설하는 예산보다 적은 연평균 2766억 원이고, 5000만 국민 1인당 연평균 6000원도 안 되는 돈을 북한에 퍼 주었다고 말해 주지 않았습니다. 그런 점에서 보면 윤상현 의원과 『조선일보』가 참 큰일을 해냈습니다.

'퍼 주기'라는 비생산적인 논란을 통해 우리가 얻은 것은 무엇일까요. 한 가지 확실한 것은 남북 간의 갈등은 계속 심화되었고, 자연스레 군사력 증강 등 갈등 비용이 급증했다는 사실입니다. 연평도 폭격 이후 대응 체계 구축을 위한 군사력과 민간인 대피 시설 확충, 주민 정주 여건 개선 등을 위해 국회가 증액시킨 2011년도 추가 예산만 해도 3000억 원이 넘습니다. 산술적으로만 보면 남북관계 개선을 위해 '퍼 주기'를 하던 당시보다도 두 배가 넘는 돈이 들었습니다.

하다못해 미국조차 꾸준히 대북 인도적 지원을 계속해 왔습니다. 미국 의회조사국(CRS)이 발간한 보고서에 따르면 미국은 1994년 제네바합의 이후 1995년부터 2009년까지 12억 8585만 달러(약 1조 5982억 원)에 이르는 식량, 에너지, 의약품 등 각종 생필품을 지원했습니다. 이 중 식량 지원은 225만 8164톤(7억 675만 달러 상당)이었고, 6자회담 합의에 따른 중유 지원도 1억 4600만 달러 정도 됩니다. 이외에도 북한의 경수로 발전소 건설을 위해 설립한 한반도에너지개발기구(KEDO) 관련 비용으로 1995년 이후 4억 370만 달러를 집행했고, 의약품 등 기타 생필품의 대북 지원에 940만 달러를 투입했습니다. 2009년부터 2013년까지도 약 2379만 달러 규모로 대북 지원을 했습니다.

'전략적 인내' 정책을 폈던 오바마 대통령이 퇴임을 목전에 앞둔 2017년 연초에 함경북도 지역 수해 지원을 이유로 유엔을 통

미국과 국제 사회의 대북 식량 지원(1995~2010. 3)

연도 (FY)	식량 지원		KEDO 지원 (백만 US달러)	6자회담 관련 지원 (백만 US달러)		의료 기타 (백만 US달러)	총계 (백만 US달러)
	물량 (톤)	금액 (백만 US달러)		중유	비핵화		
1995	0	0.00	9.50	-	-	0.20	9.70
1996	19,500	8.30	22.00	-	-	0.00	30.30
1997	177,000	52.40	25.00	-	-	5.00	82.40
1998	200,000	72.90	50.00	-	-	0.00	122.90
1999	695,194	222.10	65.10	-	-	0.00	287.20
2000	265,000	74.30	64.40	-	-	0.00	138.70
2001	350,000	58.07	74.90	-	-	0.00	132.97
2002	207,000	50.40	90.50	-	-	0.00	140.90
2003	40,200	25.48	2.30	-	-	0.00	27.78
2004	110,000	36.30	0.00	-	-	0.10	36.40
2005	25,000	5.70	-	-	-	-	5.70
2006	0	0.00	-	-	-	0.00	0.00
2007	0	0.00	-	25.00	20.00	0.10	45.10
2008	148,570	93.70	-	106.00	-	0.00	199.70
2009	21,000	7.10	-	15.00	-	4.00	26.10
2010	-	-	-	-	-	-	0.00
계	2,258,164	706.75	403.70	146.00	20.00	9.40	1,285.85

주: 미국 국제개발처(USAID), 농무성, 국무성, 한반도에너지개발기구의 자료를 미국 의회조사국이 취합한 것으로, 2008년과 2009년의 식량 지원 금액은 추정치임. 김영훈, 「미국과 국제 사회의 대북 식량 지원」, 한국농촌경제연구원 북한농업동향 보고서, 2010

해 정부 차원에서 인도적 지원을 했다는 점도 주목할 대목입니다 (『한겨레』, 2017년 1월 25일 자). 미국 정부 차원의 대북 인도적 지원은 2011년 민간구호단체인 '사마리탄스 퍼스(사마리아인의 지갑)'를 통해 90만 달러를 지원한 이후 5년여 만입니다. 오바마 행정부가 명분으로 삼은 함경북도 수해는 2016년 9월 초 발생했는데, 사망자와 실종자가 350명이 넘고, 유실되거나 파손된 가옥만 해도 3만 5000채가 넘는다는 유엔 발표에서 보듯이 그 피해가 상당했습니다. 북한이 국제 사회에 인도적 지원을 요청했고, 오바마 행정부는 이 요구에 호응함으로써 후임 행정부에 정치적 운신의 폭을 넓혀 주었습니다. 하지만 박근혜 정부는 국내 민간단체가 수해 지원을 위해 신청한 제3국 대북 접촉조차 불허했습니다. 결과적으로 문재인 정부는 대북정책을 말 그대로 원점보다도 못한 상황에서 시작하게 되었습니다.

이와 관련해 2010년 4월 15일 미국 시사주간지 『뉴스위크』에 영국 리즈대학교 연구원인 에이던 포스터 카터 Aidan Foster Carter가 기고한 '북한을 잃어버리고 있다: 한국은 북방정책 펴야'라는 글은 여러 가지로 의미심장합니다. 마치 그 후 일어날 일을 예언이라도 한 것 같습니다. "이명박 대통령이 남북 정상회담을 추진해야 한다. 그렇지 않으면 역사는 이 대통령을 G20 정상회의 의장이 아니라 북한을 잃은 남한의 대통령으로 기억할 것이다." 또 그는 "한국의 우파들은 북한이 중국의 동북 4성이 된다고 비판하지만 그것은 제 얼굴에 침을 뱉는 격"이라면서 "한국의 근시안적 보수파들은 굶주리는 북한 동포들에게 쌀을 보내는 데 필요한 적은 돈에도 불만을 터뜨리고 있다"고 꼬집었습니다. 이런 비판은 어떤 면에서 보면 2016년 2월 개성공단 가동 전면 중단의 예고나 다름없어 보입니다. 그러고 보면 이명박·박근혜 정부는 '기다리는 것도 전략'이 아니라 '기다리는 것 말고는 전략이 없다'는 말이 더 맞지 않을까 싶습니다.

일곱 번째, **중국과 북한, 혈맹과 밀당 사이**

강국진 북·중관계는 참 미묘해 보입니다. 2017년 봄 북한과 중국이 보여 준 모습은 원수지간 같았습니다. 예전에 어떤 책에서 중국에서 문화대혁명이 한창일 때 홍위병들이 압록강에 마이크를 설치해 놓고 김일성 주석을 비난하는 선전 방송을 했다는 구절을 읽은 적이 있습니다. 그런데 역사를 되짚어 보면 서로 잡아먹지 못해 안달인 것처럼 신경전을 벌이다가도 김일성 주석이나 김정일 국방위원장이 중국을 방문하면 입이 떡 벌어질 정도로 환대를 했습니다. 2017년 봄 북한과 중국이 서로 으르렁댄 것도 액면 그대로 받아들여야 할지 의문입니다. 북한은 중국을 어떻게 생각하는지, 또 중국은 북한을 어떻게 생각하는지 알다가도 모르겠습니다.

북핵 문제를 해결하기 위해서는 중국이 제구실을 해야 한다는 이야기가 많지만 과연 그런지 의문입니다. 북한은 그동안 중국이 하자는 대로 고분고분 따르지도 않았습니다. 중국 역시 북한에 대해 한편으로는 골치 아픈 이웃처럼 느끼는 것이 아닌가라는 생각이 들기도 합니다. 그러면서도 북한과 중국은 기회가 있을 때마다 '우리가 남이가' 하는 식입니다. 북한이 중국에 경제적으로 의존하고 있다고 하지만, 중국 또한 북한의 지하자원을 헐값에 구입하는 식으로 이

득을 보는 것 역시 사실인 듯합니다. 게다가 북한이 중국과 원수지
간이 된다면, 그래서 북한 신의주에 사드 기지가 들어선다면 중국
입장에서 얼마나 골치가 아플까요.

북·중관계의 정확한 맥락을 알지 못한다면 대북 제재나 남북관계
복원도 그리 쉽지 않을 것 같습니다. 무엇이 북한과 중국을 특수하
게 만든 것일까요. 북한은 중국을 어떻게 생각하는 것일까요. 정말
로 죽고 못 사는 친구처럼 느끼는 것일까요, 아니면 그냥 외교적으
로 보여 주는 사탕발림에 불과한 것일까요.

박한식 흔히 북·중관계를 '순망치한 脣亡齒寒(입술이 없으면 이가 시리다)'
또는 혈맹血盟으로 표현합니다. 양측이 공유하는 역사적 경험과 지
정학적 이해관계는 물론이고 정치, 경제, 문화 등 다양한 분야에서
북한과 중국은 매우 긴밀합니다. 특히 북한과 중국의 권력 핵심들
은 항일 무장투쟁을 함께한 1930년대까지 거슬러 올라가는 전우이
자 동지 관계로 연결되어 있다는 점을 잊어서는 안 됩니다. 〈조선인
민군행진곡〉과 〈중국인민해방군행진곡〉은 작곡자가 한 사람인데,
바로 광주 출신 항일운동가였던 정율성입니다. 북한과 중국 두 나
라의 군가를 한 사람이 작곡했다는 것이 바로 북·중관계를 상징합
니다. 참고로 정율성의 부인은 중국 최초로 여자 대사를 지낸 딩쉐
쑹 丁雪松 이었습니다.

　　물론 이런 요소는 시간이 흐를수록, 세대가 바뀔수록 약해질 수밖에 없습니다. 하지만 역사적 기억과 동류의식은 생각보다 오래 지속됩니다. 2010년 중국을 방문한 김정일 국방위원장이 지린성吉林省에 있는 위원毓文중학교를 방문한 것에서 보듯 역사적 기억은 현재의 정치적 필요에 따라 언제든지 소환, 재생산될 수 있기 때문입니다.[1] 한 예로 2017년 독일 베를린에서 열린 G20 회담장에서 시진핑習近平 국가주석은 문재인 대통령에게 '북한은 중국의 혈맹'이라고 직접적으로 거론하기도 했습니다. 최근 북한과 중국이 경제 제재 문제를 둘러싸고 긴장과 갈등이 높아지는 속에서도 한·미동맹을 견제하기 위해 언제라도 꺼낼 수 있는 든든한 카드가 '북·중 혈맹론'인 것입니다. 다양한 논란에도 불구하고 한국전쟁에 참전한 미군에 대한 기억이 반세기도 더 지난 지금까지 한국을 지배하고 있으며, 적지 않은 한국인이 한·미 간 이견이 발생하는 것 자체를 '한·미동맹 훼손'으로 여기는 현실을 현실로서 인정한다면 북한과 중국의 역사적 기억에서 비롯된 맥락 또한 인정하는 자세가 필요합니다.

1　김일성 주석은 열다섯 살이던 1927년부터 2년 정도 위원중학교에 다니면서 마르크스-레닌주의 책을 읽고 비밀조직을 결성해 본격적인 반일운동가의 길로 들어섰다. 특히 김일성 주석이 1926년 10월 결성한 '타도제국주의동맹(ㅌ·ㄷ)' 활동을 본격화한 것이 위원중학교 재학 시절이었다. 김일성 주석은 1929년 가을 반일 공산주의 활동을 이유로 중국 군벌에 체포되어 감옥살이를 하던 중 퇴학당했다. 위원중학교 도서관 앞에는 군복을 입은 젊은 시절의 김일성 주석 동상이 서 있고, 도서관에는 그의 사진이 전시되어 있다.

── 피를 나눈 혁명 동지

김일성 주석은 다섯 살이었던 1917년 온 가족이 만주로 이주했습니다. 1932년부터 본격적인 항일 무장투쟁에 나선 김일성 주석은 중국인 동지들과 함께 동북항일연군을 이끌었습니다. 김일성 주석뿐 아니라 최용건, 김책, 강신태 등 북한 정권의 핵심층 상당수가 중국인 동지들과 함께 피를 흘렸다는 동지의식을 공유했습니다. 이들은 통역 없이도 중국어로 의사소통이 가능했는데, 저의 부친은 김일성 주석과 함께 항일운동을 한 지인들에게 "김일성 주석처럼 중국 말을 잘하는 조선 사람을 본 적이 없다"는 말을 들었다고 합니다.

북한과 중국은 서로 '목숨을 구해 준 은인'이라고 할 정도로 도움을 주고받았습니다. 국공내전 당시 가장 치열한 전선이었던 만주(동북 3성)에서 중국공산당이 승리하는 과정을 보면 북한은 말 그대로 승패를 가르는 데 결정적인 도움을 주었습니다. 조선인으로 구성된 여러 사단 등 수십만 명에 이르는 조선인이 국공내전에 참전해 공을 세웠을 정도로 말입니다. 이들은 이후 한국전쟁 초기 북한군의 주력이 되었습니다. 북한 역시 한국전쟁에서 '중국인민지원군'으로부터 결정적인 도움을 받았습니다. 당시 중국인민지원군의 인명 피해만 해도 약 97만 명이나 됩니다.[2] 중국인민지원군 소속으로 참전했다가 1950년 11월 미군 폭격으로 전사한 마오쩌둥의 큰아들 마오안잉毛岸英의 무덤은 지금도 북한에 있습니다. 한국전쟁 당시 중국을 방문한 김일성 주석에게 마오쩌둥이 한 "우리 두 집안은 우리에게 무슨 일이 생기면 너희가 돕고, 너희에게 무슨 일이 생기면 우리가 도와야 되는 그런 사이이다. 지금 조선은 위난지중危難之中에 처해 있다. 우리가 어찌 수수방관할 수 있겠는가. 중화인민공화국의 5성홍기에는 조선 열사들의 선혈이 배어 있다"라는 말은 단순한 덕담으로 넘길 수만은 없는 무게감이 있습니다.

그런 특수 관계를 상징적으로 보여 주는 두 가지 예가 있습니다. 하나는 북한과 중국 간 국경선을 확정한 1962년 '조중변계조약朝中邊界條約'입니다. 1962년 10월 북한을 방문한 중국 총리 저우언라이周恩來와 김일성 주석이 체결한 이 조약에서 중국은 1909년 일본이 간도협약을 맺으면서 청나라에 넘긴 280제곱킬로미터를 북한에 돌려주었습니다. 백두산 천지의 54.5퍼센트, 압록강과 두만강의 섬과 모래톱 중 264개는 북한이 관할하도록 하고, 중국은 천지의 45.5퍼센트, 섬과 모래톱 187개를 차지하는 것으로 만족했습니다. 중국과 구소련이 아무르강(흑룡강)의 작은 섬을 두고 양국 합쳐 100만 명이 넘는 병력을 동원하는 전투를 치른 중·소 국경분쟁이나

---

2 국방군사연구소 자료에 따르면 중국인민지원군의 인명 피해는 사망 14만 8600명, 부상 79만 8400명, 실종 3900명, 포로 2만 1700명 등 97만 2600명에 이른다(국가기록원 홈페이지).

중국과 일본이 갈등을 벌이고 있는 센카쿠 열도 尖閣列島(중국명 댜오위다오釣魚島) 등과 비교해 보면 얼마나 파격적인 조약인지 알 수 있습니다.

이 조약의 연장선상에서 지도상으로는 중국 땅이라고 해도 이상하지 않을 황금평 黃金坪이 북한 영토인 것 역시 분명 일반적인 국가 간의 관계만으로는 설명하기 어렵습니다. 황금평은 압록강 하구에 퇴적층이 쌓인 하중도 河中島인데, 사실 중국 쪽 경계는 걸어서도 건널 수 있을 정도입니다. 또 하나는 1961년 체결한 '조·중 우호 협력 및 상호원조조약'을 들 수 있습니다. 이 조약 제1조는 "어느 일방이 무력 침공을 당하거나 개전 상태에 놓이게 되면 상대방은 지체없이 군 및 기타 원조를 제공한다"라고 규정되어 있습니다. 조약의 효력 기간은 20년으로 20년씩 연장하도록 했습니다. 쌍방의 합의가 없으면 조약을 폐기할 수 없습니다. 물론 이 조약은 지금도 효력이 발휘 중입니다.

김일성 주석과 마오쩌둥의 관계도 중요합니다. 두 사람의 관계는 고스란히 중국공산당과 조선노동당의 특수 관계로 이어졌습니다. 1930년대 후반 옌안 延安에서 동북 지역 항일운동에 대한 정보를 접한 마오쩌둥은 김일성 주석이 자신의 젊은 시절을 빼닮았다며 관심을 갖게 되었다고 합니다. 마오쩌둥이 중화인민공화국을 선포한 뒤 최초로 중국을 방문한 외국의 국가원수가 바로 김일성 주석이었습니다. 1970년 김일성 주석이 중국을 방문했을 때는 마오쩌둥이 댜오위타이 釣魚臺(중국을 방문한 국빈이 머무는 숙소와 만찬장, 회의장 등

으로 사용하는 시설)에서 김일성 주석을 직접 맞이하는 파격적인 예우
를 했을 정도입니다. 김일성 주석 역시 마오쩌둥을 중국공산당 지도
자뿐만 아니라 국제 공산 진영의 지도자로 대접했습니다.

　　중국에 북한이 갖는 중요성은 지정학적 요인과 떼려야 뗄
수 없습니다. 북한은 압록강과 두만강을 경계로 중국과 국경을 마
주하고 있습니다. 부산에서 신의주까지 직선거리가 약 650킬로미터
인데, 신의주에서 베이징까지 직선거리 역시 딱 그 정도입니다.

　　한국전쟁 때 출병론을 주장한 펑더화이彭德懷가 출병 근거
로 제시한 것이 바로 "미국이 압록강변에 포진하면 문제가 복잡해
진다. 온갖 구실을 내세워 국경을 교란시킬 것이 뻔하다"는 것이었
습니다. 당시 저우언라이와 회담한 스탈린 역시 이런 말을 했습니
다. "적들이 한반도를 점령하면 미군이 압록강변에 포진한다. 공중
에서 폭탄을 퍼부으면 내륙은 그렇다 치더라도 동북은 편할 날이
하루도 없다."

　　북·중관계가 말 그대로 혈맹이라고는 하지만 갈등과 대립
이 없을 수 없습니다. 김일성 주석 자신도 중국을 너무 잘 알고 있
었습니다. 한국전쟁을 준비하던 김일성 주석이 구소련으로부터 지
원 받은 무기를 철도가 아니라 해로로 수송한 것은 중국의 간섭을
받을까 우려했기 때문입니다.

　　인천상륙작전 이후 위기에 몰린 김일성 주석은 중국인민지
원군의 도움에 의지하면서도 사령관 펑더화이는 철저히 경계했는데,
이 역시 중국의 간섭 가능성을 우려했기 때문으로 보입니다.

또한 중·소분쟁 중에 김일성 주석은 철저하게 실리 위주로 접근하며 중국과 구소련으로부터 부채 탕감과 에너지 지원 등 각종 지원을 이끌어 내고자 했습니다. 혈맹관계를 유지하면서도 실리를 취하려는 긴장관계는 북·중관계에서 빼놓을 수 없는 요소라고 할 수 있습니다.

── 북핵 중국 책임론의 허상

북·중관계는 냉전이 끝나면서 중요한 변화를 겪게 됩니다. 중국은 1991년부터 사회주의 블록경제의 틀 안에서 유지해 온 구상무역을 포기하고 경화결제를 북한에 요구했습니다. 1992년 8월 중국은 한국과 외교관계를 수립했는데, 이는 북·중관계 악화로 이어졌습니다.

마오쩌둥과 김일성 주석 등 항일 경험을 공유한 세대가 모두 사망하면서 북한과 중국 정권은 이제 '교과서로 혈맹관계를 배운' 이들이 움직이고 있습니다. 북·중관계의 성격이 달라지는 것은 당연한 이치입니다. 2004년 무렵 톈진사회과학원이 북·중관계를 재검토하는 논문을 발표한 것은 북·중관계 변화의 단초를 보여 준 일례입니다. 장쩌민에서 후진타오胡錦濤로 권력이 바뀌는 교체기에 나온 이 논문은 북·중관계를 기존의 혈맹 차원이 아니라 중·미관계 발전을 방해하는 등 중국에 부담을 준다는 입장에서 작성되었습니다.

이에 북한은 북한에서 활동하던 중국 정보요원을 색출해 추방하고, 대표적 친중파인 장성택을 지방으로 좌천시키는 등 예민하게 반응했습니다. 결국 후진타오 측근인 리창춘 정치국 상무위원이 특사로 평양을 방문하면서 갈등을 봉합했습니다. 2017년 연초 국제 뉴스를 장식한 김정남 암살 사건 역시 일부에서는 북·중관계라는 맥락 속에서 해석하기도 합니다.

물론 갈등과 반목 다음에는 화해와 친선 강조가 뒤따르기 마련입니다. 김정일 국방위원장은 2000년 5월 중국을 방문한 이후 2010년까지 여섯 차례 중국을 방문했고, 2001년 9월에는 장쩌민, 2005년 10월에는 후진타오가 북한을 방문했습니다. 특히 김정일 국방위원장은 2010년 5월부터 2011년 8월까지 세 차례나 중국을 방문해 정상회담을 갖기도 했습니다. 2011년 5월 정상회담에서는 후진타오가 2010년 9월 김정은 국무위원장을 당중앙군사위원회 부위원장 겸 중앙위원회 위원으로 임명한 "제3차 조선노동당 대표자회 정신을 높이 받든다"고 하면서 북한 후계 구도에 지지를 표명하기도 했습니다.

북한이 끊임없이 미국과 관계를 개선하려고 하는 이유 중에는 중국을 견제하기 위한 지렛대를 확보하려는 측면도 분명히 존재합니다. 북한은 과거 중국과 구소련의 갈등 속에서도 어느 한쪽 편을 들지 않고 '자주외교'를 통해 실리를 추구한 경험이 있습니다. 중국이라고 그것을 모르지 않습니다. 중국의 입장에서 북한을 미국에 빼앗기는 것은 국가 안보 차원에서 악몽일 수밖에 없습니다. 게다가 중국에 북한은 '사회주의 혈맹'이라는 정치적 상징성도 무시할 수 없지요. 그런 면에서 보면 이러저러한 갈등에도 불구하고 중국은 북한을 버리지 못합니다. 중국은 동아시아에서 유일한 핵보유국으로 군림하고 싶어 하기 때문에 북한이 핵을 보유하는 것을 좋아하지는 않지만, 그렇다고 북한이 핵보유국이 된다고 해서 중국에 안보 위협이 되지는 않습니다. 중국은 한국 정부가 생각하는 것처럼 북한을 비핵화하겠다는 의지가 그리 크지 않습니다. 중국이 내세우는 '중국식 사회주의'는 시대에 따라 맥락의 차이가 있습니다. 덩샤오핑이 사회주의에 방점을 두었다면, 시진핑 체제는 사실상 '유교식 사회주의'입니다. 유교식을 북·중관계에 대입해 보면 외교정책에서 맥락을 읽을 수 있습니다.

사정이 이러함에도 불구하고 대북 제재가 제대로 작동하지 않는 것과 맞물려 이른바 '북핵 중국 책임론'을 주장하는 목소리가 들립니다. 대북 제재가 제대로 이루어지지 않는 것은 북핵 문제 역시 중국이 이를 방조 내지 묵인하고 있기 때문이라면서 말이지요. 이 프레임은 또한 '중국은 북핵 압박을 위한 국제적 공조에서 중요하다' 그리고 '중국이 대북 압박에서 중요한 구실을 해야 한다'는 중국 역할론과 맞물려 있습니다. 하지만 이는 국제적 압력의 실패에 대한 책임을 중국에 돌리는 프로파간다에 불과합니다. 또한 북핵 문제 해법을 모색하는 데 상당한 악영향을 끼칠 뿐 아니라 대북정책에서도 상당한 판단 착오를 불러일으킵니다.

기억을 되짚어 보면 1994년 북·미 제네바합의 당시만 해도 북핵 문제에서 중국은 주요한 협상 파트너가 아니었습니다. 클린턴 행정부나 김영삼 정부는 북핵 문제에 대해서 중국에 중재를 요청한 적이 없었습니다. 제네바합의는 말 그대로 북한과 미국이 체결한 합의문이었습니다. 왜냐하면 북핵 문제는 곧 북한과 미국의 문제였기 때문입니다.

그런데 2000년대 들어 북핵 문제를 바라보는 프레임에 변화가 생겼습니다. 북핵 문제는 곧 중국 책임이라는 프레임이 헤게모니를 갖게 되었습니다. 그러면서 미국 정부뿐 아니라 한국 정부도 북핵 문제를 중국과 의논하는 것을 당연한 일처럼 여기게 되었습니다.

하지만 '북핵 중국 책임론'이 나온 정치적 맥락을 살펴보면 그 허구성이 바로 드러납니다. 한마디로 '북핵 중국 책임론'은 조지 W. 부시 행정부의 작품이나 다름없습니다. 다시 말해서 미국 정부는 중국이 대외관계에서 발생할 수 있는 충돌을 막으려고 한다는 점을 이용하는 동시에 북핵 전략 부재에 따른 비판을 모면하기 위해서 북핵 문제가 거론될 때마다 중국에 공을 넘겨 버렸던 것입니다. 미국 측 인사의 다음 증언은 이 프레임의 전략적·전술적 유용성이 얼마나 대단한지 새삼 깨닫게 합니다.

우리도 정말 중국이 북한에 결정적인 압력을 가하거나 중국이 북한을 포기할 것이라고 믿지 않는다. 그럼에도 우리가 이렇게 말하는 것은 다른 더 좋은 대안이 없기 때문이다. 우리가 몰라서

그러는 것이 아니다. 동시에 이것은 나름대로 유용했다. 특히 미국
이 북핵 문제를 두고 공개적으로 중국에 압력을 가하는 지렛대를
유지하는 것은 미국에 전략적 도움이 된다(이성현, 「북핵의 '중국책임론'
과 미국의 외교전략」, 『성균차이나브리프』, 2014, 118~123쪽).

미국 정부로서는 대단히 편리한 알리바이를 손에 넣은 셈
입니다. 언론에서 북핵 문제에 왜 진전이 없느냐고 물으면 미국 정
부 관계자는 그냥 "중국이 협조를 안 해서"라고 답변하면 만사 오케
이였습니다. 오바마 대통령 역시 이 같은 태도를 취했습니다.

한국 정부는 이런 프레임에 그대로 포섭되었습니다. 자기
머리로 생각하지 않는 외교정책이 어떤 결과로 이어지는지 잘 보
여 주는 반면교사가 아닐 수 없습니다. 이명박·박근혜 두 전직 대통
령은 기회가 있을 때마다 중국 정부에 '북핵 문제 협조를 당부'하곤
했습니다. 아울러 대북 강경책이 실패하는 원인을 북한의 비이성적
행태와 중국의 비호 내지 방관에 떠넘기는 행태를 되풀이했습니다.

── 북·중 경제협력의 두 얼굴

조선노동당 관계자한테서 "세상 모든 나라 중에서 제일 의
존하면 안 되는 나라가 중국이다"라는 이야기를 들은 적이 있습니
다. 중국이 고도성장을 이어 가는 상황에서 북·중관계의 무게중심이

중국 쪽으로 쏠리는 것은 북한이 결코 바라지 않는 상황입니다. 이는 북한 입장에서 갈수록 예민한 문제가 되고 있습니다. 북한이 고구려의 역사적 정통성을 강조하면서 그 근거로 중국이라는 외세에 맞서 자주권을 수호했다는 점을 강조하는 것은 그들의 현실 인식을 일정 부분 반영하는 것이라고 할 수 있습니다.

특히 '자주성'을 중시하는 북한 정권에서는 경제 부문에서 중국 의존도가 높아지는 것을 경계합니다. 그럼에도 중국 의존도가 갈수록 높아지는 것 또한 엄연한 현실입니다. 과거 냉전 시대에는 사회주의라는 공통분모와 함께 피를 흘리며 싸웠다는 동지의식이 강하게 남아 있었지만 시대는 계속 변화하고 있습니다. 중국과 북한 관계에서 경제적 문제가 차지하는 비중이 높아지면서 북한의 중국에 대한 '전통적'인 경계심이 커지는 것 또한 부인할 수 없는 사실입니다.

북·중교역 실태를 살피기 위해 현대경제연구원에서 발표한 보고서를 인용해 보겠습니다. 2000년만 해도 북한 무역에서 중국이 차지하는 비중은 일본과 비슷한 20.4퍼센트였습니다. 그랬던 것이 2015년에는 63.7퍼센트까지 증가했습니다. 남북교역을 제외하면 91.3퍼센트나 됩니다. 이것은 누가 봐도 비정상적인 상황입니다. 교역액을 보면 북·중교역 규모는 2000년 4.9억 달러에서 2015년 57.1억 달러로 약 12배 증가했습니다. 연평균 증가율이 17.8퍼센트나 됩니다. 전체 수입액 중 중국 의존도는 2000년 31.9퍼센트에서 2015년 77.6퍼센트로 상승한 반면, 수출액 대비 중국 의존도는 6.7퍼센트에서 92.1퍼센트로 약 13.8배나 증가했습니다. 그러나 같은 기간 대남 교역 의존도는 2000년 17.7퍼센트에서 2007년 37.9퍼센트까지 늘었다가 2015년에는 다시 30.3퍼센트로 감소했습니다. 북한의 대중국 수입액은 2000년 4.5억 달러에서 2015년 29.5억 달러로 약 6배 이상 증가(연평균 13.3퍼센트 증가)했고, 같은 기간 대중국 수출액은 약 0.4억 달러에서 24.8억 달러로 약 67배 가까이 증가(연평균 32.4퍼센트 증가)했습니다.

같은 기간 대남교역 의존도를 살펴 보면 2000년 17.7퍼센트에서 2007년 37.9퍼센트까지 늘었다가 2015년에는 다시 30.3퍼센트로 감소했습니다. 2016년 2월 10일 한국 정부가 개성공단 가동을 전면 중단시킨 것을 감안하면 북한 무역에서 중국이 차지하는 비중이 더 높아졌으리라는 것은 짐작하기 어렵지 않습니다. 사실 중국은 북한의 유일한 교역 상대국이나 다름없습니다. 2017년 초 중국이 북한에 핵실험을 중단하라고 압박하면서 석탄 수입 중지 등 몇 가지 조치를 취한 것을 생각해 보십시오. 이렇듯 북한 입장에서는 중국과 대등한 협상을 할 수가 없습니다. 북한은 이 문제를 심각하게 생각해 어떻게든 무역 상대국을 다변화하려고 합니다. 최근 러시아와 밀착하는 조짐을 보이는 것도 그런 배경에서 이해할 수 있을 것입니다.

북한이 중국에 수출하는 10대 품목은 나무, 철강 등 광산물과 의류 중심입니다. 10대 수출품 비중 역시 2000년 66.5퍼센트에서 2005년 74.4퍼센트, 2010년 77.4퍼센트, 2015년 78.0퍼센트로 상

북한의 대중국·남한 교역 의존도 추이

연도	남북 교역 (백만 US달러)	북중 교역 (백만 US달러)	대중 의존도 (%)	대남 의존도(%)
2000	425	488	20.4	17.7
2001	403	738	27.6	15.1
2002	642	738	25.4	22.1
2003	724	1,024	32.9	23.2
2004	697	1,377	38.7	19.6
2005	1,055	1,582	39.0	26.0
2006	1,350	1,7000	39.1	31.1
2007	1,798	1,974	41.7	37.9
2008	1,820	2,787	49.5	32.3
2009	1,679	1,711	33.6	33.0
2010	1,912	3,466	56.9	31.4
2011	1,691	5,629	69.9	21.0
2012	1,970	5,931	67.5	22.4
2013	1,135	6,545	77.2	13.4
2014	2,343	6,864	69.0	23.5
2015	2,711	5,710	63.7	30.3

주: 북한의 전체 교역액에 남북교역 포함
출처: 현대경제연구원, 2016, 33쪽

승하는 추세입니다. 2000년 수출 1위가 나무였지만, 2010년 이후에
는 광물 연료로 변화하고 있습니다. 무연탄, 철광석 등 광산물의 대
중 수출 비중이 2000년에는 16.2퍼센트였는데, 2010년 54.5퍼센트,
2015년 50.8퍼센트로 대폭 늘어나는 추세입니다. 북한이 중국에 수

북한의 연도별 교역 및 대중국 의존도 추이

연도	전체 교역 (백만 US달러)	대중국 교역 (백만 US달러)	대중 의존도 (%)
2000	1,970	488	24.8
2001	2,270	738	32.5
2002	2,260	738	32.7
2003	2,391	1,024	42.8
2004	2,857	1,377	48.2
2005	3,002	1,582	52.7
2006	2,996	1,700	56.7
2007	2,941	1,974	67.1
2008	3,816	2,787	73.0
2009	3,414	1,711	50.1
2010	4,174	3,466	83.0
2011	6,357	5,629	88.5
2012	6,811	5,931	87.1
2013	7,345	6,545	89.1
2014	7,611	6,864	90.2
2015	6,252	5,710	91.3

주: 북한의 전체 교역액에서 남북교역은 제외함
출처: 현대경제연구원, 2016, 35쪽

출하는 광산물 자원 비중이 급증함으로써 북한의 풍부한 지하자원을 중국이 독점하는 것 아니냐는 논란을 불러일으킬 수밖에 없습니다. 의류 역시 위탁 가공 증가에 힘입어 수출 비중이 2000년 0.1퍼센트에서 2015년에는 32.2퍼센트(7.9억 달러)로 대폭 상승했습니다.

　　북한이 중국에서 수입하는 주요 10대 품목 중 광산물류는 줄어든 반면 자본재(전기기기, 기계류), 가공된 산업용 원자재(섬유 등)의 비중은 계속 증가하고 있습니다. 10대 수입품 비중은 2000년 64.6퍼센트에서 2005년 68.5퍼센트, 2010년 64.8퍼센트, 2015년 55.8퍼센트로 지속적으로 감소하는 추세입니다. 이는 2000년 이후 북한 시장 활성화에 따른 수입 품목의 다변화 등에서 기인한 것으로 추정됩니다. 노동력 송출 역시 빼놓을 수 없는 부분입니다. 통일부는 대중국 노동력 송출 규모를 최소 5~6만 명에서 최대 10만 명 정도로 평가합니다.

　　북한 경제의 중국에 대한 의존이 갈수록 심해진다는 것을 평양을 방문할 때마다 피부로 느낍니다. 평양의 호텔에 투숙하는 중국인들 비중이 갈수록 증가하는 것이 눈에 보입니다. 어느 때는 중국인들 때문에 호텔에 방이 없을 정도입니다. 지하자원부터 관광까지 중국인들이 북한 곳곳으로 몰려오고 있습니다. 국제적으로 고립되어 있는 북한으로서는 협상에서 밀릴 수밖에 없습니다. 헐값에 수십 년간 광산 사용권을 내주는 것이 다반사라고 합니다. 북한으로서는 이런 상황이 못마땅할 수밖에 없습니다. 2012년 당시 저는 한 언론 인터뷰에서 "10년만 이 상태로 가면 중국이 북한을 경제적으로 모두 점령해 버릴 것"이라고 우려한 적이 있습니다. 또한 "이것은 북한이 선호해서 그런 것이 아니다. 북한은 경제 다변화를 원한다. 그런데 유엔과 미국의 제재로 못 하게 돼 있다. 북한이 중국에 경제적으로 종속 위치에 처하게 되는 것은 북한은 물론이고 남한·미국에도 좋지 않다(『한겨레』, 2012년 9월 24일 자)"라고 지적한 바 있습니다.

—— 미묘한 긴장, '고대사'의 정치

북한의 고대사 연구 경향은 북·중관계가 갖는 미묘한 측면을 보여 주는 또 다른 지표입니다. 학술 논문 하나도 정치적 맥락 속에서 해석되는 곳이 북한입니다. 북한이 국가 차원에서 고대사 연구를 강화하고 '찬란한 고대사'를 강조하는 것은 민족주의 강조라는 국내 정치적 요소뿐 아니라, 북·중관계라는 국제 정치적 요소도 강하게 작용하고 있기 때문입니다. 다시 말해서 고대사에 관한 다양한 쟁점은 북·중관계라는 틀 속에서 바라보아야만 그 맥락을 제대로 이해할 수 있기 때문입니다.

어느 역사학자가 이야기했듯이 모든 역사는 현대사입니다. 북한에서 고조선 중심지를 요하遼河 일대로 간주하다가 1990년대 이후 평양으로 강조하는 것이나, 이에 발맞추어 단군을 부쩍 강조하는 이유가 바로 그런 경우라고 할 수 있습니다.

사마천이 쓴 『사기史記』에 따르면 기원전 108년 한漢 나라는 고조선을 멸망시킨 뒤 그 중심지에 한사군漢四郡 을 세웠습니다. 한사군의 위치는 곧 고조선의 중심지가 됩니다. 북한 학계는 1950년 대부터 한사군의 위치 문제를 다룬 다양한 학술 토론을 개최했습니다. 대체로 한사군이 요하 일대에 있었다는 '고조선 중심지 요령설遼

說'과 오늘날 평양에 있었다는 '평양설'이 대립했지만 1960년대 초반 요령설이 정설로 인정되었습니다. 이를 대표하는 저작이 바로 리지린李址麟이란 학자가 1963년 출간한『고조선 연구』입니다. 그 뒤 1990년대 초반까지 북한 학계에서는 고조선 중심지를 요령 지방으로 보는 것이 정설이었습니다.

하지만 1993년 북한 사회과학원이 평양직할시 강동군 대박산大朴山에서 단군릉을 발굴하면서 고조선 중심지에 대한 정설은 평양 지역으로 바뀌게 되었습니다. 1995년에는 단군릉 복원을 기념해 단군에 대한 역사적·철학적 의미를 되짚는 토론회를 텔레비전에서 생중계하기도 했습니다. 그뿐 아니라 북한 학자들은 '평양문명'이 황허문명보다 더 오랜 역사를 가진 '대동강문명'이며, 심지어 한자漢字도 고조선에서 처음 발명해 중국에서 배워 간 것이라고까지 주장했습니다. 저 역시 단군릉을 방문한 적이 있는데, 그 엄청난 규모에 놀라지 않을 수 없었습니다. 누군가는 이를 보고 이집트에 있는 피라미드의 모조품처럼 느껴진다고 할 것이고, 또 누군가에게는 민족의 영광을 상징하는 것처럼 느껴질 수도 있겠지요.

1960년대 고조선 도읍지가 요동 혹은 요서였다는 학설을 정립하는 데 심혈을 기울이고 평양설을 강하게 비판했던 북한 학계가 1990년대 이후에는 평양설로 급격히 선회한 데다, 단군이 5000년도 더 전에 실존했던 '우리 민족사의 첫 건국 시조'라고 강조하는 것은 밖에서 보기에 꽤나 의아해 보일 수 있습니다. 인민대중의 고혈을 빨던 '지배계급의 수장'이었던 단군이 어느 날 갑자기 '민족의 첫 지도자'로 변신한 것입니다.

여기에는 미묘한 영토 문제도 작용했습니다. 연변조선족자
치주를 비롯해 동북 3성 지역에서 '조선족' 인구는 지금도 상당한
비중을 차지하고 있습니다. 특히 연변 지역은 해방 이후 조선족이
전체 인구의 절반을 훨씬 넘었습니다. 북한에서는 해방 이후 동북
3성 지역에서 조선족 동포들에게 '너희들의 조국은 조선민주주의인
민공화국'이라는 선전 활동을 전개하기도 했습니다. 문화대혁명 당
시에는 베이징 주재 북한대사관이 "흑룡강성, 요령성의 일부분과 길
림성의 대부분은 역사적으로 고구려의 판도에 속했다. 중국의 역대
왕조가 이 지역을 침범했지만, 현재 중국은 사회주의 국가이다. 우
리에게 귀환시키는 것이 마땅하다"는 성명을 낸 적도 있습니다.

하지만 한 세대 이상 시간이 흐르면서 북한으로서도 '고구
려의 옛 땅'을 강조하는 의미가 점차 줄어들 수밖에 없습니다. 고조
선 중심지는 '광활한 만주'가 아니라 '혁명의 수도'인 평양이어야만
하는 이유가 생겼기 때문입니다. 어차피 중국과 전쟁을 벌여 만주를
차지할 수도 없는 노릇이니까요. 그 규모가 터무니없을 정도로 거
대한 단군릉이라든가, 건국 연대가 5000년이 넘는다는 주장은 다분
히 중국을 향해 외치는 '우리도 너희 못지않게 유구한 역사의 전통
이 있다'는 정치적 수사로 보아야 할 것입니다. 거기다 1980년대 말
사회주의권 붕괴에 대응하기 위해 그전까지 부르주아 이데올로기로
비판하던 민족주의 담론이 활발해지면서 '민족의 뿌리'인 단군을 부
각시키는 것과도 연관이 있습니다.

한국에서는 진작에 위서偽書로 판명된 『환단고기桓檀古記』
나 『단기고사檀奇古史』 등에 입각해 '찬란한 고대사'나 '다물多勿'을
외치는 자칭 '재야 사학', 정확하게는 '사이비 역사학'을 신봉하는 사
람들이 있습니다.[3] 1990년대 이들이 너무 열심히 활동한 덕분에 장
쩌민 주석이 김대중 대통령에게 이들을 자제시켜 달라고 요청을 할
정도였습니다. '사이비 역사학'은 극단적 반공주의와 함께 단군을
강조하는 강경한 국수주의 성향을 보입니다. 매우 흥미로운 부분은
이들의 정치적 성향과는 정반대로 이들의 주장이 북한 역사학계의
주류 학설과 상당히 유사하다는 점입니다. 더 나아가 이들의 주장
은 북한 역사학계로부터 영향을 받았거나 표절한 혐의도 적지 않습
니다. 단국대학 교수였던 윤내현이 1980년대 초반 여러 논문과 책
에서 제기한 한사군 요서설遼西說은 북한 역사학자 리지린의 『고조
선 연구』 등을 출처도 밝히지 않은 채 표절한 것이었지만, 대중적으
로는 상당한 반향을 일으켰고 한사군 요서설을 대중적으로 확산시

3 한국에서 '사이비 역사학'의 영향력은 의외로 광범위하게 퍼져 있다. 박근혜 전 대
통령이 2013년 광복절 경축사에서 『환단고기』의 한 구절을 인용하는가 하면, 이
른바 진보적인 언론에서도 '사이비 역사학'을 내세우는 글을 버젓이 싣기도 한
다. 최근 '사이비 역사학'에서 특히 논쟁을 제기하는 것이 한사군 문제이다. 이들
은 한사군이 요서 지역, 오늘날 난하 유역에 있었다고 주장하며 한사군이 평양에
있었다는 학술 연구 일체를 식민사관이라고 공격한다. 단순히 학술적 논쟁에 그
치지 않고 해외 학자들의 한국학 연구에 예산을 지원하는 학술 프로그램을 폐기
시켜 국제적인 논란을 일으켰다(『보스턴 코리아』, 2016. 10. 20: 송호정, 2015). 또 이들이
만든 단체가 정치권과 합세해 동북아역사재단에서 학계 최고 전문가들의 참여로
10년 가까이 진행하던 '동북아역사지도 편찬사업'을 백지화시키기도 했다(기경량,
2016: 송호정, 2016: 안정준, 2016: 위가야, 2016: 이정빈, 2016).

키는 데 일조하기도 했습니다.

북한 역사학계는 국수주의적 경향에 사로잡혀 있다는 비판을 받습니다. 그런 측면에서 한국의 '사이비 역사학'도 크게 다르지 않아 보입니다. 2013년 6월 국회가 구성한 '동북아역사왜곡대책특별위원회'에서 여야 의원들은 한목소리로 '식민사관'을 규탄하고 '위대한 상고사'를 주장했습니다. 과연 이런 모습이 북한과 얼마나 다른지 의문입니다. 그런 점에서 보면 '극과 극은 통한다'는 말은 역사 해석에서도 예외는 아닌 듯합니다. 하지만 분명한 것은 역사는 '민족중흥의 역사적 사명'을 자각하기 위한 것도 아니고, 부동산 투기를 고대사까지 확장하라고 있는 것도 아니라는 점입니다.

여덟 번째,　진보와 보수를 넘어서 보는
　　　　　　남북관계

강국진　1994년에 박홍이라는 신부가 난데없이 "한총련(한국대학총학 생회연합) 뒤에는 사로청(사회주의청년동맹)이 있고, 사로청 뒤에는 김정 일이 있다"는 폭탄 발언을 했습니다. 한마디로 한국 학생운동은 김 정일의 끄나풀이라는 말이었습니다. 박홍은 아무런 근거를 제시하 지도 못했습니다. 김영삼 정부는 기다렸다는 듯이 공안 정국을 조성 해 애꿎은 대학생 수백 명을 구속했습니다.

마침 그즈음 김일성 주석이 사망했습니다. 지금도 기억나는 것이 연 세대학교에서 공안 탄압을 규탄하는 집회를 마치고 집으로 돌아가 려고 하는데 느닷없이 경찰들이 정문을 봉쇄하고 막무가내로 학교 안으로 쳐들어와 이유도 모른 채 연세대학교 뒷산으로 쫓겨 갔습니 다. 경찰들이 도서관 안까지 들어와 최루탄을 쏘고 학생들을 연행 하는 바람에 도서관에서 공부하던 학생들과 경찰들이 대치하는 상 황까지 벌어졌습니다. 평화롭던 교정이 한순간에 전쟁터가 되어 버 린 것입니다. 나중에 알게 된 바로는 그렇게 어처구니없는 일이 벌 어진 이유가 경찰이 그날 집회를 김일성 주석 추모대회로 오인해서 였다고 합니다.

2000년 6월은 전혀 다른 의미에서 뜨거웠습니다. 사상 처음으로 김대중 대통령이 평양을 방문했는데, 김정일 국방위원장이 비행기 바로 앞까지 나가 김대중 대통령을 맞이했습니다. 텔레비전을 보던 사람들 모두 신선한 충격을 받았고, 역사적인 공동선언을 발표한 뒤 〈우리의 소원〉을 함께 손잡고 부르는 모습은 감동 그 자체였습니다. 2007년 10월에는 롯데호텔에 마련된 남북 정상회담 프레스센터에서 노무현 대통령이 평양을 방문하는 모습을 생방송으로 지켜보고, 10·4 남북 공동선언을 입수해 그 의미를 취재하고 기사를 썼습니다.

당시 썼던 기사가 기억이 납니다. "역사는 2007년 10월 2일 오전 9시 5분을 특별한 순간으로 기억하게 될 것이다. 노무현 대통령은 남북 정상회담을 위해 건너는 것 자체가 특별했던 금단의 선인 군사 분계선을 걸어서 넘었다."

짧게만 느껴지던 봄이었습니다. 이명박 대통령이 취임하고 박근혜 대통령이 뒤를 잇는 9년 동안 우리는 지난 10년간 이루어 놓은 공든 탑이 하나씩 무너지는 것을 목격했습니다. 금강산 관광사업이 중단되고, 남북 교류가 단절되고, 급기야 개성공단도 문을 닫았습니다. 우리는 국제 문제를 "변방이요, 작은 나라요, 약소민족이요" 하면서 별수 없다는 식으로 흔히 넘겨 버리는 나쁜 버릇이 있는 것 같습니다. 그러는 동안 우리가 얻은 것은 무엇일까요. 사드 배치 문제에서는 동북아시아에서 한국이 어쩌다 '민폐 국가'가 되었는지 자괴감이 들 정도입니다. 우리 머리로 하는 대북정책은 언제쯤 다시 볼 수 있을까요?

박한식　대북정책의 역사를 살펴보면 냉전 이전과 이후로 구분할수 있습니다. 냉전 이후는 크게 두 가지 상반된 경로로 나눌 수 있는데, 바로 노태우-김대중-노무현의 길과 김영삼-이명박-박근혜의 길입니다. 어떤 이들에게는 이명박·박근혜 정부를 김영삼 정부의대북정책 계승자로 보는 것이 불편할 수도 있을 것입니다. 또한 십중팔구 김대중·노무현 대통령을 노태우 대통령과 연관시키는 것에많은 이가 당혹스러움을 느낄 수도 있을 것입니다. 하지만 제가 보기에 북한을 어떻게 바라보는지, 그리고 더 나아가 대북정책을 어떻게 구성하는지 살펴본다면 노·김·노의 경로와 김·이·박의 경로는 뚜렷하게 갈립니다.

　　먼저 냉전 이전 1970년에서 1980년대 대북정책을 간략히살펴보겠습니다. 그럼 그전에는 어땠을까요? 딱히 대북정책이라고할 만한 것 자체가 없었습니다. 특히 이승만 정부는 통일정책도 평화정책도 없었습니다. 그냥 북한을 투명인간 취급하며 문을 닫아버렸습니다. 이승만 대통령은 해방 정국에서 이른바 '정읍 발언'을통해 남한만의 단독 정부 수립이라는 판도라 상자를 연 장본인입니다. 그는 대통령으로 있으면서 입만 열면 '북진통일'을 외쳤습니다.남북통일을 공약으로 내걸었던 조봉암을 사형시키고, 진보당을 해산시킨 것은 상징적인 장면이었습니다.

　　이승만 대통령은 휴전 협상도 거부했는데, 한국 정부는 전쟁 당사자이면서도 정작 휴전 협정에는 참여하지 못하는 어이없는사태까지 벌어졌습니다. 미국 정부는 이승만 대통령이 무슨 짓을

벌일지 모른다고 판단해 이승만 대통령 제거 방안을 진지하게 고민
하기도 했습니다. 1953년 10월 22일 미국 국가안전보장회의 결정
167호는 이승만 대통령이 휴전을 깰 경우 유엔군 철수, 이승만 대통
령 제거 등의 대응책을 고려해야 한다고 제시하기도 했습니다. 심지
어 1954년에는 한국군의 북진을 막기 위해 탄약 보급로를 폭격하
고, 해상 봉쇄를 실시하는 방안까지 검토했을 정도입니다.

　　북한과 관련해서 미국과 사사건건 대립했지만 정작 이승만
대통령은 국회 동의도 없이 편지 한 통으로 작전권을 맥아더에게 넘
겨 버렸습니다. 일국의 최고 통수권자가 주권의 핵심 요소를 그렇게
쉽게 다른 나라의 일개 장군에게 가져다 바친 일은 아마 전 세계에
유례가 없을 것입니다. 그렇다고 해서 국방을 튼튼히 한 것도 아니
었습니다. 구호만 요란했을 뿐입니다. 한강 방어선을 지키라고 방송
해 놓고 한강 다리를 폭파시킨 일이나, 수많은 젊은이를 얼려 죽이
고 굶겨 죽인 국민방위군 사건, 조직적으로 자행한 민간인 학살을
보면 국가 지도자로서 최소한의 자격이 있었는지 의심스럽습니다.

─── 남북 대화의 시작, 7.4 남북 공동성명

　　분단과 전쟁 이후 처음으로 이루어진 공식적인 남북 접촉은
1971년 8월 20일 남북 적십자사 관계자들이 판문점에서 만난 것이
었습니다. 1972년 8월 29일부터 9월 2일까지 제1차 남북 적십자 본

회담이 평양에서 열렸습니다. 그와 동시에 양측이 극비로 서울과 평양을 오가며 실무 접촉을 한 끝에 이후락 중앙정보부장이 비밀리에 평양을 방문해 김일성 주석을 만났고, 뒤이어 박성철 제2부수상이 서울을 방문해 박정희 대통령을 만났습니다.

이 같은 과정을 거쳐 7월 4일 오전 10시 남북이 동시에 "서울의 이후락 중앙정보부장이 1972년 5월 2일부터 5월 5일까지 평양을 방문해 평양의 김영주 노동당 조직지도부장과 회담을 진행했으며, 김영주 부장을 대신한 박성철 제2부수상이 1972년 5월 29일부터 6월 1일까지 서울을 방문해 이후락 부장과 회담을 진행했다"는 경과보고를 한 뒤 남북 간 합의 내용을 발표했습니다.

자주·평화·민족대단결이라는 3대 원칙에 대해 "쌍방은 다음과 같은 조국 통일 원칙들에 합의를 보았다"는 것입니다. 이 3대 원칙이 갖는 중요성은 아무리 강조해도 지나치지 않을 것입니다.

> 첫째, 통일은 외세에 의존하거나 외세의 간섭을 받음이 없이 자주적으로 해결하여야 한다.
>
> 둘째, 통일은 서로 상대방을 반대하는 무력행사에 의거하지 않고 평화적인 방법으로 실현하여야 한다.
>
> 셋째, 사상과 이념, 제도의 차이를 초월하여 우선 하나의 민족으로서 민족적 대단결을 도모하여야 한다.

공동성명 제2조 "남북 사이의 긴장 상태를 완화하고 신뢰의 분위기를 조성하기 위하여 서로 상대방을 중상 비방하지 않으며, 크고 작은 것을 막론하고 무장 도발을 하지 않으며, 불의의 군사적 충돌사건을 방지하기 위한 적극적인 조치를 취하기로 합의하였다"역시 그 의의가 적지 않습니다. 이외에도 "다방면적인 제반 교류를 실시"(제3조)하고, "서울과 평양 사이에 상설 직통 전화를 놓기"(제5조)로 하며, "이후락 부장과 김영주 부장을 공동위원장으로 하는 남북조절위원회를 구성, 운영"(제6조)한다는 합의 내용도 의의가 있습니다.

7·4 남북 공동성명은 남북 정부가 국제 정세에 능동적으로 대응한 측면도 있지만 다른 한편으로는 베트남전쟁으로 인한 재정 적자를 줄이기 위해 '데탕트'를 추진하는 한편, 한반도 긴장 완화와 남북 대화를 한국 정부에 강하게 요구한 미국 닉슨 행정부의 요구도 중요한 원인이었습니다. 그런 면에서 본다면 남북 공동성명 발표일이 미국 독립기념일인 7월 4일인 것은 여러모로 얄궂습니다.

7·4 남북 공동성명은 여러 면에서 획기적인 일이었지만 당시 남북 모두 동상이몽이었습니다. 박정희 대통령은 애초에 남북 대화를 촉진할 의지가 별로 없었습니다. 김일성 주석 역시 남한을 미국-일본과 떼어 놓고 주한 미군 철수에 유리한 국면을 만드는 데 남북 대화를 이용했습니다. 이후 공교롭게도 남북 모두 유신 체제와 수령 체제로 귀결되었고, 남북 접촉은 단절되고 말았습니다. 봄은 짧았습니다. 그런 점에서 보면 7·4 남북 공동성명 제7조 "쌍방은 이상의 합의사항이 조국통일을 일일천추로 갈망하는 온 겨레의 한결같은 염원에 부합된다고 확신하면서 이 합의사항을 성실히 이행

할 것을 온 민족 앞에 엄숙히 약속한다."는 안타까움을 자아내는 모순덩어리입니다.

　　1980년대 들어 남북은 처음으로 이산가족 상봉을 성사시켰습니다. 눈여겨볼 대목은 이산가족 상봉이 1983년 아웅산 묘소 폭파 사건이 있은 지 1년여 만에 이루어졌다는 점입니다. 당시 전두환 대통령은 자신이 비명횡사할 수도 있었던 '살인미수 사건'의 최고 책임자와 정상회담까지 추진했습니다. 이명박·박근혜 정부와 상당히 대조적인 모습이라고 할 수 있습니다. 전두환 대통령은 어쨌든 배짱은 있었습니다. 1984년 수해물자 지원도 그런 면모가 잘 드러나는 사례입니다. 그해 여름 전국적으로 수해 피해를 당하자 북한에서 구호물자를 전달하겠다는 제안을 했습니다. 이때까지는 별반 새로울 것이 없었습니다. 하지만 전두환 대통령은 파격적으로 그 제안을 받아들였습니다. 이는 북한도 예상하지 못한 대응이었습니다. 물론 1985년 2·12 총선, 1986년 서울 아시안게임, 1988년 서울 올림픽을 앞둔 상황에서 전두환 대통령으로서도 남북 간 긴장 완화가 필요했을 것입니다. 그러나 어쨌든 자존심을 내세우지 않고 통 큰 결정을 내린 것은 그 자체로 높은 평가를 받을 만한 대목입니다. 1985년 김일성 주석도 평양에서 장세동과 면담하면서 그의 대응에 대해 '대단한 용기'라고 평가하기도 했지요.

　　1984년 북한에서 수해 물품을 지원한 것은 북한으로서도 상당한 정치적 효과가 있었습니다. '남쪽 동포들을 우리가 도왔다'는 민족적 긍지를 높인 측면과 함께 '북쪽에서도 우리가 어려울 때

도와주었다'는 생각은 이후 대북 지원에 대한 심리적 거부감을 조금이나마 줄이는 구실을 했습니다. 그런 과정을 거쳐 1985년 이산가족 상봉과 고향방문단의 상호 방문으로 이어질 수 있었습니다. 하지만 1985년 10월 10일 북한의 무장간첩선이 부산 앞바다에서 해군에 격침되는 사건이 발생하면서 남북관계는 다시 얼어붙게 되었습니다.

─── 노태우, 화해와 협력의 기틀을 마련하다

남북관계만 놓고 본다면 한국 역대 대통령 중 가장 저평가된 대통령은 노태우가 아닐까 합니다. 노태우 대통령이 12·12 군사반란과 5·18 광주학살 책임자 중 한 명이라는 것은 분명한 사실이지만, 그것과 별개로 그가 대통령으로서 추진한 '북방외교'는 높이 평가할 만한 업적이었습니다.

노태우 정부는 미국의 꽁무니만 쫓아가는 것이 아니라 정부 수립 이래 처음으로 외교다운 외교를 수행했습니다. 노태우 정부는 '북핵도 남북문제이므로 한국이 주도해야 한다'는 태도를 견지하면서 1991년 11월 제임스 베이커 미국 국무장관이 제안한 남북과 주변 4개국이 참여하는 2+4 회의를 거부한 것은 상징적입니다. 노태우 정부의 통일·외교 정책은 1988년 발표한 '민족자존과 통일 번영을 위한 대통령 특별선언', 이른바 '7·7 선언'에 잘 담겨 있습니다.

7·7 선언은 "자주·평화·민주·복지의 원칙에 입각하여 민족 구성원 전체가 참여하는 사회·문화·정치·경제 공동체를 이룩함으로써 민족 자존과 통일 번영의 새 시대"를 열어 나갈 것을 제안했습니다.

7·7 선언은 남북 동포 간 상호 교류와 해외 동포의 자유로운 왕래를 위한 문호 개방, 남북 간 교역 개방, 민족경제의 균형 발전 등을 제시하면서 남북 경제협력의 물꼬를 텄습니다. 1989년 1월 정주영 현대그룹 명예회장이 북한을 방문하도록 적극 지원한 것도 노태우 대통령이었습니다. 1991년 9월 남북은 유엔에 동시 가입했는데, 당시 이상옥 외무장관은 유엔 가입 수락 연설에서 북한의 정식 국호를 두 번이나 언급했습니다. 그해 9월 24일 노태우 대통령도 유엔 총회 연설에서 '우리의 형제, 조선민주주의인민공화국'이라는 표현을 사용하기도 했습니다. 1991년 12월 13일 합의한 '남북 사이의 화해와 불가침 및 교류·협력에 관한 합의서'('남북기본합의서') 역시 냉전 해체라는 시대 변화를 주도적으로 이끌어 가기 위한 노력이 맺은 결실이었다고 평가할 수 있습니다.

'남북기본합의서'는 전문에서 "7·4 남북 공동성명에서 천명된 '민족통일 3대 원칙'을 재확인하고, 정치·군사적 대결 상태를 해소하여 민족적 화해를 이룩하고, 무력에 의한 침략과 충돌을 막고 긴장 완화와 평화를 보장하며, 다각적인 교류·협력을 실현하여 민족 공동의 이익과 번영을 도모하며, 쌍방 사이의 관계가 나라와 나라 사이의 관계가 아닌 통일을 지향하는 과정에서 잠정적으로 형성되는 특수관계라는 점을 인정"할 것임을 약속했습니다. 특히 남북

화해, 남북 불가침, 남북 교류·협력 등 3개 범주는 남과 북이 함께
갈 기본 방향을 제시했다는 점에서 중요합니다.

하지만 임기 후반기로 갈수록 대북 협상을 반대하는 강경파
의 조직적 저항을 이겨 내지 못하면서 '남북기본합의서'에 따른 4개
분과위원회가 후속 조치를 이끌어 내는 데 실패했습니다. 이 과정
에서 필요 이상으로 협상을 지연시키는 패착을 범하는 바람에 때를
놓친 면은 참으로 아쉽습니다. 1992년 발생한 '이동복 훈령 조작 사
건'은 남북 협상이 얼마나 힘든 과정인지 되새기는 사건이었다고 할
수 있습니다. 이 사건을 유야무야 덮어 버린 것은 두고두고 나쁜 선
례로 남을 것입니다.

━━ 무대책의 대북정책, 김영삼

대북정책에서 노태우 대통령과 정반대에 있는 사람이 바로
김영삼 대통령입니다. 냉전 이후 대북정책은 말 그대로 노태우 대통
령의 계승자들과 김영삼 대통령의 계승자들로 구분할 수 있습니다.
김영삼 정부의 대북정책은 흔히 '사우나'에 비유하곤 합니다. 냉탕과
온탕을 너무 자주 오갔습니다. 철학도 없고 전략도 없이 여론에 일
희일비하다 보니 도무지 중심을 잡지 못했습니다. 1993년 대통령에
취임하면서 "어떤 동맹도 민족보다 나을 수 없다"라고 강조하고 비
전향 장기수 이인모를 북한으로 송환할 때만 해도 남북 화해에 대

한 기대감을 높였지만 그뿐이었습니다.

　　미국과 정책 혼선이 극심했다는 것 역시 김영삼 정부의 특징이었습니다. 김대중·노무현 정부가 부시 행정부와 엇박자를 경험한 것과는 정반대로 한국이 대북정책에 발목을 잡았다는 점에서 더욱 심각했습니다. 1993년 11월 한·미 정상회담은 말 그대로 재난이었습니다. 클린턴 행정부는 북핵 해결과 북·미관계 정상화, 국제원자력기구 사찰과 팀스피리트 Team Spirit 훈련 중지를 맞바꾸는 '포괄적 접근'을 준비했고, 한국과 의견 조율도 끝냈습니다. 하지만 정작 김영삼 대통령은 공개 석상에서 "포괄적 접근을 반대한다"며 한·미 간 실무 협의의 결과를 뒤엎어 버렸습니다.

　　1994년 2월 18일 북한과 미국은 팀스피리트 훈련 중단, 국제원자력기구 사찰, 남북 특사 교환, 북·미회담 개최 등을 담은 합의문을 만들었는데, 김영삼 정부는 남북 대화를 북·미 대화 이전에 해야 한다고 고집을 부렸습니다. 그래 놓고는 3월 19일 남북 특사 교환을 위한 실무 접촉에서 나온 북한 측의 '서울 불바다' 발언을 언론에 공개해 버렸습니다. 이어서 김영삼 대통령이 3월 23일 팀스피리트 훈련 재개와 패트리어트 미사일 배치를 선언하자 북한은 이에 반발해 5월 4일 영변 원자로에서 연료봉을 추출하기 시작했고, 6월 13일에는 국제원자력기구를 탈퇴했습니다. 카터 대통령과 김일성 주석의 회담이 아니었다면 한반도의 운명이 어떻게 되었을지 생각만 해도 끔찍합니다.

　　심지어 김영삼 대통령은 1994년 10월 8일 자 『뉴욕타임스』

기자회견에서 "미국이 북한에 속고 있다"면서 공개적으로 북·미 대화에 반대한다며 미국과 대립각을 세우기도 했습니다. 그 기사는 런던을 방문 중이던 워런 크리스토퍼 Warren Christopher 미국 국무장관이 새벽 2시에 한승주 외무장관에게 전화를 걸어 클린턴 대통령의 분노를 전달할 정도로 심각한 한·미 갈등을 불러일으켰습니다. 미국 정부 입장에서는 한국이 북한보다도 더 예측 불가능한 골칫덩어리였습니다. 1996년 11월 19일 자『뉴욕타임스』에는 미국 국무부 직원들이 한국 정부를 "한반도에서 가장 골치 아픈 존재"로 생각한다는 기사가 실리기도 했습니다.

제가 생각하기에 김영삼 정부의 대북정책에서 가장 안타까운 부분은 남북 정상회담이 무산된 것입니다. 당시 상황을 이해하려면 카터 전 대통령이 북한을 방문한 배경을 알아야 하는데, 이는 뒤에서 다시 이야기하겠습니다. 그때 청와대에 근무하던 정종욱 박사와 친분이 있었는데 그는 카터 전 대통령이 평양에 간다고 하니 펄펄 뛰었습니다. 저는 카터를, 그는 청와대를 대변해 대화를 나누었습니다. 그는 카터 전 대통령이 비행기를 타고 평양으로 떠난 뒤에도 저에게 전화를 걸어 안 가게 할 수 없겠느냐고 했을 정도로 카터 전 대통령이 평양에 가는 것을 막고 싶어 했습니다. 그런 상황에서 카터 전 대통령이 서울에 오자 청와대는 태도를 바꾸어 남북 정상회담을 김일성 주석에게 제안해 줄 것을 요청했습니다.

평양에서 나눈 카터 전 대통령과 김일성 주석의 회담 주요 안건은 사실 남북 정상회담이 아니었습니다. 듣기로는 카터 전 대통령과 김일성 주석은 부부 동반으로 대동강 유람을 하면서 핵 동결을 비롯한 중요한 대화를 나눈 뒤 카터 전 대통령이 남북 정상회담 이야기를 꺼내자 김일성 주석이 응할 용의가 있다는 대답을 했다고 합니다.

　　카터 전 대통령은 베이징에 도착해 남북 정상회담 소식을 공개했습니다. 그는 나중에 자신이 너무 일찍 입을 열었다며 후회를 하더군요. 사실 김영삼 대통령은 남북 정상회담이 성사될 것이라는 기대도 별로 하지 않았습니다. 카터 전 대통령에게 정식으로 요청을 한 것도 아니었습니다. 남북 정상회담 소식을 카터 전 대통령이 발표하자 북한의 조선노동당은 발칵 뒤집혔다고 합니다. 당에서 준비해 건의한 것도 아니고, 별다른 논의도 없는 상태에서 그렇게 큰 사안을 그것도 카터 전 대통령이 덜컥 발표해 버리니 시끄러울 수밖에 없었습니다. 특히 김정일 국방위원장은 아무 준비도 없이 왜 제안을 받아들였느냐며 화를 냈다고 합니다. 그 문제로 김일성 주석과 김정일 국방위원장 사이에 의견 충돌이 있었다고 들었습니다.

　　그런 와중에 김일성 주석은 남북 정상회담 준비를 하다가 심장마비로 숨을 거두었고, 김정일 국방위원장은 "수령님이 나 때문에 돌아가셨다. 내가 불효를 했다"며 자책을 많이 했다고 합니다. 오해하면 안 되는 것이 김정일 국방위원장이 김일성 주석을 암살했다는 뜻이 아니라 유교적 관점에서 아버지를 제대로 모시지 못한 불효를 그렇게 표현한 것입니다. 부친상에서 상주가 "제가 불효자입니다"라며 슬퍼하고 문상객들이 상주를 위로하는 모습과 닮아 있습니다.

만약 당시에 김일성 주석이 죽지 않고 김영삼 대통령과 남
북 정상회담을 했다면 어땠을까요? 두 가지 요소를 생각해야 합니
다. 김일성 주석은 북한 체제에서 갖는 힘이 있었고 통도 컸습니다.
그에게는 죽기 전에 자기 손으로 통일을 이루겠다는 영웅심과 절박
함이 있었습니다. 제가 보기에 김영삼 대통령 역시 역사에 길이 남
을 업적을 남기고 싶어 했습니다. 만약 두 사람이 정상회담을 했다
면 의외로 일이 잘 풀릴 수도 있었을 것입니다. 정상회담을 하지 못
한 것이 남북관계에 굉장히 좋지 않은 영향을 미치게 됩니다.

김일성 주석 사망 당시 카터 전 대통령은 도쿄에 머물고 있
었는데, 그는 불과 얼마 전까지만 해도 자신과 회담을 나눈 김일
성 주석이 사망했다는 소식을 듣고 "내가 지금 일본에 있는데 조문
을 하고 싶다"는 편지를 북한에 전달했습니다. 카터 전 대통령이 편
지를 얼마나 잘 썼던지 내가 아는 북한 사람은 그 편지를 보고 울
었다는 이야기를 할 정도였습니다. 하지만 북한은 외국 조문을 받
지 않기로 했다는 이유를 들어 정중히 사양했습니다. 클린턴 대통령
은 "미국민을 대신해 북한 주민들에게 심심한 조의를 표한다"면서
"우리는 김 주석이 미국과 회담을 재개하도록 지도력을 보여 준 데
감사한다"는 공식 성명을 발표했습니다. 이에 대해 로버트 돌 Robert
Joseph Dole (공화당 원내총무)이 클린턴 대통령을 비난하자 『뉴욕타임스』
는 사설에서 "상원의원, 그게 외교라는 거요"라며 클린턴 대통령을
옹호하기도 했습니다. 이후 클린턴 행정부 내내 북·미는 꾸준히 대
화관계를 발전시켰습니다. 클린턴 대통령이 보여 준 '외교'는 북·미

간 협상에서 적잖은 디딤돌이 되었습니다.

　　그에 비해 한국 정부는 어땠습니까. 당시 김영삼 대통령이 정부 차원에서 조문단을 보냈다면 북한에서 크게 환영했을 것입니다. 하다못해 특사라도 보냈다면 남북관계에 전화위복이 되었을 것이라고 봅니다. 미국 정부조차 조문 사절을 파견하겠다는 의사를 밝혔음에도 한국 정부는 야당과 사회단체의 조문 요구를 '이적 행위 엄단'으로 대응했습니다. 김영삼 대통령은 김일성 주석 사망 소식을 듣자마자 전군에 경계령을 내리고 비이성적인 빨갱이 사냥이라는 공안 정국까지 조성했습니다. 1994년 7월 15일 북한은 조문단 불허 방침에 대해 '상식 이하의 무례한 처사'라며 격하게 반발했습니다. 결국 김일성 주석 사망 직전 합의한 남북 정상회담은 물 건너갔고, 남북관계에 지울 수 없는 상처를 남겼습니다. 게다가 북·미관계가 호전되면서 오히려 한국이 국제 무대에서 고립되는 '통미봉남' 현상이 나타났습니다. 김영삼 정부는 남북관계를 위한 다시없는 기회를 망쳐 버린 셈입니다.

　　남북 대화를 정권 차원에서 활용하는 경향을 보인 것은 박정희 대통령부터 김영삼 대통령까지 모두 마찬가지였습니다. 민간 교류는 통제하고 정부 차원에서 대화를 독점하려는 경향을 보인 것도 닮은 점입니다. 게다가 남북 접촉이 가장 활발했을 때조차도 중앙정보부(그 후신인 국가안전기획부까지)나 경찰에서는 용공 사건 조작이나 학생운동 탄압에 열을 올리고 있었습니다. "김일성보다 못한 놈"이라고 욕했다가 국가보안법 위반으로 감옥에 간 사람 이야기는 지금은 상상이 안 되지만 엄연한 현실이었습니다. 이와 더불어 모두 안보접근법에서 벗어나지 못했다는 공통점이 있습니다.

── 햇볕정책의 역사적 의의

그런 점에서 보면 김대중 대통령은 분단 이후 사실상 처음으로 안보접근법에서 탈피해 평화접근법에 입각한 대북정책을 시도했다는 점에서 특별하게 기억해야 할 국가 지도자입니다. 그의 후임자인 노무현 대통령이 김대중 정부의 정책을 계승하면서 10년간 남북관계가 유례없이 진전되었습니다. 김대중·노무현 정부 10년 동안 교류협력과 경제협력, 대북 인도적 지원, 이산가족 상봉을 적극적으로 추진했습니다. 분단 이후 처음으로 남북 정상회담이 잇따라 개최되었습니다. 이는 외환 위기와 여소야대라는 불리한 정치적 상황 속에서도 오랫동안 평화통일 문제를 고민해 '햇볕정책'으로 구체화한 대북정책을 확고한 의지를 가지고 추진한 덕분이었습니다.

사실 남북 정상회담을 추진한 것은 김대중 정부가 처음이 아닙니다. 앞에서도 이야기했듯이 김영삼 정부는 남북 정상회담의 날짜까지 잡았었습니다. 박정희 정부에서도 남북 정상회담 이 거론된 적이 있었습니다. 1972년 5월 비밀리에 서울을 방문한 박성철 제2부수상은 박정희 대통령에게 정상회담 제안을 전달했습니다. 하지만 박정희 대통령은 "쉬운 문제부터 풀고 어려운 문제는 나중에 풀지 않습니까? 남북 대화도 같은 방식으로 풀어 가야 합니다"라며 회의적인 반응을 보였습니다. 전두환 정부는 1985년 남북 정상회담 개최에 합의하고 의제를 협의하는 단계까지 진행했습니다. 노태우 정부에서도 남북 정상회담을 추진했습니다. 이명박 정부 역시 5·24 조치로 대북 강경정책을 펴는 와중에도 비밀리에 남북 정상회담을 시도했습니다. 하지만 실제 남북 정상회담을 성사시킨 사람은 김대중·노무현 대통령 두 명뿐이었습니다.

　　잘 알다시피 '햇볕정책'이란 말은 구름과 해가 나그네의 겉옷을 벗기는 내기를 했는데 강풍보다는 따사로운 햇볕이 나그네의 겉옷을 벗겼다는 『이솝우화』에서 유래한 것입니다. 이름 자체에서도 알 수 있듯이 햇볕정책은 '북한을 어떻게 변화시킬 것인가'라는 고민에서 출발했습니다. 제가 보기에 햇볕정책에는 다소 이중적인 성격이 존재합니다. 김대중 정부는 김대중 대통령 본인부터 대체로 친미적인 의식이 강했습니다. 미국에 햇볕정책을 "총칼로 해서는 안되고 햇볕을 쬐어 사회주의 옷을 스스로 벗게 만들자. 햇볕은 북한에 민주주의를 확산시키는 수단이다"라는 식으로 설명했습니다. 바로 그러한 점 때문에 김대중 정부가 햇볕정책이라는 용어를 사용한 초기에 북한에서 강하게 반발했습니다. 북한에서 볼 때는 햇볕정책이 결국 자신들을 잡아먹으려는 '뒤집어 놓은 흡수통일 술책'이 아니냐며 경계심을 높였습니다.

　　북한의 반발에 직면한 김대중 정부는 민간단체를 통한 교류협력을 장려하는 '선민후관 先民後官', 민간기업의 대북 경제협력을 확대하고 경제 지원으로 실질적인 도움을 주는 '선경후정先經後政', 먼저 주고 나중에 받는 '선공후득先供後得', 쉬운 일을 먼저 하고 어려운 일을 나중에 한다는 '선이후난先易後難' 등의 원칙을 세우고 대북정책을 차근차근 발전시켜 나갔습니다. 그 성과가 2년 뒤 남북 정상회담으로 나타났다고 할 수 있습니다. 민간 교류와 경제협력 활성화를 통해 더욱 자주 만나 대화를 나누면서 신뢰를 쌓아 가야만 정치 이야기도 할 수 있고, 안보 논의도 할 수 있다는 것을 보여 주는 대목이 아닐 수 없습니다.

노무현 정부는 김대중 정부가 추진한 대북정책의 기본 틀을 충실히 계승했습니다. 김대중 정부 마지막 통일부장관이었던 정세현이 노무현 정부 첫 통일부장관으로 그대로 유임된 것에서도 그런 성격이 잘 드러납니다. 노무현 정부는 당시 대북 협상 자체에 회의적인 데다 호전적인 성향이 강한 부시 행정부가 들어선 대외 여건 속에서도 개성공단사업을 궤도에 올려놓았던 것, 부시 행정부 후반기에는 북·미 대화가 이루어지도록 적극적으로 중재했던 것은 높이 평가할 만합니다.

무엇보다 남북 정상회담을 통해 10·4 남북 공동선언을 합의한 것은 더욱 높이 평가받아야 하지요. 6·15 남북 공동선언이 남북통일을 위한 설계도라면, 10·4 남북 공동선언은 구체적인 실행 계획서까지 합의한 예상을 뛰어넘는 결과였습니다. 안타까운 것은 10·4 남북 공동선언이 임기 말에, 그것도 정권 교체가 확실한 상황에서 나오다 보니 실천 가능성이 희박했다는 점입니다. 10·4 남북 공동선언이 좀 더 일찍 이루어졌다면 어땠을까 하는 아쉬움이 큽니다.

　　북한에서는 6·15 남북 공동선언을 매우 높이 평가합니다. 10·4 남북 공동선언도 낮게 평가하는 것은 아니지만 후속 작업이 제대로 진행되지 않다 보니 6·15 남북 공동선언보다는 그 가치가 덜 합니다. 앞으로 남북 간에 평화 증진이 이루어진다면 7·4 남북 공동성명, 남북기본합의서와 6·15 남북 공동선언, 10·4 남북 공동선언 모두 남북통일의 기본 헌장으로서 가치를 인정받을 것으로 기대합니다.

　　10·4 남북 공동선언은 1999년과 2002년 연평해전에서 볼 수 있듯이 남북관계에서 화약고 역할을 하던 북방한계선(NLL) 문제 해결을 위한 단초를 마련했다는 점에서도 중요한 의미를 갖습니다. 바로 '서해평화협력특별지대' 구상입니다. 해주 특구 개발, 인천~해주 항로 활성화를 비롯해 남북 공동 어로 등 서해에서 남북 경제협력을 활성화시키는 내용이 10·4 남북 공동선언에 포함되었습니다. 이 합의가 현실이 된다면 인천~개성~해주를 잇는 새로운 경제 클러스터가 가능해집니다. 이명박 정부 이후 이 구상은 휴지 조각이 되어 버렸고, 그 결과 서해에서 군사적 긴장감만 높아지는 결과를 초래했습니다. 이제라도 서해평화협력특별지대 구상을 되살릴 수 있기를 기대해 봅니다.

　　서해평화협력특별지대와 관련해 NLL 문제를 제대로 이해할 필요가 있습니다. NLL은 1990년대까지만 해도 지금과는 맥락이 전혀 달랐습니다. 이에 대해서는 1996년 당시 이양호 국방장관이 대

정부질문에 답변한 내용이나, 이를 보도한 1996년 7월 17일 자 『조선일보』가 명확하게 정리한 바 있습니다. 『조선일보』는 보도에서 이양호 국방장관이 "북한 함정이 (NLL을) 넘어와도 정전협정 위반이 아니다"라고 답변한 것은 맞는 말이라면서 이렇게 설명했습니다.

해상의 NLL은 지상의 군사분계선 Military Demarcation Line, MDL과 개념상으로나 법적으로나 의미가 다르다. …… 바다의 경우는 남-북 간에 의견이 엇갈려 지금까지 정해진 경계선이 없다. 바다에 말뚝을 표시할 수도 없는 입장으로 각기 양측에서 관행적으로 인정해 온 수역을 경계로 교통을 통제하고 있는 실정이다. 서해상의 북방한계선은 휴전 한 달이 지난 1953년 8월 30일 유엔사 측이 최접경 수역인 백령도·연평도 등 6개 도서군##과 이를 마주하는 북한 측 지역과의 중간 지점 해상에 임의로 설정한 것이다. 때문에 서로간의 수역을 침범했을 경우 정전협정 위반사항이나 국제법상으로 제소할 수 있는 입장은 아니다. 무력 충돌을 우려해 양측이 '힘의 균형'을 통해 자제하고 있을 뿐이다.

유엔군사령관 정전 담당 특별 고문으로 1966년부터 1994년까지 군사정전위원회 본회의에 참석한 이문항은 NLL에 대해 "북방한계선은 합의된 '해상 경계선'이 아니고 그냥 우리(유엔사)가 일방적으로 정한 것으로, '이 선 이상 더 북쪽으로 갈 수 없다'고 하기 위해 설정한 한계선"이라고 밝히기도 했습니다.

6·15 남북 공동선언과 10·4 남북 공동선언에 가려 큰 주목을 받지 못했지만 2005년 6자회담에서 합의한 9·19 공동성명 역시 한반도 평화 구축을 위한 중요한 이정표였습니다. 9·19 공동성명은 북한의 비핵화, 북·미 수교와 북·일 수교, 대북 경제 지원, 정전협정을 대체할 평화협정 논의를 명시했습니다. 그리고 말 대 말, 행동 대 행동 원칙에 따라 합의사항을 이행한다고 밝혔습니다. 2003년 처음 시작된 6자회담은 어느 정도는 북·미 직접 대화를 꺼리는 미국 부시 행정부의 입장을 반영하면서도 북핵 문제 해결을 위한 국제적 논의의 장을 마련하기 위한 성격이 강했습니다. 한국 정부는 6자회담에서 북한·중국과 주도적으로 협의하고 미국과 일본을 견인하면서 9·19 공동성명에서 합의를 이끌어 낼 수 있었습니다.

━━ 10년의 성과가 무너지다

이명박 대통령은 인수위원회 시절부터 대북관계를 새롭게 조정하겠다는 강력한 입장을 표명했습니다. 2008년 7월 11일 발생한 금강산 관광객 피격 사건에 뒤이은 금강산 관광 중단을 시작으로 남북관계는 이산가족 상봉 중단, (공개적인) 대화 실종으로 꾸준히 악화되었습니다. 그리고 2010년 3월 26일 천안함 침몰과 2010년 11월 23일 연평도 포격 등을 거치면서 남북관계는 최악으로 치달았습니다. 그 이후 남북 사이에 '관계'라고 할 만한 것조차 남아 있지 않게 되었습니다. 2002년에는 서해에서 교전이 벌어지던 시간에도 동해에서는 금강산 관광이 계속되었고, 교전 바로 그다음 날 한일월드컵 3·4위전이 열리기도 했습니다. 교전에도 불구하고 긴장을 높이지 않기 위한 남북 간 공동 노력이 빛을 발했던 시간이었습니다. 10여 년이 지난 뒤에는 북한에서 포격이 날아오지 않을까 걱정해야 하는 지경이 되었고, 그 걱정은 결국 연평도에서 현실이 되고 말았습니다.

대북 인도적 지원도 대폭 삭감되었습니다. 이탈리아·이란·캄보디아·태국·베트남 등 재외공관 10곳에서는 2012년 6월 홈페이지에 "북한 식당 이용을 자제합시다"라는 글을 올려 "호기심으로 찾아가는 북한 식당은 북한 정권을 이롭게 해 대한민국에는 위협이 되어 돌아오고, 불쌍한 북한 주민들의 고통을 연장하게 된다"며 북한 식당을 이용하지 말라고 독려하기도 했습니다. 이 글은 "북한 식당을 이용하면서 지불하는 비용은 북한의 독재 정권과 군사력 강화에 자금을 지원하는 것과 같다"며 "북한은 해외에서 벌어들인 수입을 독재 정권 유지 및 핵·미사일 개발 등 군사력 강화에 투입한다"는 원색적인 비난을 퍼부었습니다.

우여곡절 속에서도 겨우겨우 진행되던 학술·문화·종교 분야와 취약 계층에 대한 인도적 지원조차 2011년 12월 김정일 국방위원장 사망 이후 사실상 완전히 끊겨 버렸습니다. 대표적 비정치 분야 협력사업으로 꼽히던 『겨레말큰사전』 편찬사업과 개성 만월대(고려 왕궁터) 발굴사업은 천안함 사건 여파로 중단되었다가 2011년 말 정부가 일시적으로 취한 대북 유연화 조치의 일환으로 방북이 허용되는 등 재개 움직임을 보였지만, 김정일 국방위원장의 추도 기간 이후 장거리 로켓 발사 등 각종 현안에 가로막혀 활로를 찾지 못했습니다.

이명박 정부의 대북정책을 되돌아볼 때 천안함 침몰 사건은 중요한 전환점 역할을 합니다. 한국 정부는 천안함 사건과 관련해서 북한에 "사과하고 책임자를 처벌하라"고 요구하는 등 천안함 문제로 연일 시끄러울 당시, 북한 측 고위 간부들에게 "사과는 훗날 하더라도, 어찌 되었든 미래를 봐야 하는 것 아니냐"고 말했더니, 대뜸 "우리가 하지도 않았는데 사과는 무슨 사과냐"며 언성을 높이는 것을 보고 남북 간에 이 문제를 근본적으로 풀기는 쉽지 않겠다는 생각을 했습니다. 북한에서는 자신들이 천안함을 침몰시키지 않았는데, 하지도 않은 일을 왜 자신들이 해명해야 하느냐고 생각합니다.

천안함 문제에는 미묘한 구석이 있습니다. 한국의 발표대로라면 북한 잠수정이 한·미 연합작전 중인 한국군과 미군의 삼엄한 경계망을 뚫고 은밀하게 기동해서 천안함에 버블제트를 일으킬 수 있는 고성능 어뢰를 발사해 침몰시킨 뒤 꼬리도 잡히지 않고 유유히 북쪽으로 귀항했다는 이야기가 됩니다. 이는 북한의 해군 전력이 미군의 방어망을 뚫고 기습 공격을 할 수 있을 정도로 막강하다는 의미로 해석할 수 있습니다. 북한으로서는 자신들의 군사력이 강하다는 것을 남한에서 선전해 주는 모양새가 되니 굳이 나서서 '우리가 하지 않았다'고 해명할 필요가 없는 아이러니한 상황입니다. 거기다 한국을 제외한 미국, 일본, 중국, 러시아 등 주변국이 모두 천안함 사건에 별다른 반응을 보이지 않았다는 점도 북한이 별다른 대응을 할 필요를 느끼지 못하게 하는 요인이었습니다.

박근혜 정부에서 대북정책과 관련해 가장 기억에 남는 것은 2014년 1월 6일 신년 기자회견에서 꺼낸 '통일 대박'이라는 말이 아닐까 싶습니다. 이 말은 두 가지 측면에서 아이러니 그 자체입니다. 하나는 '통일 대박'이 구호만 요란했던 박근혜 정부의 대북정책을 상징한다는 점입니다. 남북관계는 말 한마디라도 듣는 사람의 입장에서 이것을 어떻게 받아들일까, 반응이 어떻게 나올까 충분히 생각한 뒤 해야 하는데 박근혜 대통령은 그러지 않았습니다. 또 하나는 '통일 대박'이란 말이 알고 보니 최순실 작품이었다는 사실입니다. 최순실은 통일이 되고 나면 박근혜 대통령을 다시 대통령직에 오르게 하겠다는 계획까지 구상했다고 합니다. 북한에서는 '통일 대박'이 결국 자신들을 잡아먹는다는 것으로 이해했습니다. 사실 제대로 보았다고 할 수 있습니다.

박근혜 대통령은 또 2016년 10월 1일 계룡대에서 열린 국군의 날 행사에서 "대한민국의 자유로운 터전으로 오라"는 발언을 해서 파장을 일으킨 적이 있습니다. 그해 10월 13일에는 미국이 북한을 선제공격하는 것이 통일을 위한 기회가 될 수 있으며, 북한이 붕괴되면 북한이 시장화하고 통일이 이루어져 잠재 리스크가 떨어지고 투자 효과로 이어진다는 생각을 드러내기도 했습니다(이는 안종범 경제수석 업무 수첩에 등장하는 이야기입니다).

전체적으로 보면 박근혜 정부의 대북정책은 이명박 정부의 대북 (무)대책을 그대로 계승했습니다. 하지만 생각해 보십시오. 통일이 되어 경제적으로 대박이 날지는 모르겠으나 한 가지 분명한 것은 북한 체제 붕괴를 통한 흡수통일은 실현 가능성도 낮을 뿐 아니라, 설령 그렇게 된다고 해도 그것이 어떻게 경제에 '대박'이 될 수 있겠습니까. 그런 통일이라면 경제는 둘째치고 사회 시스템 자체의 엄청난 혼란이 불가피해질 것입니다. 당장 몇만 명만 몰려들어도 서울역 운행에 막대한 차질이 생기는 것이 한국인데 북한에서 수십만, 수백만 명이 휴전선을 넘어 내려온다면 어떻게 감당하겠다는 것인지 알다가도 모를 일입니다.

　　　이명박·박근혜 정부의 대북정책은 바둑으로 치면 정석이 아니라 줄바둑이었습니다. 포석도 없고 판세를 읽는 눈도 없었습니다. 그런 와중에 바둑을 두는 사람도 계속 바뀌었으니 실력이 향상될 수가 없었지요. 김대중·노무현 정부 10년간 직접 협상을 담당하며 경험을 쌓은 많은 인재가 정권이 바뀌면서 쫓겨나거나 짐을 싸야 했습니다. 외교정책은 정권이 바뀌더라도 전체적인 연속성이 있어야 하는데 전라도 사람이라서, 노무현 정부 사람이라서, 바른말을 잘해서라는 등의 이유를 들어 편을 가르고 배격했습니다. 그래서 한국 외교가 국제 무대에서 발언권이 강해지길 했습니까, 북한의 핵 문제를 해결했습니까. 하다못해 군사 도발에 제대로 대응하기를 했습니까. 한심하다는 말밖에 나오지 않습니다. 독일은 동방정책을 20여 년간 시행한 뒤 통일이 되었습니다. 동방정책을 처음 시작한 것은 사회민주당 정부였지만 정권이 교체된 뒤에도 동방정책을 계승, 발전시켰습니다.

정권 교체에도 불구하고 이명박·박근혜 정부가 대북 포용 정책을 계승했다면 어땠을까요. 독일의 사례까지는 아니더라도 최소한 남북 간의 긴장이 고조되는 걱정은 할 필요가 없었을 테고, 또 기차를 타고 베이징이나 모스크바를 방문하는 여행 상품을 홈쇼핑에서 판매하고 있었을지도 모를 일입니다. 여름휴가나 부모님 효도관광으로 묘향산과 백두산을, 수학여행으로 금강산이나 개성을 갈수 있었을 것입니다. 중소기업들뿐만 아니라 대기업들도 개성공단에 공장을 지어 수익을 내고 나선특별시와 신의주, 해주에서 본격적인 경제협력사업을 벌일 수 있었을 것입니다.

── 남북관계 개선을 위하여

김대중·노무현 정부에서 꾸준히 발전을 거듭하던 남북관계는 이명박·박근혜 정부 9년 동안 퇴보를 거듭했습니다. 어렵게 이룬 남북관계가 이명박 정부 들어서자마자 엇나가기 시작했습니다. 이명박 대통령이 내세운 "북한이 핵을 포기하면 10년 안에 북한 개인소득을 3000달러로 올려 주겠다"는 이른바 '비핵 개방 3000'은 북한 정부의 자존심만 건드렸을 뿐 아무런 효과도 거두지 못했습니다. 결국 이명박 정부는 5·24 조치를 통해 6·15와 10·4는 물론 7·4 남북 공동성명과 1991년 남북기본합의서까지도 훼손시켰습니다. 박근혜 대통령은 그나마 남아 있던 개성공단마저 폐쇄해 버렸습니다.

김대중·노무현 정부는 대북정책에서 한국 정부가 중심을 잡아야 한다는 입장을 견지하려 노력했습니다. 남북관계가 뒷받침되지 않으면 한국 외교가 국제 무대에서 힘을 발휘할 수 없다는 점을 이해하고 있었기 때문입니다. 하지만 이명박·박근혜 정부는 남북관계를 국제 정치에 연동시켰고, 그 덕분에 남북관계뿐 아니라 한국의 외교 역량까지도 훼손되는 결과를 초래했습니다. 그런 점에서 보면 김대중·노무현 정부는 노태우 정부의 북방정책의 연장선에서 있는 반면, 이명박·박근혜 정부는 김영삼 정부가 자초한 혼란과 무능력만 이어받았습니다. 노태우-김대중-노무현의 길은 남북 화해와 협력, 미래를 향해 나아가는 길이었습니다. 그러나 김영삼-이명박-박근혜의 길은 전쟁의 공포와 갈등, 과거로 퇴행하는 길이었습니다.

노태우-김대중-노무현의 길은 북핵 문제에는 북핵 문제대로, 남북관계에는 남북관계대로 유연하게 접근했습니다. 두 문제를 병행하는 것이 결국 북핵 문제를 해결하는 데도 도움이 된다는 인식이 있었습니다. 반면 김영삼-이명박-박근혜는 '북핵 문제를 해결하지 않으면 남북관계도 없다'는 모 아니면 도라는 식으로 대북정책을 폈습니다. 그 결과 북핵 문제는 악화되고 남북관계는 단절되어 버렸습니다. 전자와 후자는 북한을 제대로 아느냐 그렇지 못 하느냐의 차이도 있었습니다.

우리가 바라는 북한의 모습이 아니라 현재 북한의 모습을 있는 그대로 보아야 합니다. 북한이 왜 핵 개발에 목을 매는지, 북한이 진정으로 원하는 것이 무엇인지 냉정하게 살펴보아야 합니다. 특히 북한이 자존심을 매우 중시한다는 점, 흡수통일에 대한 두려움이 크다는 점, 미국-일본과 관계 정상화를 바란다는 점을 기억해야 합니다.

2014년 3월 박근혜 대통령이 발표한 드레스덴 선언은 내용 자체만 놓고 보면 긍정적으로 평가할 부분이 없지는 않습니다. 그럼에도 불구하고 북한의 『로동신문』이 "겉으로는 미소를 띠면서 속에는 독을 품고 우리를 해치려고 발광하고 있다"며 격하게 반응한 것은 드레스덴 선언 내용 중에 북한의 자존심을 건드리는 부분이 있었고, 발표 장소 또한 독일의 흡수통일을 상징하는 도시였다는 점과 사전에 북한에 알리지도 않은 채 최소한의 조율 과정도 거치지 않고 뜬금없이 발표했다는 점 때문이었습니다. 게다가 5·24 조치 완화나 금강산 관광 재개 의지가 없었던 것도 북한의 긍정적인 반응을 이끌어 낼 수 없었던 원인이었습니다.

북한이 과도하게 자존심을 내세우고 허세를 부리는 것처럼 보이는 이면에는 남북 간의 국력 격차가 갈수록 벌어지고, 사회주의권 해체 이후 국제적 고립이 계속되는 데 따른 수세적 태도를 견지하고 있다는 점을 감안해야 합니다. '너희가 우리 말을 들으면 먹을 것을 적선해 주겠다'는 식으로 남북관계를 갑을관계로 접근해서도 안 되지만, '인도주의적 차원에 대가가 웬말이냐' 하는 접근법 역시 원하는 결과는 고사하고 반발만 사기 십상입니다.

머리 따로 몸 따로 움직여서는 결코 남북관계를 해소할 수 없다는 교훈도 얻을 수 있습니다. 남북관계를 발전시키는 전략과 전술은 한국의 국익과 민족적 이익을 중심에 두고 우리 머리에서 나와야 합니다. 정치 전략적 판단을 미국에 맡겨서는 말 따로 행동 따로 움직일 수밖에 없습니다. 통일의 주체는 남과 북이지 미국과 중국이 아닙니다. 미국·중국·일본·러시아 등 주변 4강은 우리가 이룩할 화해협력과 통일을 위한 외부 조력자로 남게 해야 합니다. 주변 4강과 친선 우호관계를 유지하고 발전시키는 일은 꼭 필요하지만 우리가 스스로 중심을 잡지 못하면 통일은 고사하고 남북 간의 긴장 완화도 먼 나라의 이야기가 될 수밖에 없습니다. 주변 4강이 한반도 문제를 좌지우지하도록 보고만 있어서는 안 됩니다. 또한 남북 간의 신뢰를 구축하고 협력을 강화하면 주변 4강에 우리의 발언권이 강해진다는 역사적 교훈도 잊어서는 안 됩니다.

남북관계를 바둑에 비유하면 외교는 혼자 하는 것이 아니라 언제나 상대가 있습니다. 내가 한 수를 두면 상대가 다음 한 수를 두는 상호작용 속에서 외교는 전개됩니다. 정석을 아는 것은 반드시 필요하지만 정석대로만 진행되는 바둑은 없습니다. 상대가 어떻게 반응하느냐에 따라 그때그때 나의 대응도 달라질 수밖에 없습니다. 때로는 치열한 수 싸움이 필요하고, 때로는 과감한 전투도 마다해서는 안 되지만, 언제나 잊지 말아야 할 것은 소탐대실하지 않고 큰 그림을 그리면서 그 속에서 구체적인 국면에 대처해야 한다는 점입니다. 바둑을 둘 때는 항상 '선수先手'를 두도록 노력해야 하는데, 이는 선수를 두는 사람이 계속 주도권을 쥔다는 것과 같은 의미이기 때문입니다. 선수를 두려면 어떻게 해야 할까요. 상대방이 결코 받아들이지 않으면 안 되는 수를 두어야 합니다.

영화 〈대부〉에 "결코 거부할 수 없는 제안을 하겠다"라는 대사가 나오는데, 통일 독일을 이끈 서독의 경험이 도움이 될 것입니다. 서독은 동독과 협상을 하면서 항상 동독에서 결코 거부하지 못할 만한 제안을 하려고 노력했다고 합니다. 동독 정부가 절실히 필요로 하는 도움을 제공하면서 다른 분야에서 비용이 적게 들지만 장기적으로 중요한 변화를 만들어 내는 양보를 요구하는 식이었습니다. 영화 〈대부〉에 등장하는 유명한 대사를 떠올리게 하는 협상 원칙이 아닐 수 없습니다.

이와 관련해 추가로 살펴보아야 할 문제는 '통미봉남' 혹은 '코리아 패싱'이 아닐까 합니다. 집 밖에서 폭탄이 터지는 치열한 전투가 벌어지고 있는데 우리만 미국에서 전화 오기만 기다리며 넋을 놓고 있다면 어느 누구라도 코리아를 '패싱'할 것입니다.

한반도 안보나 북핵 문제는 결국 우리의 문제이므로 당연히 우리가 주도해야 합니다. 그러려면 이명박·박근혜 정부 9년의 과오를 철저히 반성하고 다시는 그런 패착을 되풀이하지 않는 의식적 노력이 필요합니다. 한국은 변방도 아니고 약소국도 아니라는 사실을 잊지 말아야 합니다. 스스로 우리를 '작은 나라' 속에 가두면 다른 나라 역시 우리를 '작은 나라'로 대접할 것입니다. 국력에 맞는 국격을 세계에 보여 주어야 합니다. 아울러 통미봉남 문제를 해결하기 위해서라도 작전권 환수는 반드시 필요합니다. 한국에 작전권이 있다면 북한이 한국을 제쳐 놓고 미국만 대화 상대로 삼을 수 없으므로 작전권 환수는 중요한 문제입니다.

　　작전권 환수를 처음 정책 의제로 삼은 사람은 박정희 대통령이었으며, 그 계기가 바로 '김신조 사건'에도 불구하고 한국군이 할 수 있는 것이 아무것도 없었기 때문이었다는 것을 기억할 필요가 있습니다. 그런데도 한국에서 보수라고 자처하는 사람들은 '북한이 우리를 우습게 보지 않게 해야 한다'고 핏대를 올리면서 정작 작전권 환수에는 관심이 없습니다. 게다가 평시 작전권과 전시 작전권으로 구분을 지으며 평시 작전권은 우리가 가지고 있다는 것을 강조하는 사람도 있는데, 이를 두고 바로 '눈 가리고 아웅한다'고 하는 것입니다. 제가 보기에 작전권도 없는 군대는 세계 어디에 내놓아도 우스울 뿐입니다. 그것은 마치 깡패한테 두들겨 맞아도 할 수 있는 게 옆집 친구에게 전화해서 "맞서 싸워도 돼?"라고 물어보는 것과 다를 바 없습니다. 그런 점에서 저는 최근 국방부가 문재인 대통령 임기(2022) 내에 작전권을 환수하는 방안을 추진하겠다고 밝힌 것을 매우 긍정적으로 평가합니다.

아홉 번째, **북한 비핵화는 현실적으로 가능한가**

강국진 1994년 6월경 그전까지 볼 수 없었던 대규모 민방위 훈련을 시행한 적이 있습니다. 훈련하는 모습만 보았다면 정말 전쟁이 난 줄 알 정도였습니다. 그런데 당시 민방위 훈련을 알리는 사이렌 소리가 울리자마자 학교 밖으로 뛰어나가 '전쟁 반대'를 외치는 시위가 벌어졌습니다. 차량은 모두 멈추고 길에는 행인 한 사람 없는데, 일부 학생들만 시위를 하고 있으니 지금 생각해 보아도 묘한 장면이었습니다. 나이 드신 분들에게 욕 좀 먹었지요. 하지만 당시를 떠올려 보면 정말로 전쟁이 날 수도 있겠구나 하는 위기의식이 분명히 있었고, 그만큼 절박했습니다.

북핵 문제는 좀처럼 해법을 찾지 못한 채 갈수록 악화되고 있습니다. 처음에는 핵무기를 만들려고 한다는 의혹에서 시작되었는데, 시간이 지나면서 '핵무기를 만들 수 있다', 그다음에는 '핵무기를 가지고 있다', 최근에는 아예 미국 본토를 타격할 수 있는 대륙간탄도미사일(ICBM)을 개발한 상황까지 진전했습니다. 한반도에서 불행한 사태가 발생할 가능성이 더욱 높아지는 듯합니다.

한반도에 평화를 정착시키기 위해 북핵 문제는 결코 피할 수 없는 현안입니다. 북핵 문제에 대한 해법을 찾기 위한 지혜가 필요한 시기가 아닐까 싶습니다. 사실 가장 궁금한 점은 북한은 도대체 무슨 생각을 하고 있느냐 하는 것입니다. 남한과는 그냥 모르는 척하며 살기로 결심을 한 것인지, 아니면 엄청나게 배짱 퉁기는 밀당을 하고 있는 것인지 도무지 종잡을 수가 없습니다. 속내를 알 수 없기로는 트럼프 Donald Trump 미국 대통령도 만만치 않습니다. 어떤 때 보면 아무 생각 없이 대통령이 된 것 같기도 하고, 또 어떤 때는 협상의 달인처럼 보이기도 합니다. 북한과 미국이 진정으로 원하는 것은 무엇일까요? 북핵 문제를 해결하기 위해 한국은 과연 무엇을 해야 할까요? 무엇보다 북한은 핵을 포기할 생각이 있기는 한 것일까요?

박한식 최근 미국의 케이블 채널에서 방영한 드라마〈홈랜드 Homeland〉를 보면 이란이 미국과 맺은 핵합의를 위반했다는 의혹을 미국 중앙정보국(CIA)이 조사하는 장면이 나옵니다. CIA 요원에게 심문을 받던 이란 혁명수비대 관계자는 이런 이야기를 합니다. "이란은 핵무기를 원하지 않아요. 핵무기를 원했던 적도 없습니다. 우린 30년 동안 제재 때문에 힘들었고 그것을 풀 방법을 찾아야 했습니다. 그래서 원심분리기를 돌리기 시작했지요. 그랬더니 주의를 좀 끌게 되더군요. 그래서 더 돌렸습니다. 더 관심을 받았어요. 결국 우리는 애초에 원하지도 않았던 핵 프로그램을 폐기하는 문제를 두고 미국과 협상을 하게 되었습니다." 물론 이 대사는 드라마에 나오는 허구이지만 북핵 문제 및 북·미관계와 묘하게 겹쳐 보입니다.

━━ 미국 대북정책의 중심, 북핵

미국의 대북정책을 살펴볼 때 반드시 기억해야 할 것이 있습니다. 바로 미국의 대북정책은 일본과 중국이라는 더 큰 그림속에 위치한다는 것입니다. 다시 말해서 미국 입장에서는 북한보다 일본과 중국이 훨씬 더 중요합니다. 북핵 문제는 미국에 대중 관계와 대일 관계의 종속변수인 셈입니다. 또한 미국으로서는 중국이 부상하는 것이 세계 전략에서 중요한 도전입니다. 중국이 미국에 맞서 패권 경쟁에서 앞서 나간다는 우려는 오바마 대통령이 '아시아로의 회귀'를 천명하게 만들었습니다. 이에 따라 중국을 견제하기 위해 미·일동맹의 중요성이 훨씬 더 커졌습니다.

아울러 북한에 대한 미국의 첫인상이 매우 좋지 않다는 것역시 잊지 말아야 합니다. 미국 대북정책의 출발점은 한반도 분단과 전쟁이었습니다. 미국이 해외에서 벌인 전쟁 중 처음으로 승리하지 못한 전쟁이 바로 한국전쟁입니다. 제2차 세계대전을 거치며 세계 최강국으로 전성기를 누리던 미국으로서는 정전 협상을 한다는 것 자체가 상당히 자존심 상하는 일이었습니다. 거기다 푸에블로호가 북한 영해를 무단 침범해 첩보 활동을 하다가 북한에 억류되어 사과까지 한 사건은 미국의 자존심에 지울 수 없는 상처를 남겼습니다.

북·미 대화의 역사는 북한의 핵 문제를 둘러싼 협상과 갈등, 긴장의 역사라고 해도 과언이 아닐 것입니다. 물론 닉슨 행정부 당시 미국과 중국이 관계 정상화에 합의한 직후 북한이 중국 주재 미국대사관을 통해 초보적인 수준에서 접촉을 제안했던 일이나, 카터가 대통령에 당선된 직후인 1976년 11월 김일성 주석이 파키스탄 부토Zulfikar Ali Bhutto 총리를 통해 카터에게 직접 회담을 요청하는 자필 서한을 보낸 적이 있지만, 1980년대까지 북·미 간의 접촉은 단편적이었습니다. 그러다 1988년 이후 베이징에서 시작해 30회 넘게 대화를 이어 가면서 본격적인 북·미 간의 접촉이 시작되었습니다.

거의 비슷한 시기 미국에서는 북한의 핵 개발 가능성을 주시하며 조치를 취하기 시작했습니다. 북핵 문제를 둘러싼 지루한 갈등의 역사가 본격적으로 시작된 것입니다. 당시 미국은 북한이 1987년 초부터 발전용이 아닌 군사용으로 30메가와트급 원자로를 가동 중이며, 연간 핵폭탄 1개를 제조할 수 있는 분량의 플루토늄을 생산할 수 있을 것으로 판단했습니다. 1992년 1월 미국에서 북·미 고위급 회담이 시작되면서 미국은 북한을 국제원자력기구 체제 안에 붙잡아 두려고 했지만 협상은 난항을 겪었습니다. 어찌 보면 당연한 시행착오였습니다. 미국과 북한 모두 오랫동안 쌓인 상호 불신이 너무 컸습니다. 특히 미국은 북한에 대해 모르는 것이 너무 많았습니다.

1993년 초 북한은 핵확산금지조약(NPT) 탈퇴를 선언하고, 그해 5월 사거리 1300킬로미터의 노동 1호를 발사했습니다. 북한과 미국 양국은 1993년 6월 1단계 회담과 7월 2단계 회담을 통해 NPT 탈퇴 효력을 일시 정지시켰습니다. 가장 큰 걸림돌은 국제원자력기구 사찰방식을 둘러싼 이견과 남북 대화 문제였습니다. 김영삼 정부는 협상의 전제 조건으로 남북 대화를 요구하는 동시에 핵문제의 해결 없는 대화는 거부한다는 상호 모순적인 태도를 보이며 북·미 갈등과 한·미 갈등을 동시에 증폭시켰습니다. 마침내 1994년 카터 전 대통령의 방북을 계기로 돌파구가 열렸습니다.

카터 전 대통령이 평양을 방문하게 된 데는 저와의 오랜 인연도 영향을 미쳤습니다. 저와 카터는 그가 대통령일 당시 주한 미군 문제나 중국공산당에 대해 이것저것 조언을 해 주면서 인연을 맺었습니다. 저는 카터가 비핵화 문제에 상당한 열정을 가지고 있다는 것을 잘 알고 있었기 때문에 평양을 방문할 때마다 조선노동당 고위 관계자들에게 카터가 어떤 인물인지 이야기하면서, 평양에서 카터를 초청하면 어떻겠느냐고 권했습니다. 저는 카터 전 대통령과 김일성 주석이 만나면 북·미관계에 돌파구가 열릴 것이라는 확신이 있었습니다.

드디어 북한에서 카터 전 대통령을 초청했습니다. 당시 카터 전 대통령은 저에게 통역으로 동행해 줄 것을 제안했지만 저는 고민 끝에 이를 거절했습니다. 당시에는 협상이 잘될지 어떨지 전혀 확신할 수 없는 상황이었습니다. 그런데 막상 면담을 하고 보니 예상을 뛰어넘는 성과를 거두었습니다. 이는 김일성 주석이라 가능한 일이기도 했습니다. 지금이라면 노동당 인준을 받아야 했지만 김일성 주석은 그럴 필요가 없었으니까요. 앞에서도 이야기했습니다만 김일성 주석이 김영삼 대통령과 정상회담을 했더라면 우리 민족의 역사가 어떻게 달라졌을지 생각할수록 안타깝습니다.

드디어 1994년 10월 제네바에서 북한과 미국 양국이 합의에 도달했습니다. 이 제네바합의는 북한이 핵을 동결하는 대신 북한에 경수로 건설과 중유 공급을 지원한다는 것과 북·미 간의 외교관계 정상화 등이 핵심 내용이었습니다. 제네바합의가 가능했던 데는 두 가지 매우 상반된 배경이 작용했습니다.

하나는 전쟁이 결코 선택지가 될 수 없다는 것을 미국 정부가 분명히 인지했다는 점입니다. 저는 당시 미국 국무부 관계자들에게 북한이 방공호를 얼마나 잘 갖추어 놓았는지 전쟁이 나면 한국의 사망자는 최소한 수백만 명이 될 것이고, 미군 피해도 상당할 것이라는 이야기를 여러 차례 듣곤 했습니다. 미국으로서는 막대한 피해를 입어 가면서, 그것도 북한을 붕괴시킬 수 있다는 확신도 없는 전쟁을 한다는 것은 큰 부담이었습니다.

또 다른 측면에서 역설적이게도 김일성 주석이 죽었으니 북한은 곧 붕괴할 것이라는 '북한 붕괴론'이 미국 정부에 팽배했다는 것 역시 제네바합의의 한 배경이었습니다. 미국 정부에서는 제네바합의를 비판하는 공화당에 아예 공개적으로 북한이 곧 붕괴할 것이라는 논리로 대응했습니다. 1997년 3월 앨 고어 부통령이 한국을 방문했을 때 판문점에서 북쪽을 가리키며 "냉전은 여기 살아남아 있다. 그러나 오래가지 않는다. 그들의 체제가 무너지고 있기 때문이다"라고 이야기했듯이 미국 정부는 '어차피 몇 년 안에 망할 텐데'라는 생각에 미국으로서도 적잖은 경제적 부담이 될 수 있는 경수로 건설과 중유 공급에 합의한 것입니다. 그러나 미국 정부는 북한 붕괴론을 명분 삼아 경수로 건설 비용 대부분을 김영삼 정부에 떠넘겼습니다. 김영삼 정부 역시 경수로 건설 비용이 결국 공수표라는 생각이 없지 않았기 때문에 그 비용을 떠맡았습니다. 이런 안일한 인식은 곧 북·미관계에 걸림돌이 되었습니다.

━━ 미국의 실수

제네바합의는 우여곡절을 겪었습니다. 의회 다수당이 된 공화당과 클린턴 행정부의 갈등, 북·미 대화를 반대하는 김영삼 정부의 반발 등이 북·미관계의 진전을 가로막았습니다. 1998년 7월 미국이 제기한 '금창리 지하 핵 시설 의혹'은 미국 정부에서 일부 강경파의 조직적인 반발이 어떤 식으로 이루어지는지 보여 주는 중요한 사례라고 할 수 있습니다. 논란 끝에 식량 60만 톤을 인도적 차원에서 북한에 제공하는 형식으로 협의하고, 1999년 5월 현장을 답사해 보니 핵 시설과는 아무 상관이 없는 것으로 밝혀졌습니다. 북·미 핵 협상은 1998년 김대중 정부가 등장하고, 1999년 페리 보고서가 나오면서 해결의 실마리가 풀리기 시작했습니다. 2000년 6월의 역사적인 남북 정상회담은 북·미관계 개선에도 상당히 긍정적인 영향을 미쳤습니다. 2000년 10월 12일 조명록 국방위원회 제1부위원장(차수)은 워싱턴을 방문해 '조-미 공동 코뮈니케'를 발표했습니다.

> 쌍방은 조선반도에서 긴장 상태를 완화하고 1953년의 정전협정을 공고한 평화보장체계로 바꾸어 한국전쟁을 공식 종식시키는 데서 4자회담 등 여러 가지 방도들이 있다는 데 대해 견해를 같이했다. …… 첫 중대 조치로서 쌍방은 그 어느 정부도 타방에 대하여 적대적 의사를 가지지 않을 것이라고 선언하고 과거의 적대감에서 벗어난 새로운 관계를 수립하기 위해 모든 노력을 다할 것이라는 공약을 확언했다.

곧이어 2000년 10월 23일 매들린 올브라이트 미국 국무장관이 평양에 도착했습니다. 조명록 차수가 몇 달만 더 일찍 미국을 방문했다면, 클린턴 대통령이 좀 더 빨리 결단을 내렸다면, 대통령 선거에서 앨 고어가 당선되었다면 어땠을까요? 클린턴 대통령이 평양을 방문해 역사적인 북·미 정상회담이 이루어졌다면 세계사는 전혀 다른 방향으로 흘러갔을 것입니다.

당시 미국과 북한은 상대가 원하는 것을 양보할 준비가 되어 있었고, 상호 신뢰도 어느 정도 쌓여 있었습니다. 무엇보다 김대중 대통령이라는 유능한 중재자도 있었습니다. 하지만 역사는 우리가 원하는 방향으로만 흘러가지 않습니다. 북한은 미국 대선 국면에서 협상력을 극대화하기 위해 몇 달 늦춰 2000년 10월이 되어서야 조명록 차수를 미국에 보냈고, 이 때문에 북·미 정상회담을 위한 시간 자체가 촉박해졌습니다. 거기다 우여곡절 끝에 조지 W. 부시가 대통령에 당선되었습니다. 부시 대통령은 기독교 근본주의에 입각한 대외정책을 폈고, 네오콘 등 강경파가 정책 결정 과정을 좌지우지했습니다.

　　일련의 흐름을 복기해 보면 부시 행정부는 애초에 북핵 문제를 해결할 생각이 있었는지 그 자체가 의문스럽습니다. 부시 행정부는 대선 당시부터 제네바합의에 대한 거부감을 공공연히 드러내는 등 북한과 협상하는 것 자체가 말이 안 된다는 태도를 보였습니다. 그런 태도는 2002년 1월 29일에 열린 연례 일반교서에서 부시 대통령이 "테러를 지원하는 정권"이라며 북한을 이란, 이라크와 함께 '악의 축 Axis of evil'으로 규정한 것에서도 잘 드러납니다. 그해 한·미 정상회담에서 김대중 대통령이 100분 동안 부시 대통령을 설득한 끝에 미국 정부는 햇볕정책을 지지하며 북한을 공격할 의사가 없다고 밝히기는 했지만, 호전적인 태도는 임기 후반기까지 계속 이어졌습니다. 부시 행정부가 적극적으로 추진하던 미사일 방어 체제(MD)를 도입하기 위한 명분을 얻기 위해 북한의 위협을 과장하고, 협상 가능성을 줄이려고 했던 것은 아닌가 싶습니다.

　　먼저 북·미 미사일 협상을 살펴보면 2000년 평양을 방문한 매들린 올브라이트 국무장관에게 김정일 국방위원장은 사정거리 500킬로미터 이상의 미사일 개발 실험을 동결하는 문제를 협의하자고 제안했습니다. 타결만 되면 주일 미군은 북한의 미사일 공격에서 안전해질 수 있었습니다. 그해 11월 말레이시아 쿠알라룸푸르에서 열린 북·미 미사일 협상에서 북한은 더 나아가 이미 보유한 중장거리 미사일을 폐기하고, 단거리 미사일은 미사일 기술 통제 체제(MTCR)를 준수한다는 의사까지 밝혔습니다. 미국이 북한 인공위성을 매년 3개씩 대신 발사해 주고, 매년 10억 달러어치 식량을 수년간 지원해 주는 것이 조건이었습니다. 북한으로서는 미사일 수출로 벌어들이던 돈을 미국이 보전만 해 주면 된다는 조건이었습니다.

그런데 부시 행정부는 충분히 시도해 볼 만한 이 미사일 협상을 백지화시켜 버렸습니다. 그 결과 북한은 계속 미사일 기술을 개발했고, 미국의 안보 위협은 더 높아졌습니다. 북·미 미사일 협상에 관여한 웬디 셔먼Wendy Sherman 국무부 정무차관은 2001년 3월 7일 자 『뉴욕타임스』 기고문에서 "부시 행정부가 추진하는 미사일 방어 체제는 효과가 증명되지도 않았을 뿐 아니라 달러와 외교에서 의심할 여지없이 값비싸다"면서 "부시 행정부가 북·미 대화를 다시 시작해야 하고, 합의에 가까워지면 김정일 국방위원장을 만날 준비를 해야 한다"고 촉구한 것을 곱씹어 볼 필요가 있습니다.

고농축우라늄(HEU) 프로그램이 빌미가 된 제2차 북핵 위기만 해도 그렇습니다. 이라크를 침략하기 위해서 대량 살상 무기를 강조했던 것처럼 제2차 북핵 위기 또한 제네바합의 파기를 위한 알리바이는 아니었는지 의심하지 않을 수 없습니다. 2002년 10월 제임스 켈리James Kelly 국무부 동아태차관보는 북한을 방문해서 대뜸 "북한이 우라늄 농축을 통해 핵무기를 생산할 수 있는 비밀 프로그램에 착수했다는 확실한 증거를 가지고 있기 때문에 대화가 불가능해졌다"고 통보했습니다. 북한은 보통 이런 경우 '강경에는 초강경으로' 반응해왔는데, 아니나 다를까 강석주 외무성 제1부상이 "우라늄 농축 말고도 다른 어떤 것도 생산할 준비가 되어 있다"고 맞받아쳤다고 합니다. 제임스 켈리는 즉각 북한이 고농축우라늄 프로그램 의혹을 시인했다고 긴급 전문을 보냈습니다.

당시 김대중 정부에서는 고농축우라늄 프로그램에 대한 의혹이 없는 것은 아니지만 아직 구체적인 위협이 되지 않고 충분한 협상을 통해 해결할 수 있는 단계라고 했지만, 부시 행정부는 제네바합의 사항인 중유 공급을 중단하며 제네바합의를 파기해 버렸습니다. 북한은 이에 반발해 그해 12월 12일 외무성 대변인의 담화로 핵 동결 해제를 선언했습니다. 열흘 뒤인 12월 22일에는 영변에 있는 폐연료봉 저장 시설 봉인을 제거하고, 국제원자력기구에서 설치한 감시 카메라를 무력화시켰습니다.

지금 시점에서 다시 생각해 보면 미국 정부는 경수로 건설은 지지부진하고, 관계 정상화 약속은 지키지 않은 채 시간만 끌다가 결국 합의 자체를 일방적으로 깨 버린 것입니다. 북한으로서는 뒤통수를 제대로 맞은 것이지요. 얄궂게도 북한은 고농축우라늄이 아니라 제네바합의서로 동결시켰던 플루토늄을 재가동해 핵실험을 실시했고, 그 결과 미국의 안보는 더 위험해졌습니다. 이런 것을 '호미로 막을 것을 가래로 막는다'고 하지요. 당시 한국을 방문한 미국 정부 관계자들에게 고농축우라늄 개발 문제에 대해 설명을 들은 임동원 전 통일부장관의 "국가 간의 정보교환은 정보기관을 통해서 이루어지는 것이 관례인데, 우리 정보기관과 아무런 사전협의도 없이 부시 행정부의 고위 관리가 우리 정부 고위 관리에게 느닷없이 '정치적 해석'을 가미한 '첩보'를 통보하는 것은 결코 정상적인 '정보 공유'라고 할 수 없었다. 더구나 그해 여름부터 대북관계 개선이 활성화되고 있던 상황에서 한국과 일본 두 정부에 대해 노골적으로 제동을 걸기 위한 정보 조작이 아닌가 하는 의혹을 떨쳐 버릴 수 없었다(임동원, 『피스메이커』, 2015, 519쪽)."라는 지적이 핵심을 정리하지 않았나 생각합니다.

부시 행정부는 북한과의 직접 대화를 외면했지만 그렇다고 6자회담을 존중했다고 보기도 어렵습니다. 애초에 6자회담 자체가 양자 대화는 싫고 한국이나 중국의 대화 요구를 마냥 거부할 수도 없어 마련한 것이었지요. 6자회담이 열리는 동안 한국이나 중국과는 양자 대화를 하면서도 정작 북·미 대화는 고집스럽게 거부한 것에서 보듯이 북한과 대화를 통해 문제를 해결하겠다는 의지 자체가 처음부터 약했습니다. 2003년 8월에 열린 제1차 6자회담이 성과 없이 끝난 뒤 기자들에게 차기 6자회담을 여는 데 가장 큰 걸림돌이 무엇이냐는 질문을 받은 왕이王毅 중국 대표가 "우리가 직면한 문제는 바로 미국의 대북정책"이라고 한 대답에서 그런 분위기를 엿볼 수 있습니다. 혼자서 압박하는 것보다 5개국이 압박하는 게 더 효과적이지 않을까 하여 6자회담을 시작하기는 했는데, 결국 5개국이 미국에 북한과의 대화를 압박하는 모양새가 되니 그마저 흥미를 잃어버린 것입니다. 2005년 '9·19 공동성명'을 보면 그런 측면이 잘 드러나 있습니다. 한국과 중국 정부의 적극적인 중재로 합의에 도달한 '9·19 공동성명'은 동북아시아가 탈냉전 시대로 갈 수 있는 중요한 이정표였지만, 바로 그 직후 미국 재무부가 마카오의 방코델타아시아에 있는 북한 정부 예금 2500만 달러를 동결시키면서 휴지 조각이 되고 말았습니다.

　　미국은 왜 그랬을까요? 9·19 공동성명에 서명할 당시 부시 행정부가 처한 상황을 보아야 합니다. 2005년 2월 북한이 외무성 성명을 통해 핵무기 보유를 선언하자 부시 행정부의 무능력이 드러났습니다. 가뜩이나 이라크 수렁에 빠져 있는 처지라 북한을 침공하는 것도 불가능했고, 전쟁 반대 여론도 높아지고 있었습니다. 부시 행정부로서는 미국 국민들에게 평화적 외교 노력을 하고 있다는 모습을 보여 주어야 하는 상황이었습니다. 최소한 상황이 더 악화되지 않도록 관리라도 할 필요가 있었습니다. 하지만 부시 행정부를 탄생시킨 한 축인 군산복합체로서는 9·19 공동성명이라는 외교적 성과가 자신들의 이익에 부합하지 않았습니다. 미국이 방코델타아시아를 제재하고 나서자 당연한 수순이었겠지만 북한은 미국의 조치에 강하게 반발했고, 다음 달인 2006년 10월 9일 제1차 핵실험으로 대응했습니다.

　　부시 행정부는 2006년 말이 되어서야 대북정책을 180도 전환했습니다. 이는 2006년 11월 중간 선거에서 공화당이 참패하고 북·미 직접 대화를 주장하는 민주당이 의회 다수당이 된 것이 영향을 미쳤습니다. 이에 네오콘 강경파인 도널드 럼즈펠드Donald Rumsfeld 와 존 볼턴John Bolton 등이 물러났습니다. 미국은 2007년 2월 13일 합의를 통해 방코델타아시아의 자금 동결을 해제하고, 북한은 핵 시설 가동 중단과 폐쇄에 합의했습니다.

　　얄궂은 것은 2·13 합의가 미국 내 강경파 자신들이 '나쁜 거래'라고 비판했던 1994년 제네바합의와 유사하다는 것입니다. 2·13 합의 내용 자체가 제네바합의에 비해 그다지 진전된 수준이 아니었다는 것을 생각한다면 부시 행정부 6년 동안 대북관계에서 이룬 것은 아무것도 없다는 게 드러난 셈입니다. 게다가 미국 정부는 자신들이 주장한 달러 위조 증거를 제시하지도 못했습니다. 부시 행정부는 임기 후반기에 나름 적극적인 조치를 취해 북한을 테러지원국 명단에서 삭제했습니다. 이에 북한은 2008년 6월 영변에 있는 냉각탑을 공개적으로 파괴하는 등 핵 시설 불능화 조치를 취했습니다. 북한을 서로 끌어당기기 위해 중국과 미국이 경쟁하는 국면이 전개되었지만 이번에도 제대로 된 협상을 진행하기에는 허비한 시간이 이미 너무 많았습니다.

──　**오바마의 대책 없는 '전략적 인내'**

　　솔직히 저는 버락 오바마를 열정적으로 지지했던 사람입니다. 그럼에도 불구하고 오바마 행정부의 대북정책은 완전히 빵점이었습니다. 만약 오바마 대통령이 쿠바나 이란과 그랬듯이 북한과도 관계 개선에 노력했다면 북·미관계는 진작에 정상화되었을 것입니다. 그는 쿠바나 이란에 대해서는 미국적 가치의 확산이라는 민주당 노선을 존중하면서도 현실주의에 입각한 전략적 유연성을 보여 주었습니다. 하지만 북한에 보여 준 것은 '전략적 인내'라는 이름으로 포장한 무관심과 무대책뿐이었습니다.

　　우선 북한을 제대로 보려는 노력이 부족했습니다. 북한 붕괴론과 중국 역할론이라는 알리바이 뒤에 숨어 책임을 회피했을 뿐입니다. 오바마 대통령은 쿠바를 직접 방문하기도 했고, 공화당의 격렬한 반대에도 불구하고 몇 년에 걸쳐 끈기를 가지고 노력한 끝에 이란과 핵 협상을 타결하기도 했습니다. 쿠바와 수교를 맺고 평화관계를 구축했는데 북한과는 그렇게 하지 못할 이유가 무엇이었을까요. 또 이란과 힘겹게 핵 협상을 성사시켰는데 북한과는 그렇게 하지 못할 이유가 무엇이었을까요. 미국 기준에서 보면 북한의 정치 체제나 권력구조가 쿠바나 이란과 그다지 다르지 않을 것입니다. 쿠바는 공산당이 지배하는 데다 카스트로 형제가 반백 년 동안 권좌에 있었고, 이란은 과거 대사관 직원들을 인질로 잡는 '폭거'를 자행하지 않았습니까. 심지어 미국은 구소련과도 대사관을 운영하며 공식, 비공식적으로 대화를 계속했습니다. 로널드 레이건 Ronald Reagan 조차 "소련은 악마의 제국이다. 그러나 바로 그렇기 때문에 소련과 끊임없는 대화를 해야 한다"고 말하며 핵무기 감축에 합의하지 않았습니까.

쿠바와 이란 그리고 북한 사이에는 어떤 차이점이 있을까요. 먼저 미국은 쿠바에 경제 제재를 가해 얻을 수 있는 실익이 별로 없었습니다. 이미 미국을 포함한 몇몇 나라를 제외하고는 대부분 쿠바와 관계 정상화가 진척되어 제재의 효력도 상실된 상태였습니다. 이란은 1억 명이 넘는 인구와 막대한 원유 등을 감안하면 관계 정상화를 통해 미국이 얻을 수 있는 이득이 상당했습니다. 그렇다면 미국이 북한을 봉쇄해서 얻을 수 있는 실익은 무엇일까요. 북한 자체로는 이득이 별로 없을지 모르나 중국 견제용으로서 가치가 있습니다. 미국은 중국을 봉쇄하기 위해 일본이 재무장하기를 바라는데 여기에 북한이 좋은 명분이 됩니다. 또한 일본과 한국에 무기를 팔 수 있다는 것 역시 놓치기 힘든 경제적 이득입니다. 북한에 희토류를 비롯한 상당한 양의 지하자원이 있고, 나선특별시처럼 경제적 허브로 성장할 수 있는 지리적 요충지도 분명히 존재하지만 그것은 미국의 대중對中 봉쇄 노선과 상충될 소지가 있다는 점을 감안해야 합니다. 그 문제는 뒤에서 다시 검토하도록 하겠습니다.

물론 오바마 행정부가 처음부터 북핵 문제에 손을 놓았던 것은 아닙니다. 오바마가 대통령에 취임한 직후인 2009년 2월 13일 힐러리 클린턴 국무장관은 아시아 소사이어티Asia Society 초청 연설에서 북한이 핵을 포기하면 북·미 수교, 평화협정 체결, 경제 지원 등을 하겠다는 중대 발언을 했습니다. 이 발언의 의미는 분명했습니다. 2005년 6자회담에서 합의했지만 실천되지 않은 9·19 공동성명을 복구하겠다는 것입니다.

　　이 구상이 현실이 되려면 반드시 한국 정부의 협조가 필요했는데 한국이 이를 가로막았습니다. 이명박 정부는 '비핵 개방 3000'에 따라 핵 포기가 먼저라는 이유를 들어 미국의 구상을 반대했습니다. 결국 평화협정은 고사하고 6자회담조차 논의하지 못했습니다. 그 뒤 북한은 2009년 5월 25일 제2차 핵실험을 감행했습니다. 대북 제재가 진행되는 와중에도 힐러리 클린턴 국무장관은 7월 23일 태국 푸켓에서 열린 아세안 지역 안보포럼(ARF) 회의에서 9·19 공동성명 실천 구상을 재차 밝혔습니다. 그해 11월에는 스티븐 보즈워스 Stephen Bosworth 주한 미국대사가 평양을 방문해 6자회담 재개를 제안했고, 북한도 이에 동의했으나 이명박 정부의 반대를 넘지 못했습니다. 이런 양상은 김영삼 정부 때를 떠오르게 합니다. 김영삼 정부는 북·미 협상을 대놓고 훼방 놓았고, 이는 결국 한·미동맹까지 훼손시키는 지경에 이르렀습니다. 차이가 있다면 김영삼 정부는 워낙 냉탕과 온탕을 오가는 '사우나' 대북정책이어서 스스로 자기 발목을 잡았다면, 이명박 정부는 나름대로 일관성 있게 대북 무대책을 실천했다는 것 정도입니다.

　　오바마 행정부는 결국 2009년 말부터 '전략적 인내'로 정책 방향을 잡았습니다. '아시아로의 회귀' 이후 미국의 대북정책 기조는 중국 봉쇄라는 대원칙에 밀려 버렸습니다. 오바마 행정부는 '전략적 인내'라는 이름하에 북한을 무시하는 전략으로 일관했습니다. 북한과 미국은 2012년 2월 29일 9·19 공동성명으로 복귀하는 데 합의하기도 했지만, 3월 16일 북한이 인공위성을 발사하겠다고 발표하면서 양측은 다시 갈등을 빚기도 했습니다. 북한은 결국 4월 13일 '광명성 3호'를 발사했고, 합의는 좌초되었습니다. 북한은 그해 12월 12일 위성 발사를 다시 시도해 성공했습니다. 2013년 1월 22일 유엔 안전보장이사회가 대북 제재 결의 2087호를 채택하자 북한은 이에 반발하며 2013년 2월 12일 제3차 핵실험을 감행했습니다. 북·미간 줄다리기가 계속되었지만 별다른 성과 없이 시간만 흘렀습니다. 북한은 결국 2016년 1월 6일 제4차 핵실험을 감행했고, 이에 2월 18일 오바마 대통령은 대북 제재 법안에 서명했습니다. 한국에서는 2월 10일 개성공단을 폐쇄하고, 7월 8일 한·미 양국은 사드 배치를 결정했다고 발표했습니다. 북한은 9월 제5차 핵실험을 단행했습니다. 김정은 국무위원장은 2017년 1월 1일 신년사에서 "대륙간탄도로켓 시험 발사 준비사업이 마감 단계"에 이르렀다고 했습니다.

　　오바마 행정부는 때론 북한을 대놓고 압박했습니다. 2015년 1월에는 유튜브와 인터뷰하면서 '북한 붕괴 가능성'까지 거론했는데, 이는 매우 이례적인 언급이었습니다. 이에 대해 일부 전문가들은 "북한이 핵 개발을 포기하도록 중국이 압력을 행사하라는 미국의 강력한 메시지"라고 해석했습니다. 하지만 저는 그렇게 생각하지 않습니다. 첫째, 오바마 대통령이 밝힌 미사일 방어 체제 확대는 미국이 북한과 평화적으로 문제 해결을 하고자 하는 의지가 없으며, 군산복합체의 이익을 존중한다는 것을 보여 주었을 뿐입니다. 둘째, 중국 입장에서는 대북정책에서 북한의 핵 문제 타결도 중요하지만 북한 체제가 붕괴하지 않는 것이 더 중요합니다. 미국의 군사적 압력에 굴복해 자국의 국제적 위상을 굽히려고 하지도 않을 것입니다. 셋째, 설사 미국의 종용으로 중국이 북한에 압력을 가한다 하더라도 북한은 자국의 안보가 보장되지 않는 한 핵 개발을 포기하지 않을 것입니다. 요컨대 미국의 미사일 방어 체제 강화는 군산복합체의 배만 불리면서 국제적 긴장만 고조시킬 뿐 북핵 문제 해결은 요원하게 만들 뿐입니다. 결국 오바마 행정부의 대북정책은 북핵 문제만 더 키웠다는 점에서 총체적 실패로 평가할 수밖에 없습니다.

━━ 북한이 핵에 목을 매는 이유

　　북핵의 맥락을 제대로 이해하기 위해서는 다양한 측면을 염두에 둔 종합적인 진단이 필요합니다. 앞에서도 이야기했듯이 저는 '북한은 비이성적인 집단'이라고 미리 결론을 내리는 태도가 가장 위험하다고 생각합니다만, 불행하게도 많은 정책 결정자가 그런 생각을 가지고 있습니다. 하지만 지금까지 계속 지적했듯이 북한은 미치지도 않았고, 비이성적이지도 않습니다. 다만 그것이 우리의 이해와 상충될 수 있고, 우리 기준으로 이해할 수 없을 뿐입니다.

　　한 가지 비교를 해 보겠습니다. 세계에서 가장 많은 핵무기를 보유한 국가는 어디입니까? 바로 미국입니다. 하지만 우리 국민 대부분은 미국의 핵무기를 별로 걱정하지 않습니다. 미국이 우리에게 핵 공격을 가하지 않을 것이라는 '믿음'이 있기 때문입니다. 그럼 중국은 어떨까요? 중국 역시 막강한 핵무기 전력을 보유하고 있습니다. 불과 반세기 전만 해도 중국은 한반도 전역에서 한국군과 전투를 벌이기도 했습니다. 한·중 수교가 될 당시만 해도 중국을 방문한다고 하면 불안해하는 사람이 많았습니다. 하지만 지금은 아무도 그런 걱정을 하지 않습니다. 아무도 중국이 한국을 침략하면 어떻게 하나 걱정하지 않습니다. 중국이 한국을 향해 핵무기를 사용할 것이라고 불안해하는 사람도 없습니다. 왜 그럴까요? 중국이 한국을 공격할 이유가 없다는 것을 잘 알고 있기 때문이며, 중국이 한국을 공격하지 않을 것이라는 '믿음'이 있기 때문입니다.

　　그럼 북한은 어떨까요? 저는 먼저 우리가 그동안 주목하지 않은 세 가지 측면을 이야기하고 싶습니다. 첫째는 핵 개발 담론의 밑바탕에는 뿌리 깊은 '안보 패러다임'이 자리잡고 있다는 것입니다. 1964년 중국이 핵실험에 성공했을 당시 마오쩌둥이 한 "어차피 써먹지 못할 물건이다. 미국이나 소련이 우리가 핵보유국이라는 것만 인정하면 된다."라는 말은 시사하는 바가 적지 않습니다. 1975년 병문안을 겸해 자신을 찾아온 김일성 주석에게 마오쩌둥은 또 "석유와 원자탄이 제일 중요하다. 그것 두 개만 있으면 어디 가도 큰소리칠 수 있다. 그것이 없으면 아무리 잘난 척해도 국제 사회에서 알아주지 않는다."고 말했다고 합니다. 여러 정황을 살펴보면 김일성 주석 역시 마오쩌둥과 유사한 관점을 공유했을 가능성이 큽니다. 더구나 만주에서 일본군에 맞서 힘겨운 빨치산 투쟁을 한 김일성 주석에게 핵무기란 그렇게도 강력했던 일본군을 무릎 꿇린 무기라는 점도 감안해야 합니다.

둘째는 북한 입장에서 '고립 탈출'과 '생존 투쟁'이 밖에서 생각하는 것보다 훨씬 더 절박하다는 점입니다. 언론인 출신 북한 전문가인 셀리그 해리슨 Selig S. Harrison 에 따르면 이미 미국은 1951년 9월 B-29 폭격기를 동원해 평양에 모의 핵폭탄을 투하하는 '허드슨 하버 작전 Operation Hudson Harber'을 수행한 바 있습니다. 1953년에는 교착 상태에 빠진 정전 협상을 깨기 위해 '필요하다면 어떤 무기도 사용'하겠다는 위협을 가하기도 했습니다. 1955년 1월 아서 래드퍼드 Arthur W. Radford 미국 합참의장은 서울을 방문해서 "필요하다면 북한의 어떤 새로운 침략이든 막기 위해 핵무기를 사용할 준비가 되어 있다"고 발언했습니다(Harrison, 『코리안 엔드게임』, 2003, 311~312쪽). 1957년 12월에는 한반도 남쪽에 실제로 전술 핵무기를 배치하기 시작했고, 1972년에는 한국 전역에 핵탄두가 무려 763개나 배치되었을 정도입니다.

북한은 한국전쟁 당시 평양은 물론 한반도 북부에 남아 있는 건물이 없어 폭격기가 목표물을 찾을 수 없다고 할 정도로 폭격에 시달리면서 미군 폭격에 대한 극심한 트라우마에 시달리기도 했습니다. 그런 상황에서 미군 폭격기가 핵무기를 투하할 수도 있다는 사실은 상상을 초월하는 공포심을 자극했습니다. 미국 드라마 〈밴드 오브 브라더스 Band of Brothers 〉를 보면 밤낮없이 독일군 포격에 시달리다 결국 정신줄을 놓은 한 미군 병사가 참호를 판다며 얼어붙은 땅을 맨손으로 파헤치는 장면이 나옵니다. 폭격이 주는 공포와 트라우마가 얼마나 극심한지 잘 보여 주는 장면일 것입니다.

지금은 과연 얼마나 달라졌을까요? 이제는 그 누구도 북한에 핵 위협을 가하지 않는 것처럼 보이기도 합니다. 하지만 북한 입장에서는 부시 대통령의 '악의 축' 발언이나 선제공격 천명, 이라크 침공, 리비아 내전 개입, 거기다 '참수작전' 보도 등은 이 모든 것이 생존을 위협하는 안보 위협으로 느껴질 수밖에 없습니다.

북한으로서는 다행히 1961년 구소련과 군사동맹을 체결하면서 사실상 핵우산을 보장받았습니다. 하지만 사회주의권이 무너지고 구소련과 중국이 잇따라 한국과 수교를 맺게 되면서 국제적 고립이라는 중대한 상황 변화가 발생했습니다. 이에 북한은 미국, 일본과 관계 정상화를 시도했는데, 1990년 9월 28일 체결한 '조·일 관계에 관한 조선노동당, 일본의 자유민주당, 일본사회당의 공동선언'이 대표적입니다. 하지만 미국 정부의 압박으로 성과를 거두지는 못했습니다. 1990년 9월 19일 북한 내각 기관지인 『민주조선』에는 당시 김영남 외교부장이 북한을 방문해 한국과의 국교 수립을 통보한 구소련의 예두아르트 셰바르드나제 Eduard Shevardnadze 외무장관에게 "소련이 남조선과 '외교관계'를 맺는다면 조·소 동맹조약을 스스로 유명무실한 것으로 만드는 일이 될 것이다. 그렇게 되면 우리는 이제까지 동맹관계에 의거했던 일부 무기들도 자체로 마련하는 대책을 세우지 않을 수 없게 될 것이다."라고 한 말이 실렸습니다. 이 발언이 의미하는 바는 명확합니다. 핵우산이 사라지면 자체적으로 핵 억제력을 가질 수밖에 없지 않느냐는 것입니다. 또한 남북 간의 경제력 격차가 벌어지면서 재래식 군사력을 비교하는 것이 의미 없을 정도가 되었다는 것도 북한이 '비대칭 전력'에 매진하게 하는 요인이 되었습니다.

북핵 문제 해결을 어렵게 만드는 데는 미국이 가지고 있는 패권의식과 기독교 선민의식이 자리잡고 있다는 점도 염두에 두어야 합니다. 미국식 관점은 '미국은 선하고 북한은 악이다', '미국의 외교정책에는 오류가 없다'는 생각에 빠지게 합니다. 그러다 보니 자꾸 북한이 몇 년 안에 붕괴할 것이라는 소리만 수십 년째 한다거나, 중국이 더 강하게 북한을 압박해야 한다며 애꿎은 중국만 타박합니다. 미국은 일방적으로 삼팔선을 그어 한반도 분단을 초래했지만 빈말이라도 사과를 한 적이 없습니다. 또한 제네바합의를 일방적으로 파기하고, 9·19 공동성명을 휴지 조각으로 만들어 놓고도 유감 표명 한번 제대로 하지 않았습니다.

부시는 물론 오바마 같은 이들조차 그 같은 시각에서 벗어나지 못했습니다. 하지만 생각해 보십시오. 언제는 북한이 중국의 말을 듣고 핵실험을 했습니까. 진단이 잘못되면 자꾸 엉뚱한 처방만 남발해 병만 깊어지기 마련입니다. 미국은 북한이 핵 문제를 가지고 벼랑 끝 외교를 한다고 비판하지만, 어느 나라나 자신의 생존 문제에 직면하면 그 같은 조치를 취할 수밖에 없을 것입니다. 북한이 예외적인 방법을 사용한다거나, 약속을 밥 먹듯이 깨는 것도 아닌데 국제 사회의 인식은 비상식적으로 굳어지는 것 같습니다. 제가 보기에 이런 것이 바로 '낙인 찍기'입니다.

북핵 문제 해결을 어렵게 만드는 데는 사담 후세인 Saddam Hussein 과 무아마르 카다피 Muammar Gaddafi 가 비참하게 몰락한 것도 원인이 되었습니다. 많은 사람이 알고 있다시피 후세인은 원래 미국을 추종하고 미국의 지지를 받는 독재자였습니다. 하지만 그는 10년 가까이 경제 봉쇄를 당한 끝에 대량 살상무기와 알카에다 지원이라는 '누명'을 쓰고 권좌에서 쫓겨나 비참한 최후를 맞았습니다. 카다피는 2003년 12월 미국의 경제 제재 해제와 관계 정상화 약속을 받고 핵 개발을 포기했지만 내전으로 쫓기는 몸이 되었고, 결국 2011년 10월 고향인 시르테에서 반군에게 처형당했습니다. 당시 미국은 프랑스 등과 함께 군대를 파견해 반군을 적극 지원했습니다. 2013년 3월 31일 조선노동당 중앙위원회 전원회의에서 김정은 국무위원장이 "제국주의자들의 압력과 회유에 못 이겨 이미 있던 전쟁 억제력마저 포기했다가 종당에는 침략의 희생물이 되고 만 중동 지역 나라들의 교훈을 절대로 잊지 말아야 한다"고 말한 것은 섣불리 핵 억제력을 포기했다가는 카다피처럼 될 수도 있다는 불안감을 갖게 되었다는 점을 시사합니다.

── **트럼프 시대의 북핵 전망**

2016년 11월 도널드 트럼프가 미국 대통령으로 당선되었습니다. 북·미관계와 북핵 문제 역시 지금까지와는 매우 다른 새로운 국면으로 접어들었습니다. 새로운 정부의 대북정책은 우여곡절이 있었습니다만 일단 선제공격, 즉 북한을 침략하는 방안은 배제한 것으로 보입니다. 아울러 북한에 대한 압박을 강화하면서 협상을 유도하고 비핵화 목표를 달성한다는 것이 주된 골자입니다. 오바마 행정부가 내세웠던 '전략적 인내'에서 벗어나고 있다는 점은 긍정적입니다. 사실 미국으로서도 북한의 핵 능력이 본토를 타격할 수 있는 수준까지 발전한 지금 언제까지 북한을 무시할 수만은 없는 노릇입니다.

트럼프 대통령과 렉스 틸러슨Rex Wayne Tillerson 국무장관은 북·미 대화 재개를 조심스럽게 기대하게 하는 발언을 하기도 했습니다. 트럼프 대통령은 5월 1일 언론 인터뷰에서 '적절한 상황에서' 김정은 국무위원장과 직접 만나서 대화할 수 있다고 말했습니다. 틸러슨 국무장관 역시 5월 3일 국무부 전 직원을 대상으로 한 연설에서 전방위적 대북 압박의 필요성을 강조하면서도 북한의 핵 개발은 그것이 체제 안전을 위한 유일한 방안이라는 믿음 때문임을 알고 있다면서 정권 교체, 체제 붕괴, 통일의 가속화, 그리고 삼팔선을 넘는 북진을 추구하지 않는다는 북한 체제 보장에 관한 4대 방침을 밝혔습니다. 이는 사실상 대북 불가침과 안전보장을 의미하는 것으로 주목할 가치가 있습니다. 니키 헤일리Nikki Haley 유엔 주재 미국대사는 5월 16일 유엔 안전보장이사회 회의에 앞서 북한이 핵 개발과 관련된 실험을 전면 중단할 때 대화가 가능하다고 했습니다. 이는 곧 비핵화의 의지 표명 없이도 핵과 미사일 실험 중단만으로 대화를 시작할 수 있는 여지를 열어 놓은 것이라고 할 수 있습니다.

　．　그렇다고 트럼프 행정부에서 마냥 북·미 대화의 기대를 갖게 하는 것은 결코 아닙니다. "우리가 한국을 지켜 주고 있다. 그러므로 사드 비용도 한국이 부담해야 한다"는 발언에서 보듯이 트럼프 대통령은 즉흥적이고 어디로 튈지 모르는 사람입니다. 게다가 한반도 문제의 역사적 맥락을 이해하고 균형 잡힌 전략을 구사할 수 있는 인력 자체도 부족합니다. 미국 정부뿐 아니라 학계에서도 북한을 제대로 아는 사람이 적은 것은 사실입니다. 대다수 한국인들이 생각하는 것보다 훨씬 적습니다. 미국에서 한반도 전문가라고 하는 사람 중에 한국어를 한마디라도 할 수 있는 사람은 극소수에 불과한 실정이니 할 말 다 했지요.

　　트럼프 대통령이 시진핑과 정상회담을 하면서 한반도가 오랫동안 중국의 일부였다는 이야기를 들었다고 말해 논란이 된 적이 있습니다만, 사실 정도의 차이만 있을 뿐 트럼프 대통령이 특별히 더 한반도에 무지한 것은 아닙니다. 미국에서 50년 넘게 산 경험에 비추어 보면 대다수 미국인은 북한은 물론이고 한반도 자체에 대한 이해 수준이 매우 낮습니다. 그들은 서울이 휴전선과 얼마나 가까이 있는지, 그리고 워싱턴 D.C.와 뉴욕 거리보다 서울과 평양이 더 가깝다는 것도 잘 알지 못합니다. 남북한이 수천 년 동안 하나의 민족, 하나의 국가로 이어져 있었다는 역사라든가, 분단의 비극은 더 말할 나위도 없습니다. 많은 미국인에게 한반도의 이미지를 형성하는 데 중요한 영향을 끼친 것은 1972년부터 11년 동안 선풍적으로 인기를 끈 〈매시 M.A.S.H. 〉라는 텔레비전 드라마였습니다. 그러나 이 드라마에서 묘사된 한국과 한국인은 굉장히 불편하고 당혹스러웠 습니다.

지금까지 드러난 것을 바탕으로 트럼프 대통령을 몇 가지 키워드로 살펴봄으로써 북·미관계에 대한 전망을 갈음해 보고자 합 니다. 가장 먼저 주시해야 할 대목은 트럼프 대통령이 '장사꾼'이라 는 점입니다. 그는 정치인으로서의 경력이 전무합니다. 흥정을 하고 장사를 하며 돈을 버는 데 평생을 보냈습니다. 국내 정치와 외교 모 두 돈을 기준으로 보는 사람입니다. 그가 천명한 '미국 우선주의'는 결국 돈을 더 많이 벌자는 것에 불과합니다. 평등과 인권은 뒷전입 니다. 미국 역사상 그 어떤 대통령도 트럼프처럼 대놓고 경제적 이 득에 집착한 적은 없었습니다. 한국에서 심각한 논쟁을 일으킨 사드 문제만 하더라도 그는 누가 더 돈을 내느냐 하는 문제로 접근했습 니다. 최근 트럼프 대통령은 김정은 국무위원장과 직접 만날 수 있 다고 했는데, 김정은 국무위원장과 만나면 무슨 이야기를 할까요? 아마 흥정을 할 것입니다. 원산이나 흥남 항구 개방이라든가, 원유 탐사와 지하자원 개발 같은 이야기부터 할 것입니다.

두 번째로 '안보를 상품화'하는 점에 주목해야 합니다. 이런 특징은 트럼프 대통령이 돈벌이를 최우선으로 하는 것과 직결됩니 다. 그는 대통령이 되기 전까지 군산복합체에 대한 이해가 별로 없 었을 것입니다. 하지만 대통령이 된 이상 군산복합체에 둘러싸일 수 밖에 없습니다. 그에게 있어 안보상품이야말로 난생 처음 접하는 돈벌이일 것이며, 이보다 더한 노다지가 없을 것입니다. 사드 문제와 관련해 트럼프 대통령이 한국에 비용 부담을 요구하면서 "우리가 너희를 지켜 주고 있다"라고 말한 것이 대표적입니다. 트럼프 대통령과 외교를 할 때 잊지 말아야 할 부분입니다.

세 번째로 트럼프 대통령은 백인 우월주의자입니다. 그는 아시아나 아프리카 사람을 열등한 인종으로 생각합니다. 백인 중에서도 유럽 백인이 우선입니다. 그래서 쉽게 이슬람국가들에 대해 강한 거부감을 보입니다. 네 번째로 그는 기독교인입니다. 종교적 열정이나 종교적 가치를 실천하는 측면이 아니라 선민의식이라는 측면에서 기독교인입니다. 그리고 마지막으로 건강이 좋지 않습니다. 육체적 건강이 아니라 정신 건강에 문제가 있어 보입니다. 그는 말 그대로 입술에 침도 바르지 않고 거짓말을 합니다. 미국인들은 트럼프만큼 거짓말을 밥 먹듯이 하는 대통령을 경험해 본 적이 없습니다. 매우 변덕스럽고 즉흥적인 것 역시 같은 맥락입니다.

이상 다섯 가지 면에서 본다면 트럼프 대통령은 북한을 악마화함으로써 얻을 이익과 북한과 거래를 함으로써 얻을 이익을 끊임없이 저울질을 할 것입니다. 북핵 갈등이 계속되면 미국은 미사일 방어 체제나 무기 수출을 통한 경제적 이득을 얻을 수 있습니다. 그것에 비하면 사드는 오히려 작은 사례일 것입니다. 과거 패트리어트 훈련, 그 뒤를 잇는 키리졸브 훈련은 거대한 무기 전시회나 다름없었습니다. 만약 북핵 문제가 잘 해결되지 않으면 한국과 일본이 핵무장을 하도록 부추길 가능성도 배제할 수 없으며, 중국을 압박하고 무기 수출도 늘릴 수 있을 것입니다.

다만 북한과 거래를 하는 것이 더 좋다고 판단하면 역대 그 어느 정부 때보다 전격적으로 북한과 손을 잡을 것입니다. 이전 대통령들과는 다르게 비핵화보다는 북한을 상업화시키는 데 더 흥미가 있다고 봅니다. 더구나 그는 북한의 인권 문제에 관심이 없기 때문에 인권 문제가 그의 관심사를 추진하는 데 걸림돌이 되지도 않습니다. 또 트럼프 대통령은 영웅심이 있는 사람이기도 해서 자신이 북핵 문제를 해결하면 영웅이 될 수 있는 기회라는 생각도 할 것입니다. 구체적인 출처를 밝히기는 곤란하지만 전해 듣기로 주변에서 트럼프 대통령에게 "북핵 문제를 해결하면 노벨 평화상을 받을 수 있다"는 식으로 조언한다고 합니다. 그의 영웅 심리를 제대로 포착한 것이지요.

━━ 어렵다, 그러나 길은 있다

북한이 핵무기를 개발하는 배경을 이해하는 것과 핵 개발을 용인하는 것은 완전히 다른 문제입니다. 북한이 핵무기를 포기해야 한다는 것은 명백한 당위성을 갖습니다. 그러기 위해서는 한국이 적극적인 역할을 해야 합니다. 북한이 핵을 포기하지 않으면 동북아시아에 핵무기 경쟁이 일어날 가능성을 배제할 수 없기 때문입니다. 특히 일본의 핵무장 가능성은 매우 민감한 문제입니다. 일본의 아베 정부는 지금도 북핵을 빌미 삼아 평화헌법 제9조 개정을 노리고 있습니다. 일본의 핵무장은 곧 중국과 일본의 군비 경쟁이 본격적으로 가속화된다는 것을 의미합니다. 중국으로서는 일본의 핵무장을 결코 좌시하지 않을 것이기 때문이지요. 이는 남북 모두에 치명적인 재앙이 될 수밖에 없습니다. 한마디로 '목마른 사람이 우물 판다'는 속담처럼 우리가 나서서 살길을 찾아야 합니다.

제대로 된 처방이 나오려면 먼저 진단이 정확해야 합니다. 냉정하게 말해서 북한이 핵무기를 왜 개발했을까요? 바로 안전보장 때문이었습니다. 북한이 핵 개발을 하게 된 발단은 미국의 핵 위협을 심각하게 받아들였기 때문입니다. 본질적으로 북핵 문제는 북·미 적대관계가 낳은 어두운 유산인 셈입니다. 상대가 나를 죽이겠다고 덤비는데 가만히 앉아 있을 사람은 없습니다. 이에 대해서는 클린턴 행정부에서 대북 정책조정관을 지낸 윌리엄 페리가 북한을 방문한 뒤 1999년 9월 17일 미국 공영방송 PBS와의 인터뷰에서 한 말을 떠올리게 합니다. "북한이 미사일 프로그램을 원하는 여러 가지 이유가 있겠지만, 그 첫 번째가 억지력 확보, 즉 안보이다. 북한이 누구를 억지한다는 것인가? 그것은 바로 미국이다. 우리는 우리 자신이 북한에 위협적이라고 생각하지 않지만 북한은 우리를 위협으로 간주하고 있다고 나는 확신한다."

그렇다면 북핵 문제 해법을 위한 기본 전제가 분명해집니다. 바로 미국의 핵 위협 제거, 즉 북한의 안전보장입니다. 대북 강경론을 주장하는 사람들은 북한이 어떤 비용을 치르더라도 핵 능력을 증가시킬 것이라고 보는데, 저는 그런 관점이 잘못되었다고 생각합니다. 북핵 문제는 북·미관계 속에 위치해 있고, 북·미관계 개선이 없다면 핵 문제는 결코 해결할 수 없을 것입니다. 저는 북한이 안전만 보장된다면 기꺼이 국제 사찰을 받고, 핵 개발에 대한 야망도 포기할 것이라고 생각합니다. 이에 대해 평화학자인 요한 갈퉁Johan Goltung 교수 역시 "안전으로 가는 길은 평화를 통해 이루어진다"며 동감을 표시하기도 했습니다.

안전보장은 결국 휴전 상황을 평화 체제로 전환하고, 북·미 수교와 불가침조약 체결 등이 이루어지는 것을 의미합니다. 한국과 미국 양국은 그 동안 북핵 문제를 '북한 비핵화'라는 관점에서만 접근했습니다. 하지만 이것만으로는 북한을 설득하는 데 한계가 있을 수밖에 없습니다. 저는 단순히 북한이 핵을 포기하는 것이 아니라 한반도 전체를 핵무기 공포에서 해방시키는 방향으로 전략을 수정해야 한다고 생각합니다. 1991년 노태우 정부 때 남북이 이미 합의한 한반도 비핵화 공동선언에서 천명했던 목표이기도 합니다. 또한 한반도 비핵화에서 더 나아가 세계 비핵화를 주장해야 합니다.

저는 CNN 등과 인터뷰할 때마다 전 세계 비핵화를 위한 동반자로서 북한을 끌어들이는 방식으로 발상을 전환해야 한다는 것을 강조하고 있습니다. 함께 손을 잡고 세계 비핵화를 이루자고 북한을 설득해야 합니다. 이는 북한에 적절한 역할을 부여한다는 것을 의미하고, 북한 외교의 특징인 '체면 중시'와도 연관됩니다.

1990년 구소련이 한국과 수교할 때와 비교해 2년 뒤 중국이 한국과 수교할 때 북한이 훨씬 더 절제된 반응을 보였던 이유를 상기할 필요가 있습니다. 구소련과 달리 중국은 북한에 "대만이 국제 사회에서 국가 승인을 받기 위해 분투하고 있다. 저들의 공작을 막으려면 귀국의 도움이 필요하다"는 말로 북한의 체면을 살려 주면서 동의를 이끌어 낸 바 있습니다.

1994년 제네바합의, 2000년대 초반 북·미 일괄 타결 시도, 2005년 9·19 공동성명 합의 등 중요한 국면에서 북핵 해결이 실패하면서 갈수록 북핵 문제 해결이 어려워진다는 점도 감안해야 합니다. 북한의 잘못이 없다고 할 수 없지만 '북핵 해결'이라는 관점에서 보면 미국의 외교 실패를 지적하지 않을 수 없습니다. 그러는 와중에 북한은 핵실험을 감행했고, 대륙간탄도미사일 기술 개발에 박차를 가하고 있습니다.

북한은 "우리가 핵이 있으니 안보는 걱정 없고, 이제 군사를 경제로 돌려야겠다"라고 공공연히 강조합니다. 핵은 안보의 담보이므로 이것을 포기해서는 안 된다는 생각이 점점 더 강해지고 있습니다. '물 들어올 때 노 젓는다'는 속담이 있습니다. 기회가 있을 때 그 기회를 잡지 못하면 그다음에는 더 큰 어려움이 기다리고 있기 마련입니다. 1990년 북한이 국제적 고립에서 탈피하기 위해 미국-일본과 관계 정상화를 도모하면서 주한 미군 철수 주장을 철회하고 군비 축소까지 제안할 때 미국이 좀 더 관심을 기울이고 반응했다면 훨씬 수월하게 외교적 해결을 도모했을 것입니다.

북한이 핵을 포기할 가능성이 갈수록 희박해진다고 해서

가능성이 전혀 없다는 이야기는 아닙니다. '비핵화를 전제로 한 대화'라는 조건 설정 자체가 현실성이 떨어진다는 것을 분명히 해야 합니다. 북한이 먼저 비핵화하기를 기대하는 것은 백일몽에 불과합니다. 앞에서도 이야기했듯이 결국 북한의 안전보장이 핵심이 될 수밖에 없습니다. 구체적으로 이야기하면 평화협정, 불가침협정, 즉 휴전협정을 대체하는 법과 제도적 틀을 만들어야 합니다.

　　예전에 트랙 II 대화에서 나온 이야기인데, 공화당이 지배하는 미국 의회 구조 때문에 평화협정이 힘들다면, 의회에서 법적 구속력이 있고 상대적으로 채택하기 쉬운 평화조약을 체결하는 것도 제3의 안으로 논의해 볼 만합니다. 경제 제재 역시 풀어야 합니다. 북한이 국제시장에서 정상적인 금융거래를 할 수 있게 하는 조치도 필요합니다. 더 나아가 남북과 주변 4강, 그리고 유럽연합까지 참여하는 한반도 집단 평화 체제를 모색해야 할 것입니다. 일단은 북핵을 동결시킨 상태에서 인내심 있는 협상을 통해 북핵 폐기를 위한 조건을 만들어 가며 북한을 설득해야 합니다. 아인슈타인도 이야기했듯이 똑같은 행동을 되풀이하면서 다른 결과를 기대한다면 바보가 아니고 무엇이겠습니까. 지금까지 하던 방식 그대로 접근한다면 북핵 문제의 해결은 언제까지나 불가능합니다.

열 번째, **분단의 비극, 안보의 함정**

강국진　저는 해마다 현충일이 되면 할아버지 묘가 있는 동작동 국립묘지를 찾습니다. 할아버지는 해병대 소속으로 장단지구 전투에서 전사하셨습니다. 저는 전쟁을 직접 겪은 적은 없지만 할아버지의 부재를 통해, 그리고 그로 인해 저의 아버지가 어린 시절 겪은 경험을 통해 간접적으로나마 분단과 전쟁의 비극을 접할 수 있었습니다. 그리고 다시는 이 땅에서 전쟁이 일어나서는 안 된다는 생각을 하게 되었습니다. 제 자신이 이산가족은 아닙니다만, 사랑하는 가족과 50년 넘게 헤어져 생사도 모른 채 살아야 한다는 것이 얼마나 큰 고통일지 감히 짐작도 할 수 없습니다.

제가 군 복무한 곳은 경기도 연천으로 최전방이었습니다. 휴전선에서 근무할 당시 대남 선전방송과 대북 선전방송을 모두 들을 수 있었는데, 선전방송에서 떠드는 소리를 그대로 믿는다면 남과 북 모두 지상낙원인 동시에 지옥입니다. 남이나 북이나 밤낮없이 말도 안 되는 소리를 해 대는데 세상에 층간 소음도 이런 층간 소음이 없습니다.

인적 없는 비무장지대를 하루 종일 바라보고 있으면 온갖 생각이 듭니다. 독일은 베를린 장벽도 무너뜨리고 통일을 이루었는데, 우리는 못난 조상을 둔 죄로 그리고 정부 잘못 만난 탓으로 수십만 젊은이가 개고생을 하는 것은 아닌가 하는 생각이 들 때가 한두 번이 아니었습니다.

생각해 보면 우리는 독일처럼 전쟁을 일으키지도 않았는데 분단이 되었습니다. 정작 일본은 분단이 되지도 않았고 전쟁 책임을 제대로 지지도 않았는데, 피해자인 우리는 가해자보다 더 가혹한 대접을 받았습니다. 외세가 이 땅에 뿌린 씨앗이 자라고 자라 지금도 한민족을 옭아매고 있습니다. 그렇다고 분단의 책임만 따진다 해서 문제가 해결되지는 않을 것입니다. 분단의 책임 못지않게 분단 극복의 책임도 따지지 않을 수 없는 것 같습니다. 분단은 생각하면 할수록 가슴이 답답해집니다. 외국 사람들이 물어 보면 어떻게 대답해야 할지 막막한 동시에 창피한 주제가 바로 분단 문제가 아닐까 싶습니다.

박한식 분단 문제는 한국 사회의 미래를 가로막는 가장 심각한 걸림돌 중 하나입니다. 미래로 나아가려면 분단을 넘어서야 하고, '분단 체제'를 극복해야 합니다. 그렇다면 분단의 원인은 무엇일까요? 외세 때문에 분단이 된 것일까요? 아니라고 답할 수는 없지만 또 반드시 그렇다고 답할 수 없는 것이 사실입니다. 처음 분단이 된 원인은 외세였지만, 분단을 극복하지 못하고 전쟁과 휴전으로 이어지는 분단 고착화는 분명 우리 민족의 책임일 것입니다.

분단을 알려면 그 역사적 맥락을 살펴보아야 합니다. 특히 1950년부터 1953년까지 한반도를 불구덩이에 빠뜨린 전쟁을 이해하지 않고서는 우리 민족의 현대사를 알 수가 없습니다. 분단의 맥락을 이해하고 나서야 통일의 맥락을 살필 수 있을 것입니다.

역사의 단계 단계마다 발생하는 사건에 대한 반응이 달라지면서 서로 다른 경험이 쌓이는 과정을 통해 분단이 켜켜이 쌓여갔습니다. 이승만·박정희와 김일성, 분단된 남과 북에서 권력 핵심을 차지한 이들은 일제 식민지라는 '도전'에 대한 '응전'에서 나타난 남북 간 반응의 차이를 상징합니다. 이승만·박정희와 김일성의 차이가 자본주의와 사회주의, 국제주의와 민족주의, 친미와 친중 등 다양한 분야에서 남과 북의 차이로 굳어졌습니다.

1990년대까지만 해도 한국에서는 '김일성은 가짜'라고 가르쳤습니다. '가짜 김일성'은 한때 한국 학계에서 정설이었습니다. 사실을 말하자면 가짜라고 주장하지 않으면 남북 간 체제 경쟁에서 밀린다고 냉전 세력이 겁을 먹을 만큼 김일성은 독립운동을 많이 했습니다.

이와는 반대로 이승만 대통령은 3·1운동 직후 미국 대통령에게 신탁통치를 청원한 사람이었습니다. 그의 독립운동 경력에 대해서도 논란의 여지가 있습니다. 단적으로 그는 상하이 上海 임시정부와 대한민국에서 두 차례 대통령을 지냈고, 두 차례 모두 쫓겨났습니다.

그는 미국에서 수십 년 동안 살면서 미국식 체제에 깊이 경도된, 뼛속까지 미국을 숭상하는 사람이 되었습니다. 이승만 대통령은 조선시대 왕실과 종친인 '전주 이씨'로, 이는 그 자신의 정체성에 적잖은 영향을 미쳤습니다. 이승만 대통령은 미국에서 박사 학위를 받았습니다. 그것이 해방 뒤 그의 권위를 극적으로 높여 주었습니다. 반면 김일성 주석은 중학교 중퇴가 최종 학력이었고, 주요 활동 무대는 변방이라고 할 수 있는 만주와 연해주였습니다.

　박정희 대통령은 이승만 대통령과 또 다른 인물입니다. 이승만 대통령이 나름대로 독립운동 경력을 내세웠다면 박정희 대통령은 말 그대로 친일파였습니다. 그의 교사 경험과 만주국 장교 경험은 모두 일본 군국주의 유산과 긴밀히 결합했고, 일본 모델을 본뜬 경제개발정책과 사회정책으로 나타났습니다. 유신 당시에는 박정희 대통령을 지칭하는 수식어도 계속 길어졌고, 결국 그가 죽은 뒤에는 그의 동상까지 생겼습니다. 외국인이 보기에 박정희 동상과 김일성 동상은 크기만 다를 뿐 매우 비슷하게 생겼다는 것도 흥미로운 대목입니다. 많은 한국인이 북한에 대해 '김일성 일가의 3대 세습'이라고 경멸하지만 외국인이 보기에 박정희 대통령을 숭배하고, 그의 딸이라는 이유로 박근혜 대통령을 당선시킨 행태 역시 오십보 백보입니다.

　한국전쟁은 또 다른 사건이었습니다. 김일성 주석과 이승만 대통령이 각자의 정치권력을 다투던 끝에 6·25로 귀결되었습니다. 남쪽은 미국을 비롯한 유엔의 지원을, 북쪽은 구소련과 중국의 지원을 받았습니다. 냉전 세계 질서가 전쟁의 원인이 되었고, 전쟁과 분단이 남북을 냉전 세계 질서에 포획시키는 결과로 이어졌습니다. 냉전 양상 역시 남과 북이 서로 달랐습니다. 남한은 미국의 헤게모니가 너무 강력해서 경쟁하는 국가가 없었습니다. 한국 정부로서는 미국만 바라보는 것이 전통이 되어 버렸습니다. 한국의 지도층 중 상당수가 미국에서 공부한 경험을 공유합니다. 한국에서 미국은 말 그대로 '기준'입니다. 저 역시 그런 역사적 맥락에서 자유롭지 못합니다.

그러나 북한은 다릅니다. 중·소분쟁을 비롯해 중국과 구소련의 갈등은 계속되었고, 북한으로서는 두 나라 사이에서 적절한 거리를 유지하는 것이 생존의 문제였습니다. 북한은 중·소 갈등 속에서 외교적 경험을 쌓았고, 중국과 구소련의 지원을 받으며 실리도 챙겼습니다. 이런 경험이 한국과 북한의 외교 전통을 만들어 냈습니다. 또한 전쟁과 냉전을 통해 김일성 주석은 미국 제국주의에 맞서 싸운 군사 지도자로서 권위를 확고히 했고, 박정희 대통령은 군부 집단에서 영향력을 확대할 기회를 얻었으며, 그 바탕 위에서 결국 쿠데타에 성공할 수 있었습니다.

구소련을 중심으로 한 공산주의권은 붕괴되었습니다. 냉전은 끝났고 미국 홀로 전지구적 주도권을 갖는 시대가 되었습니다. 이런 변화는 남북에 또 다른 도전이 되었습니다. 남측은 신자유주의 세계화가 급격히 강화되면서 저출산 양극화 문제가 심각한 사회 문제가 된 반면, 북측은 국제적인 고립을 탈피해야 한다는 절박한 과제를 안게 되었습니다. 북한은 말 그대로 생존이 최우선 목표가

된 셈입니다. 생존을 위해 끊임없이 북·미수교와 평화협정 체결, 북·
일수교 등에 나섰지만 여전히 돌파구를 찾지 못하고 있습니다. 제
가 보기에 북·미수교와 북·일수교 문제가 해결되지 않는 데는 미국
과 일본의 책임이 적지 않지만 그와는 별도로 분단과 전쟁, 냉전 등
을 거치면서 켜켜이 쌓인 북한의 오랜 경험과 경직된 행동양식 또한
돌파구를 만드는 데 걸림돌이 되고 있습니다.

—— 안보 접근법과 평화 접근법

대북정책에는 서로 다른 두 가지 접근법이 있습니다. 저는
이것을 안보 접근법과 평화 접근법이라고 부릅니다. 안보 접근법은
분단과 전쟁 이래로 그 역사가 오래되었습니다. 안보 접근법은 힘을
바탕으로 상대를 제압하려고 하기 때문에 군비 경쟁에 기반을 두고
있습니다. 누가 더 좋은 무기를 얼마나 더 많이 가지고 있는지 경쟁
합니다. 군비 경쟁은 정치적 정당성을 확보하기 위해 '공포'에 의존
합니다. 결국 안보 접근법이란 언제나 무기와 공포를 통해서만 유지
할 수 있는 것입니다. 한반도에 군사적 긴장이 높아지는 것은 언제
나 안보 접근법이 횡행할 때였습니다. 이명박 정부가 북한 붕괴론에
기반해서 북한을 고립시키기 위해 시도한 5·24 조치나, 박근혜 정부
의 '통일 대박론'과 사드 배치 결정 등은 모두 안보 접근법에 입각해
있었습니다.

생각해 보십시오. 무기를 더 많이 보유한다고 안보를 달성할 수 있는 시대는 지났습니다. 9·11 테러는 첨단무기가 아닌 민간 여객기를 납치하는 것만으로도 심각한 피해를 입힐 수 있다는 사실을 전 세계에 각인시켰습니다. 심지어 최근 이슬람국가(IS)의 사례에서 보듯이 길거리에서 흔히 볼 수 있는 트럭도 강력한 테러 수단이 될 수 있습니다. 세계적으로 기존 방식의 안보 모델이 힘을 잃어 가고 있습니다. 그런 상황에서 본다면 남북의 기존 안보정책은 모두 한계에 부딪쳤습니다. 남북 간에 전쟁이 일어난다면 어떻게 될까요? 단순하게 생각해도 남쪽에서 훨씬 더 많은 사람이 죽을 수밖에 없습니다. 서울의 1000만 명을 포함해 수도권에 2000만 명이 살고 있는데, 전쟁이 나면 그 2000만 명 머리 위로 폭탄이 떨어지게 됩니다. 또한 이 전쟁은 작전통수권을 가진 미국과 북한의 싸움이 될 텐데 전쟁 자체는 미국이 이길지 모르나 그 와중에 발생하는 피해는 누가 책임질 것입니까. 병원에 비유한다면 '수술은 성공하지만 환자는 죽는다'는 말이 딱 이런 경우일 것입니다. 거기다 새로운 안보 환경을 감안한다면 한반도는 상시적인 테러 빈발 지역이 될 수밖에 없습니다. 이래서는 안보는 물론이고 경제도 엉망이 되고 맙니다. 전쟁은 어떤 상황에서도 정당화시킬 수 없으며, 한국 정부는 무슨 수를 써서라도 전쟁은 안 된다는 분명한 원칙을 가져야 합니다.

북한이 핵무기를 개발하는 것 역시 안보 접근법의 한계를 고스란히 보여 주는 것입니다. 북한에서는 '핵무기가 있어야 아무도 우리를 함부로 대하지 못한다'는 인식이 만연해 있습니다. 이는 핵무기가 평화를 담보한다고 믿는다는 점에서, 그리고 침략에 대한 공포심에 기반을 두고 있다는 점에서 전형적인 안보 접근법입니다. 리비아에서 발생한 내전, 그리고 카다피 처형은 북한의 공포심을 더욱더 자극했습니다. 북한이 보기에 카다피는 미국에 안전을 보장받고무장을 해제했다가 뒷통수를 맞아서 몰락한 경우입니다. 미국에 걸리면 망한다, 미국에 망하지 않으려면 핵무기를 더 개발해야 한다는생각이 더욱 강해졌습니다. 이런 시각이 아주 틀린 것은 아닙니다.하지만 안보 접근법은 사회를 병들게 합니다. "이게 다 미국 때문이야"라는 식으로 세상을 대한다면 인권과 경제 발전은 요원한 일이될 수밖에 없습니다.

안보 접근법이 아니라 평화 접근법이어야 하는 생생한 반면교사를 우리는 안보 접근법이 극단에 이르렀을 때 나타난 실제 사례를 통해 접할 수 있습니다. 미국은 9·11 테러 이후 강박관념에 사로잡혀 국민들을 광범위하게 감시하는 나라가 되었습니다. 그 결과미국 건국의 토대가 된 시민적·정치적 권리를 스스로 훼손하고, 공포심 때문에 무슬림과 이주노동자에 대한 관용과 포용을 포기하는나라가 되어 버렸습니다.

━━ 또 하나의 흑막, 군산복합체

미국의 군산복합체도 있습니다. 군산복합체는 미국의 군부와 군수업체, 의회의 상호의존적 결탁 체제입니다. 이는 이익 공동체인 동시에 담론 공동체라고 할 수 있습니다. 군산복합체를 모르면 결코 미국의 외교정책, 특히 대북정책을 이해할 수 없습니다. 군산복합체는 미국을 좌지우지합니다. 돈이 미국을 움직이고 그 돈은 총칼에서 나옵니다. 제2차 세계대전을 거치며 싹이 트기 시작한 군산복합체는 냉전과 한국전쟁을 지나며 미국 사회에서 확고하게 뿌리를 내렸습니다.

군산복합체라는 말은 드와이트 아이젠하워 Dwight Eisenhower 대통령이 1961년 1월 17일 퇴임 연설에서 처음 언급했습니다. 아이젠하워 대통령은 "우리는 군산복합체에 의한 승인받지 않은 영향력을 방어해야 한다. 잘못된 권력이 부상할 가능성은 현재에도 있고 앞으로도 계속 있을 것이다. 우리는 군산복합체의 압박이 우리의 자유와 민주주의의 과정을 위험에 처하게 놓아두어서는 안 된다"라고 경고하며, "오직 깨어 있고 총명한 시민만이 군산복합체를 몰아내고 안보와 자유가 공존하는 평화로운 수단과 목적을 지킬 수 있을 것"이라고 강조했습니다.

아이젠하워 대통령이 군산복합체를 경고한 것은 대단한 통찰력이었습니다. 그는 노르망디 상륙작전 당시 연합군 총사령관을 역임하는 등 수많은 전쟁을 지휘한 오성장군으로서 군대를 잘 알고 있는 데다, 대통령으로서 8년을 일한 연륜이 있었기에 가능한 예언이 아니었나 싶습니다. 아이젠하워 대통령은 1953년 4월 16일 연설에서 이미 "장거리 전략 폭격기 하나를 사는 돈으로 30개 이상의 도시에 학교를 하나씩 지을 수 있고, 전투기 한 대로는 50만 부셸(1750만 리터)의 밀을 살 수 있고, 구축함 한 대로는 8000명 이상이 살 수 있는 새 집을 지을 수 있다"면서 "모든 총과 군함과 로켓은 결국 배고프고 춥고 헐벗은 사람들로부터 훔친 것이다"라고 강조하기도 했습니다.

하지만 당시에도 그렇고 이후에도 미국은 아이젠하워의 경고를 귀담아 듣지 않았습니다. 미국은 제2차 세계대전과 한국전쟁을 겪으며 '군사 케인스주의'에 중독되어 버렸습니다. 미국은 정치·경제·사회의 모든 영역에서 안보국가로 돌진했습니다. 1950년 미국 국가안전보장회의(NSC) 보고서 「NSC-68」에서 분명히 천명했듯이 미국은 국방 예산을 늘려 국민총생산(GNP)을 증가시키는 국가를 원했습니다.

북한이 2013년 2월 제3차 핵실험을 감행하자 미국은 본토가 핵미사일 공격을 받을 수 있다는 이유를 들어 10억 달러를 들여 알래스카주 포트 그릴리 기지에 지상 발사 요격미사일 14기를 추가 배치함으로써 미국 서부 해안의 미사일 방어 전력을 50퍼센트 증강시키기로 했습니다. 미사일 방어 체제는 한국의 4대강사업과는 비교도 할 수 없는 밑 빠진 독에 물 붓기로 오랫동안 비판을 받았지만, 미국 정부는 계속해서 막대한 예산을 쏟아붓고 있습니다. 미국으로서는 북한 미사일이 본토를 타격할 가능성이 아니라 미사일 방어 체제 구축을 위한 정치적 정당성이 된다는 것이 중요할 뿐입니다.

이는 바꾸어 말하면 북핵 문제야말로 미국 군수산업의 마중물을 뜻합니다. 더구나 남북 간의 긴장은 한국을 미국의 최대 무기 수입국으로 만들었습니다. 결국 군산복합체에는 북한의 '악마' 이미지가 필수인 셈이며, 북한은 한국과 일본에 무기를 팔아먹기 딱 좋은 알리바이에 불과합니다. 그런 면에서 보면 북한이야말로 미국의 미사일 방어 체제 구축의 일등공신이라고 할 수 있습니다.

　　제가 CNN과 인터뷰하면서 군수산업 때문에 북한이 악마화되고, 남한은 미국 무기를 구입한다며 군산복합체를 비판한 적이 있습니다. 방송에 나온 뒤 많은 친구가 저에게 전화를 걸어 "밤에는 절대 밖에 나가지 말라"고 걱정을 해 주더군요. 이는 미국에서 군산복합체가 학문적 토론과 언론 보도까지 통제할 수 있을 정도가 되었다는 것을 시사합니다.

　　이 정도면 군산복합체가 지배하는 나라가 아니고 무엇이겠습니까. 군산복합체가 지배하는 나라는 평화에서 멀어질 수밖에 없습니다. 군수산업은 태생적으로 자유경쟁 시장이 될 수 없기 때문에 정경유착 유혹에 항상 노출되어 있습니다. 군산복합체는 로비 정치와 짝을 이룹니다. 부정부패를 초래하고 경제 질서를 왜곡합니다. 무기 생산을 위해서는 무기를 사용해야 하는데 그러려면 전쟁과 분쟁이 필수입니다.

　　결국 군산복합체는 전시경제로 굴러갈 수밖에 없습니다. 소중한 국가 예산이 보건복지 등 국민들의 삶의 질을 높이는 쪽이 아니라, 무기 구입 등 특정 기업의 배만 불리다 보면 빈부 격차와 양극화는 심해지기 마련입니다. 중산층이 무너지면 민주주의가 제대로 작동하지 못합니다. 트럼프가 대통령에 당선된 것에서 우리는 미국 민주주의의 쇠퇴를 목격하고 있습니다. 그러고 보면 한국에서 많은 이가 우려하는 건설산업을 중심으로 한 토건경제와 군수산업을 중심으로 한 군사경제는 비슷한 구석이 없지 않습니다. 둘 다 생산적인 자원 배분을 가로막고 로비 및 부정부패와 짝을 이루며, 무엇보다 국민들의 행복과 멀어지도록 나라를 몰아갑니다.

　　미국은 중국, 러시아, 일본, 영국, 프랑스, 사우디아라비아, 인도 등 미국을 제외한 국방 예산 규모가 가장 큰 7개국을 모두 합친 것보다 많은 국방 예산을 해마다 지출하고 있습니다. 현재 미군의 전체 규모는 약 130만 명으로, 예비군 86만여 명이 별도로 있습니다. 미국보다 규모가 큰 군대를 보유한 국가는 중국(220만 명)과 인도(140만 명)밖에 없습니다. 미군 약 20만 명이 170여 개 국가에 주둔하고 있는데, 세계에 이런 나라가 어디에 또 있습니까. 미군은 전투기 2200여 대, 함정(잠수함 포함) 275척을 보유하고 있으며, 전 세계에 18척만 존재하는 항공모함 중에서 10척이 미군 소속입니다.

　　군산복합체는 대북정책에서 반드시 고려해야 할 핵심 변수이기 때문에 한국에도 매우 중요한 문제라는 사실을 잊어서는 안 됩니다. 2015년 미국 의회 조사국이 발간한 연례 무기판매 보고서에 따르면 2014년 당시 78억 달러(9조 1299억 원)에 이르는 한국의 무기 구매 계약액 중 F-35 전투기 40대에 7조 3418억 원, 글로벌호크(장거리 고고도 무인정찰기) 4대에 8800억 원 등 약 70억 달러(8조 1935억 원)가 미국산 무기입니다. 스톡홀름 국제평화연구소(SIPRI)가 2015년

국가별 군사비

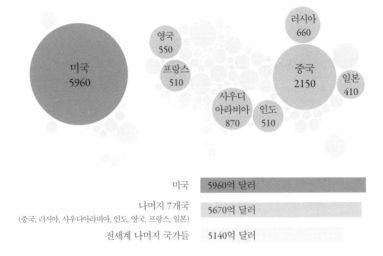

미국	5960억 달러	
나머지 7개국 (중국, 러시아, 사우디아라비아, 인도, 영국, 프랑스, 일본)	5670억 달러	
전세계 나머지 국가들	5140억 달러	

출처: 스톡홀름 국제평화연구소, 2015

3월 발표한 「국제 무기 거래 동향」 보고서에 따르면 한국은 2010년 부터 2014년까지 미국이 수출한 무기의 9퍼센트를 수입했는데, 이 는 미국산 무기 수입 세계 1위입니다.

이런 구조는 분단과 함께 시작되었습니다. 1970년대까지 한국군은 미국의 군사지원(MAP) 형태로 무기를 제공받았으나 베트 남전쟁 이후로는 무기 지원이 무상에서 유상으로 바뀌어 대외군사 판매(FMS), 1980년부터는 군수업체가 판매하는 상업무기(CS)의 거 래 비중이 늘었습니다. 한국은 1980년대 후반 미국 무기 수입 8위, 1990년대 중반에는 6위를 기록했습니다. 하나부터 열까지 모두 미 국 무기이다 보니 더 좋은 다른 나라의 무기를 구입하는 것 자체도 힘들어지고, 결국 무기 구입 협상 자체가 유명무실해지는 악순환이 되풀이될 뿐입니다. 부정부패와 예산 낭비 논란이 끊일 날이 없습니다.

2000년대 초반 F-15K(미국 보잉)와 라팔(프랑스 다소), 유로파이터(유럽항공방위우주산업)가 경쟁한 1차 차기전투기(FX)사업에서 라팔이 더 우수한 점수를 받았음에도 F-15K를 최종 선정한 일을 기억하실 겁니다. 심지어 미국 정부도 미국산 무기 판매를 위해 팔을 걷고 나섰습니다. 위키리크스가 폭로한 미국 국무부 외교문서를 보면 주한 미국대사까지 나서서 미국산 무기 판매를 위해 한국 정부에 압력과 회유를 가하는 장면이 적나라하게 드러나 있습니다.

한국은 국방·안보 정책의 졸卒이 된 지 오래입니다. 한반도에서 열리는 한·미 연합 군사훈련을 보십시오. 외국 바이어들을 초대해 무기 실험하는 것을 관람시키는데, 한반도가 무기 전시회장이 되는 셈입니다. 더 무서운 것은 안보 담론이 사회를 지배할 때 나타납니다. 안보 담론에는 중간이 없습니다. 적을 죽이느냐, 살리느냐 둘 중 하나입니다. 안보 담론이 정책을 지배하면 대화와 협상은 설 자리를 잃게 됩니다. 하지만 안보 담론은 안보를 훼손합니다. 전쟁 위협이 지배하는 나라는 그 자체만으로도 안보에 실패한 것이기 때문입니다.

안보만 강조해서는 안보를 이룰 수 없습니다. 2017년 6월 미국을 방문한 문정인 대통령 통일외교안보특보가 "북한이 핵·미사일 활동을 중단한다면 미국과 협의해 한·미 연합 군사훈련을 축소

할 수 있다"고 발언한 것을 두고 야당과 보수 언론이 비판했습니다
만, 사실 키리졸브 훈련 같은 한·미 연합 군사훈련은 한반도에 군사
적 긴장을 고조시킨다는 점에서 반드시 재검토해야 한다고 봅니다.

　한·미 연합 군사훈련과 함께 안보 접근법을 강화하는 기제
로서 주한 미군 문제를 생각하지 않을 수 없습니다. 저는 1970년대
초 주한 미군 문제를 다룬 논문을 쓰면서 주한 미군이 철수해야 한
다고 지적한 바 있습니다. 당시 저는 주한 미군이 반미의식을 고취
시키는 원인이 된다는 점에 주목했습니다. 그 글을 당시 조지아 주
지사였던 지미 카터가 읽으면서 주한 미군 철수 공약에 일정한 영향
을 미치기도 했습니다. 당시 카터를 만났는데 그 역시 반미 문제의
위험성을 인식하고 있었습니다. 저는 카터에게 한국은 오랫동안 단
일민족으로 살아온 역사적 경험 때문에 민족주의가 강하고 이민족
에 대한 배타성이 높다는 점, 주한 미군으로 인한 범죄 문제 등에 대
해 이야기했습니다. 카터는 저의 이야기를 듣더니 한국 같은 친미국
가에서 어떻게 반미의식이 높아질 수 있겠느냐고 반문하더군요. 저
는 미군이 주둔하는 곳에서는 반미의식이 높아지는 것이 일반적인
추세이며, 한국은 오히려 늦은 편이라고 답했습니다. 물론 그렇다고
해서 카터가 무조건적인 평화주의자는 결코 아닙니다. 하지만 당시
미국은 베트남전쟁에서 패하면서 세계 패권에 상당한 상처를 입었
습니다. 물론 카터 행정부가 추진한 주한 미군 철수는 상당한 저항
에 직면했고, 카터가 재선에 실패하는 데 한몫했다는 것을 생각하면
그에게 미안한 마음이 들기도 합니다.

주한 미군의 철수 여부를 따져 보기 위해서는 먼저 주한 미군의 목적과 정당성을 어디에서 찾을 것인가 하는 문제부터 살펴보아야 합니다. 주한 미군이 주둔하는 이유가 북한의 남침을 저지하기 위한 것입니까, 아니면 중국을 견제하기 위한 것입니까. 주한 미군은 한국을 지키는 것이 최우선 목표입니까, 아니면 미국의 국익을 위해 투자와 안전을 담보하는 것이 최우선 목표입니까. 물론 여러 가지 측면이 복합적으로 작용합니다. 북한조차도 예전에는 주한 미군 철수를 강력하게 요구했지만 지금은 그렇지 않습니다. 이미 2000년에 김정일 국방위원장은 평양을 방문한 매들린 올브라이트 국무장관에게 주한 미군의 역할 조정을 전제로 통일 이후에도 주한 미군의 주둔을 반대하지 않는다고 밝힌 바 있습니다.

하지만 저는 1970년대 당시나 지금이나 주한 미군은 반드시 철수해야 한다고 생각합니다. 그것은 주한 미군이 동북아시아의 균형자로서 역할을 하느냐의 여부 이전에 주한 미군이라는 존재 자체가 한반도에서 안보 접근법을 유지하는 제도적 장치로서 기능한다는 근본적인 고민 때문입니다.

평화학 관점에서 보면 안보라는 문법으로 평화에 접근해서는 안 됩니다. 평화정책이 안보정책에 종속되는 순간 결코 평화를 이룰 수 없게 됩니다. 평화는 지배가 아니라 조화입니다. 지배하려고 하면 분쟁과 갈등만 생깁니다. 지배를 통해 평화를 이룬다는 것은 불가능한 목표임을 직시해야 합니다. 안보 접근법은 '제로섬' 게임에 입각해 있기 때문에 이분법적인 세계관으로 이어질 수밖에 없지만,

평화 접근법은 승자와 패자로 나누지 않습니다. 다양한 견해가 경쟁하는 방식입니다. 그렇기 때문에 평화 접근법에서는 평등을 중시합니다.

조화의 개념은 동아시아 사람들의 뼛속 깊이 뿌리박혀 있습니다. 그래서 평화 개념이 동아시아에서 가장 잘 실험될 수 있다고 봅니다. 남북 관계도 경제와 군사력 경쟁이 아니라 조화라는 관점에서 해결될 수 있습니다. 남북은 상대방을 악마화하면 서로 이야기하고 싶은 마음이 없어져 죽이고 싶어질 뿐입니다. 상대방을 악마화하지 않으면서 어떻게 대화와 의견을 교환할 것인지가 중요합니다. 악마라는 개념은 사전에서 그리고 평화학이나 세계 질서, 외교 등에서 완전히 사라져야 합니다.

── 이산가족 문제는 조심스럽게

분단 문제를 생각할 때 반드시 짚고 넘어가야 할 것이 이산가족 문제가 아닐까 합니다. 부모와 형제자매가 생이별을 한 채 50년 넘게 헤어져 살아야 하는 비극을 세계 어디에서 또 찾아볼 수 있겠습니까. 과거 분단을 경험한 독일조차도 가족 간의 왕래는 가능했습니다. 저는 고인이 된 데이비드 딘 러스크David Dean Rusk 전 국무장관과 함께 유나이팅 패밀리즈 인코퍼레이티드Uniting Families Incorporated라는 비영리 법인을 만들고 중국을 여러 차례 방문해 재중동포와 한국에 있는 이산가족을 연결해 주는 일을 하기도 했습니다.

당시에는 한·중수교를 맺기 전이어서 미국 시민권이 있는 제가 나설 수밖에 없다고 생각했습니다. 중국에 있는 이산가족을 만나 사진을 찍은 뒤 KBS에 전달해 주어 수백 명이 헤어진 가족을 찾기도 했습니다. 그 뒤 남과 북에 있는 이산가족을 연결해 주는 일을 해 보려고 했지만 생각대로 일이 잘 풀리지 않았습니다. 최근 저는 '리유나이팅 패밀리즈 Reuniting Familes'라는 재단을 새로 만들었는데, 이 재단을 중심으로 이산가족을 만나게 해 주는 활동을 하려고 합니다. 사실 러스크는 삼팔선을 그은 장본인이기도 한데, 그는 저에게 "남북 분단이 이렇게 길어질 것이라고는 상상도 하지 못했다"고 하면서 "특히 가장 가슴 아픈 게 이산가족 문제"라는 이야기를 하곤 했습니다.

지금도 기억나는 가슴 아픈 사례가 있습니다. 결혼한 지 몇 달 되지 않은 부부가 헤어져 이산가족이 되었습니다. 부인은 생과부로 아이를 키우며 살았고, 남편은 남쪽으로 넘어왔다가 미국으로 건너갔습니다. 그는 미국에서 재혼을 해 가정을 꾸렸습니다. 수십 년을 그렇게 살다가 저의 도움으로 서로의 생사를 확인하면서 저에게 가장 먼저 물어본 말이 "아내는 재혼을 했는가" 하는 것이었습니다. 사실대로 이야기를 해 주자 남편은 어찌할 줄 몰라 한숨만 쉬더군요. 한 달쯤 뒤 그분이 죽었다는 소식을 들었습니다.

이산가족 상봉은 그동안 여러 차례 중간에 무산되며 이산가족들의 가슴에 대못을 박았습니다. 이는 기본적으로 남북 양쪽 정부의 책임입니다. 도덕적 비난을 피할 수 없을 것입니다. 다만 한 가지 아쉬운 것은 양측이 너무 모 아니면 도라는 식으로 접근하는 것이 아닌가 하는 점입니다. 북한의 경직된 태도야 새삼 재론할 필요도 없겠지만 남한까지 똑같이 상대하다 보면 될 일도 안 되는 법입니다.

　북한 입장에서 이산가족 상봉이란 남한에서 생각하는 것보다 더 예민한 문제라는 것도 이해할 필요가 있습니다. 북한에서는 남한에 가족이 있다는 사실이 자랑할 일이 아닙니다. 그들은 월남한 가족이 있다는 이야기를 굳이 하지 않습니다. 정치적으로 좋을 것이 없기 때문입니다.

　이처럼 남과 북 사이의 이산가족 상봉에 대한 온도 차이가 있다는 것을 알아야 합니다. 또한 이산가족 상봉을 위해서는 적잖은 비용이 듭니다. 북한 체제 특성상 이산가족 상봉 행사에 나오는 사람들을 모아서 교육시키고 이동시키는 것이 그리 간단한 문제가 아닙니다. 그러다 보니 북한에서는 이산가족 상봉을 위한 반대급부를 요구하기도 합니다. 그것에 대해 남한이 '인도주의사업에 돈을 요구하느냐'는 식으로 반응하면 북한의 자존심을 건드리게 되어 결과적으로 이산가족만 피해를 보게 됩니다. 좀 더 넓게 보고 큰 견지에서 이산가족 문제에 접근해야 합니다.

열한 번째, **통일은 곧 손해라는 생각에 관하여**

강국진 1894년부터 1897년까지 조선을 네 차례 방문했던 이사벨라 버드 비숍Isabella Bird Bishop 여사가 쓴 『조선과 그 이웃나라들』을 보면, 개성과 평양 지역은 그 부유함으로 비숍 여사의 눈길을 사로잡았습니다. 오늘날 평양이 가난과 저개발의 상징이 되었다는 점은 매우 아이러니하다는 생각이 들면서도, 기회만 된다면 언젠가 평양이 다시 경제적으로 번영을 누릴 수 있지 않을까 하는 생각도 듭니다. 남북이 화해와 평화를 이루고 함께 행복하게 잘사는 나라를 꿈꾼다면 북한이 경제적 발전을 이루는 것 역시 매우 중요한 과제가 아닐까 싶습니다. 어떤 분들은 통일을 경제적인 문제로만 접근하는 것에 비판적이고 그 지적이 타당하다고 생각하지만, 그렇다고 북한이 경제적 발전을 이루는 것을 외면할 수도 없는 노릇이 아닐까 싶습니다.

현실은 답답합니다. 두만강 하구 개발도 지지부진하고, 황금평 개발사업도 진척이 잘 되지 않고 있습니다. 그나마 10년 넘게 꾸준히 계속되던 개성공단은 2016년 2월 갑자기 폐쇄되어 버렸습니다. 개성공단 재개 여부를 고민할 때 우리가 견지해야 할 원칙은 무엇이라고 보십니까? 남북이 경제적으로 공동 번영하기 위해서는 무엇이 필요할까요?

박한식 동북아시아 지도를 유심히 살펴본 뒤 지도를 거꾸로 돌려서 다시 들여다보십시오. 동북아시아에서 한반도가 갖는 지정학적 중요성이 그제야 눈에 들어올 것입니다. 다시 강조하지만 한반도는 변방이 아닙니다. 한반도는 동북아시아의 심장부에 자리잡고 있습니다. 한반도 문제가 국제적 관심사인 것은 한반도가 그만큼 중요한 전략적 요충지이기 때문입니다.

　　미국, 중국, 일본, 러시아 등 4대 강대국은 한반도에 직접적인 이해관계를 가지고 있습니다. 이 자체는 축복도 아니고 저주도 아닙니다. 다만 그것을 자산으로 만드느냐, 부담으로 만드느냐는 바로 우리 하기 나름입니다. 제가 보기에 한반도에서 평화와 번영을 추구한다면 먼저 교류와 협력, 신뢰부터 쌓아야 합니다. 더 많이 만나고 더 많이 이야기해야 합니다. 경제협력은 교류와 대화를 동반할 뿐만 아니라 남과 북 모두에 이익이 된다는 점에서 그 중요성을 아무리 강조해도 지나치지 않을 것입니다.

　　그중에서도 개성은 특별한 관심이 필요하다는 것이 저의 생각입니다. 개성공단에서 남측 기업가와 북측 노동자, 양측 공무원들이 10년 넘게 서로 부대끼며 생활했다는 그 자체가 갖는 의미를 되새겨 볼 필요가 있습니다. 남측은 남측대로 북측은 북측대로 이득을 얻었습니다. 한 달에 65달러 정도의 임금을 주면서 그렇게 우수한 노동력을 활용할 수 있는 곳은 사실 개성공단 말고는 세계 어디에도 없을 것입니다. 그런 점에서 저는 '개성 모델'을 심화, 확대시키는 것이야말로 남과 북이 평화와 통일을 만들어 가는 데 이정표가 될 것이라고 생각합니다.

　　개성공단은 정주영 현대그룹 명예회장을 떼어 놓고 이야기할 수 없습니다. 생각해 보면 정주영 명예회장과 개성공단은 경제학자 조지프 슘페터 Joseph Schumpeter 가 말한 '기업가 정신'과 '혁신'의 생생한 본보기라고 할 수 있습니다.

── 남북 협력의 경제 모델, 개성공단

　　정주영 명예회장은 1998년 6월 소 떼 500마리를 몰고 판문점을 통해 북한을 방문한 데 이어 그해 10월 말 다시 소 떼 501마리를 몰고 방북했습니다. 마침 그 무렵 저도 평양에 있었습니다. 저녁에 평양 시내 경계가 삼엄해져 무슨 일인가 싶어서 조선노동당 관계자에게 물어보자 김정일 국방위원장이 정주영 명예회장이 묵고 있는 백화원 초대소를 직접 방문했다고 하더군요. 정주영 명예회장은 누가 방문을 두드리기에 잠옷 바람으로 나와 보니 김정일 국방위원장이 문 앞에 서 있었다고 합니다. 원래 정주영 명예회장과 김정일 국방위원장은 그다음 날 만날 예정이었습니다. 김정일 국방위원장

은 깜짝 놀란 정주영 명예회장에게 이렇게 말했다고 합니다. "연세
도 많은 어르신께서 내 집을 찾아왔는데 내가 왜 집에 앉아서 마중
합니까. 내가 가서 인사해야지요."

　　그날 밤 정주영 명예회장과 김정일 국방위원장은 함께 술
을 마시며 금강산 관광선 운항, 서해유전 개발, 자동차 조립 생산,
경의선 철도 복선화, 평양화력발전소 건설 등 다양한 경협 사안을
논의했다고 합니다. 정주영 명예회장과 김정일 국방위원장은 남북
정상회담 직후 원산에서 다시 만났는데, 그 자리에서 김정일 국방위
원장은 산업공단 후보지로 개성을 제시했습니다.

　　당초 현대가 생각했던 후보지는 황해도 해주였으나 당시
김정일 국방위원장은 "개성이 전쟁 전에는 원래 남측 땅이었으니 남
측에 돌려주는 셈 치고, 북측은 나름대로 외화벌이를 하면 된다"는
취지로 이야기했다고 합니다. 또 정주영 명예회장이 35만 명에 이르
는 노동자가 필요한데 개성 인구는 20만 명 정도에 불과하다고 지
적하자, 김정일 국방위원장은 "그때가 되면 군대를 옷 벗겨서 공장
에 투입하면 되지 않겠습니까?"라고 답했다고 합니다.

　　제가 듣기로는 개성공단을 처음 구상할 때부터 김정일 국
방위원장과 정주영 명예회장은 개성공단을 장차 통일의 시발지로,
더 나아가 통일 도읍으로 만들고자 하는 명확한 생각을 가지고 있
었습니다. 2002년 현대아산과 북한이 합의한 당초 계획에 따르면
남북은 개성공단을 1단계 100만 평(약 3300만 제곱미터), 2단계 250만
평, 3단계 2000만 평까지 확장한다는 계획이었습니다. 계획대로라면

2011년에는 인구 100만 명 정도가 거주하는 1200만 평 규모의 신
도시와 800만 평에 이르는 산업단지가 새로 생기는 것이었습니다.
현재 울산광역시 인구가 117만여 명인 것을 생각해 보면 서울에서
약 50킬로미터 떨어진 곳에 광역시 하나가 새로 생기는 것과 같았
습니다.

  2000년 8월 22일 현대아산과 '공업지구 건설·운영에 관한
합의서'를 체결한 이래 북한은 2002년 11월 20일 개성공업지구법을
제정한 것을 비롯해 차례로 개발, 기업 창설 운영, 세금, 노동, 관리기
관 설립 운영, 출입 체류 거주, 세관, 외화관리, 광고, 부동산 등 10개
하위 규정을 제정했습니다. 남북 간 합의서도 2000년부터 13개 합
의서를 통해 개성공단에 관한 사항을 규정했습니다. 군부대를 후방
으로 이동시키고 2000만 평을 공업지구로 지정했습니다.

  2003년 6월 1단계 개발공사를 착공했고, 2004년 12월에는
첫 생산 제품이 나왔습니다. 2004년 6월 15일 '6·15 남북 공동선언
4주년 기념 국제 토론회'에 참가한 리종혁 조선아시아태평양평화위
원회 부위원장은 토론회에서 "지난 4년간 개성공단사업 성공을 위
해 개성공단 지역에 풀 한 포기 안 심고, 벽돌 한 장 안 쌓았다"는
말을 한 적이 있습니다. 이 발언에서 우리는 북한이 개성공단을 어
떻게 생각하는지 느낄 수 있습니다.

  특히 군부대를 후방으로 옮겼다는 것은 안보 관점에서 보
기에도 획기적인 조치였습니다. 개성-문산은 북한에서 서울로 가는
가장 가까운 길입니다. 개성과 판문점 사이는 8킬로미터밖에 안 되

는 거리이며, 남북 대치 상황에서 개성은 말 그대로 화력이 밀집해 있는 최전방입니다. 그런데 북한은 개성을 관할하던 인민군 6사단 4개 보병연대를 송악산 이북과 개풍군 지역으로 10킬로미터에서 15킬로미터 후방에 재배치했습니다.

이는 군부대 후방 배치로 인해 공격 시간이 10분이나 늦어진다는 것을 뜻합니다. 군대를 다녀온 사람들이라면 10분이 전쟁의 승패를 가를 수도 있는 시간이라는 것을 잘 알고 있을 것입니다. 게다가 인민군 62포병여단도 장사정포 등 주력 화기를 후방으로 이전했습니다. 개성공단 덕분에 휴전선이 북상한 것이나 다름없었습니다. 무엇보다도 화력이 밀집해 있는 서부 지역에서 우발적 교전이나 국지전 발발 가능성을 획기적으로 낮춘 것입니다. 입만 열면 '안보'를 외치는 사람들이라면 개성공단이야말로 복덩이라고 찬사를 보내지 않을 수 없었을 것입니다. 개성공단은 평화적 의미에서 '인계철선'인 셈이었습니다.

2016년 2월 10일 박근혜 대통령이 개성공단을 전격 폐쇄할 당시 개성공단은 100만 평 규모였습니다. 다시 말해서 개성공단은 1단계 수준에 머물렀다는 것을 뜻합니다. 북한 노동자 규모 역시 목표했던 70만 명에 비해 턱없이 적었습니다. 그럼에도 불구하고 개성공단이 갖는 의미는 결코 작지 않습니다. 개성공단 입주 기업은 2005년 18개사에서 2015년 125개사로, 북한의 근로자는 6013명에서 5만 4988명으로, 생산액은 1491만 달러에서 5억 6330만 달러로 증가했습니다. 2015년 기준으로 개성공단사업과 관련된 남북교역은 27억 달러였는데, 이는 남북 총교역 및 상업적 거래에 있어 모두 99퍼센트 이상을 차지했습니다.

개성공단은 남측에선 자본과 기술을, 북측에선 노동력과 토지를 결합시키는 남북 상생협력에 기초한 경제 모델을 만들어 냈습니다. 인건비와 가격 경쟁력 때문에 고민하던 중소기업에 개성공단은 엄청난 기회를 제공했습니다. 정치적 측면에서도 개성공단은 한반도 긴장 완화와 남북관계 발전을 위한 든든한 지지대 역할을 했다고 평가할 수 있습니다.

체제가 다르고 경협 경험이 일천한 가운데 시작한 대규모 사업이다 보니 갈등과 시행착오가 없을 수 없었습니다. 2013년 개성공단 중단 사태는 특히 큰 시련이 아니었나 싶습니다. 북한은 여러 차례 개성공단의 지속가능성을 의심하게 하는 빌미를 제공했던 것이 사실입니다. 예를 들어 북한이 2014년 노동자들의 임금 상한선 연 5퍼센트를 철폐하겠다고 한 것은 자신들이 제정한 개성공업지구법 조항을 스스로 위반하는 행태였습니다.

2013년 개성공단이 133일에 걸쳐 문을 닫았을 때 저는 평양에서 지금은 세상을 떠난 김양건 당 비서와 원동연 부부장을 만났습니다. 그들은 저에게 통일의 씨앗을 개성에서 틔우자면서 개성공단을 국제화·다변화하는 데 도움이 되어 달라 하더군요. 이들과 늦은 밤까지 깊은 토론을 나누었던 기억이 납니다. 제가 보기에 2013년의 잠정 폐쇄는 남북 간 주도권 경쟁의 일환이었습니다. 그들은 남측에서 요구하는 것을 그냥 받아들이기 싫다는 것이었습니

다. 그들은 북측 노동자의 급여 지급 문제에 대해서는 중국이 개혁
개방을 한 이후 빈부 격차가 극심해진 것을 보면서 '우리는 저렇게
되면 안 되겠다'는 생각을 많이 한다고 했습니다. 고용주가 노동자
에게 급여를 직접 지급하는 방식은 개성공단을 중심으로 빈부 격차
가 필연적으로 심각해질 수밖에 없다는 것입니다.

또한 그들은 북한이 개성공단 국제화를 강하게 희망한다고
도 했습니다. 남측 자본뿐 아니라 세계 각국의 자본이 들어왔으면
좋겠다는 것입니다. 물론 국제화를 위해서는 북한 스스로도 3통(통
행, 통신, 통관) 문제 해결을 비롯해 많은 것을 양보해야 합니다. 풀어
야 할 숙제가 많은 것이지요. 그들은 일단 남측 기업들이 국제화가
되어 간접적으로 외국 투자를 할 수 있지 않느냐는 이야기도 하더
군요. 아울러 개성공단과 개성의 역사 유적, 비무장지대(DMZ)를 하
나로 묶어 예술과 문화, 관광을 아우르는 종합화를 남북이 함께 추
진하는 것이 좋다는 인식과 의지 또한 가지고 있다는 것을 확인할
수 있었습니다.

개성공단 폐쇄는 북한에서 보기에 100퍼센트 박근혜 정부
의 잘못이었습니다. 북한 관계자들 입장에서는 김정일 국방위원장
이 남측에서 온 손님과 독대를 하여 이룩한 성과인데, 남측에서 급
작스럽게 일방적으로 폐쇄해 버렸으니 자존심이 상하고 모욕감을
느낀다는 것입니다. 한 관계자는 "남측에서 개성공단 폐쇄를 사과하
고 공단 운영을 재개하자고 하면 받아들일 것"이라는 말도 하더군
요. 제가 보기에 개성공단 재개 문제는 일단 한국 정부가 결자해지

해야 합니다. 남북 간 신뢰 구축과 평화라는 관점뿐 아니라 트럼프 대통령처럼 금전적 가치만 따지더라도 개성공단은 최대한 빨리 다시 문을 열어야 합니다. 그 문제에서 문재인 정부의 전략적인 판단을 기대해 봅니다.

━━━ 개성의 중요성 그리고 가능성

저는 지금까지 여러 차례 개성을 방문했습니다. 오래전부터 통일 도읍으로 삼기에 개성만한 곳이 없다는 생각을 하곤 했습니다. 개성은 과거 고려시대 500년 동안의 도읍지로 역사적 정통성이 있는 곳입니다. 고려시대 개성은 한반도와 중국, 동남아시아와 아랍 상인들까지 왕래하던 국제적인 무역 도시였습니다. 우리 역사를 살펴보았을 때 도읍지로 정할 만한 후보지로는 서울, 평양, 개성 세 곳 정도입니다. 실제 평양은 고구려의 도읍이었고, 서울은 조선의 도읍이었습니다. 고려에서는 개성을 중심으로 평양을 '서경西京', 한양을 '남경南京'으로 삼았던 역사가 있습니다. 한반도 지리를 살펴보더라도 한반도 전역으로 직접 교통로가 이어지는 지리적 중심지가 바로 서울, 평양, 개성입니다. 세 곳 중에 서울과 평양은 분단 이후 남과 북의 수도가 되었기 때문에 두 곳 모두 통일 이후 도읍지로서 적합하지 않습니다. 평양은 남측에서 바라지 않을 테고, 서울은 북측에서 원치 않을 것입니다. 결국 남은 곳은 개성밖에 없습니다. 이는 유럽연합 본부가 베를린이나 파리가 아니라 브뤼셀에 자리잡은 것과 같은 이치입니다. 게다가 개성은 1945년 분단될 당시 남측에 속했던 곳이기도 합니다. 행정구역으로도 경기도에 속했으며, 거리는 평양보다 서울에 훨씬 더 가깝습니다.

저는 개성공단을 단순히 재개하는 것에서 그치지 않고 좀 더 야심 찬 계획을 통해 남과 북이 상호 이익을 추구해야 한다고 생각합니다. 그러려면 지난 2007년 10·4 남북 공동선언을 통해 노무현 대통령과 김정일 국방위원장이 합의한 '서해평화협력특별지대' 구상을 되살려야 합니다. 서해평화협력특별지대는 해주 특구를 개발하고, 인천과 해주를 잇는 항로를 활성화하고, 더 나아가 서해에서 공동으로 어로까지 개척함으로써 경제적 번영과 평화 정착이라는 두 마리 토끼를 잡자는 원대한 계획을 담고 있었습니다.

특히 해주는 개성공단에서 생산한 제품을 수출하는 무역항으로 개발한다면 개성공단과 시너지 효과를 낼 수 있는 핵심 도시로 발전할 수 있습니다. 정주영 명예회장이 당초 구상한 공단 후보지가 해주였다는 점은 여러모로 생각해 볼 문제입니다. 해주는 한반도에서 중국과 가장 가까운 항구이지만 남북 대치 상황에서는 무역항으로서 제구실을 할 수가 없습니다. 백령도를 피해 우회하느라 이동 시간이 너무 길어지기 때문입니다. 게다가 해주에는 북한군 해군기지도 있습니다. 남북이 해주를 공동 개발한다면 서해 긴장 완화에 획기적인 진전을 도모할 수 있을 것입니다. 거기서 좀 더 나아간다면 장차 개성과 해주, 인천을 잇는 삼각 경제지대를 구상할 수 있습니다. 해주와 개성은 직선거리로 70킬로미터, 해주와 인천 국제공항은 약 80킬로미터입니다.

　　이러한 과정을 거쳐 개성을 중심으로 하는 통일 모델을 남과 북이 함께 만들어 나갈 수 있을 것입니다. 개성을 먼저 경제 중심 도시로 성장시키면서 남북 정치 체제에서 어느 정도 독립성을 갖는 지역 공동체, 그러니까 일종의 '통일특구' 혹은 '통일특별자치구역'으로 발돋움시키는 방안이 어떨까 합니다. 한마디로 개성이 '통일을 위한 청사진'이 되는 것입니다. 개성에서 남북 간 자치 경험을 쌓고 경제협력을 통해 번영을 구가하는 선순환을 만들어 가는 것입니다. 굳이 비유하자면 중국에서 선전深圳과 상하이가 중국의 개혁 개방을 선도했던 것과 비슷한 역할을 개성이 담당하는 것입니다. 개성공단 경험을 통해 북한이 부동산 거래 제도를 정비했던 것처럼 개성 모델이 남북 간 제도 변화를 견인하고 통일을 앞당길 수 있습니다. 거기서 좀 더 발전한다면 개성을 시작으로 북한·중국·러시아의 국경이 마주하고 있는 나선특별시, 북한·중국의 국경에 위치한 황금평과 비단섬으로 확장할 수 있을 것입니다.

　　아울러 개성을 '비핵평화지자체'로 선언하는 것도 생각해 볼 수 있습니다. 1984년 히로시마에서 시작한 비핵지자체운동에 개성이 동참하고, 국제적인 비핵지자체 네트워크에 참여함으로써 개성이 한반도 비핵화를 선도하는 상징적 의미가 될 것입니다. 그런 의미를 바탕으로 장차 개성에 유엔 관련 기구를 적극 유치하는 것도 생각해 볼 수 있지 않을까요. 유엔 관련 기구가 개성에 입주한다

면 평화 촉진 도시로서 국제적인 위상도 올라가기 때문에 유엔에서
도 마다할 이유가 없을 것입니다.

　　개성의 국제적 위상을 높이면서 경제적 효과와 상징적 효
과를 거둘 수 있는 것이 바로 비무장지대를 개성 모델에 결합시키
는 것입니다. 개성은 마침 비무장지대를 끼고 있습니다. 이곳에 세계
평화공원을 조성해 전 세계에 개방한다면 세계 평화와 갈등 해결의
상징으로 이 또한 개성의 국제적 위상을 높일 수 있을 것입니다. 히
로시마 피폭지에 들어선 히로시마 평화공원이 좋은 모델이 될 수 있
을 것입니다. 저는 비무장지대 역시 국제 사회에 반전평화를 되새기
는 상징성 있는 공원으로서의 가치가 충분하다고 생각합니다. 사실
비무장지대 평화공원 구상은 그 역사가 짧지 않습니다.

　　1992년 유엔환경계획(UNEP)과 세계자연보호연맹(IUCN)이
비무장지대에 국제 자연공원을 조성하자는 제안을 내놓은 바 있습
니다. 박근혜 대통령 역시 비무장지대에 평화공원을 조성하겠다는
공약을 밝힌 바 있습니다. 그러나 2014년도 예산에 302억 원을 책
정했지만 집행이 1퍼센트도 되지 않은 것에서 보듯 남북 평화와 화
해협력에 대한 큰 그림이 없다 보니 제대로 진행될 턱이 없었습니다.

　　거기다 최순실이 이 사업에 개입하려 시도하는 등 비무장지
대 세계평화공원이 비리를 위한 토건사업으로 전락해 버렸습니다.
1988년 노태우 대통령은 유엔총회 연설에서 비무장지대에 '평화시'
를 건설하고 이 안에 이산가족 상봉 면회소, 민족문화관, 학술교류
센터, 상품교역장 등을 설치하자는 구상을 발표하기도 했습니다. 제

생각으로 개성공단을 포함하고 있는 개성이 바로 노태우 대통령이 구상한 '평화시'가 되고, 그 속에 평화공원을 조성하는 것이 어떨까 합니다. 이 모델을 좀 더 발전시켜서 나선특별시에는 두만강 생태평화공원, 신의주에는 위화도나 황금평 등지에 평화공원을 만드는 식으로 확대할 수 있을 것입니다.

개성을 번듯한 도시로 만들기 위해서는 교육 시설이 필요합니다. 개성에 남북이 공동으로 종합대학을 설립해 평화와 통일을 연구하고 가르치는 연구 중심지로 육성할 수 있을 것입니다. 남북의 젊은이들이 개성에 모여 함께 공부한다면 그 자체가 통일의 중심지로서 통일 인재를 키우는 효과가 있습니다. 해외 유학생도 적극적으로 받아들여야 합니다. 유엔을 설득해서 현재 일본 도쿄에 있는 것과 유사한 유엔대학(UNU)을 개성에 설립하는 것도 검토해 볼 만한 방안이지 않을까 싶습니다.

그럼 개성에 세우는 대학에서는 무엇을 가르쳐야 할까요? 바로 '세계인'을 만드는 교육을 해야 합니다. 개성이 세계 평화를 이끌 지도자를 육성하는 곳이 되는 것입니다. 평화학을 가르치고, 역사학이나 국문학처럼 남북 간 통일을 모색할 수 있는 학문을 가르쳐야 합니다. 사회과학을 가르쳐 통일의 과정을 탐구하고 통일의 미래를 모색하도록 해야 합니다.

남북 간 의학협력을 수행하는 의료기관을 만드는 것도 상상해 볼 수 있습니다. 북한은 고려의학이라는 이름으로 전통의학 연구에 많은 지원을 해 왔습니다. 평양에 있는 병원에 갔더니 서양의

학과 고려의학을 각각 전공한 의사들이 협진을 하고 있었는데 그 모습이 너무 자연스러웠습니다. 남북이 각자 발전시켜 온 전통의학을 통합적으로 연구한다면 장차 개성이 '통일의학'의 중심지로서 의미를 가질 수 있을 것입니다. 개성 주변의 수려한 경관을 활용한 요양 시설이나 휴양소 등 관광 중심지도 구상할 수 있을 듯합니다. 이와 더불어 전 세계에 흩어져 있는 700만 재외동포에게 한민족임을 자랑스러워할 만한 공간, 재외동포들이 꼭 방문하고 싶은 공간이 되면 좋겠습니다. 저 역시 재외동포의 한 사람으로서 개성에서 젊은 이들을 가르친다면 그보다 더 영광스럽고 기쁜 일이 없을 것입니다. 일부에서는 비용 문제를 걱정할 수도 있겠습니다만, 앞에서도 지적했듯이 당장은 지원이 필요하더라도 개성공단이 활성화되고 개성이 광역시 규모의 도시로 성장한다면 충분히 예산을 자체적으로 충당할 수 있을 것이라고 봅니다.

뉴 프런티어, 나선특별시

동북아시아 지도를 살펴보면 남북관계나 북·미관계 등 북한을 둘러싼 다양한 현안의 핵심을 이해하는 데 큰 도움이 됩니다. 휴전선에 가로막혀 지리적으로 고립되어 있는 한국과 달리 북한은 중국, 러시아와 연결되어 있습니다. 특히 북동쪽 끝에 자리잡은 나선특별시는 동북아시아의 경제 허브로서 그 가치가 엄청납니다. 나선특별시는 북한·중국·러시아가 국경을 맞대고 있는 교통과 물류의 요충지일 뿐 아니라 겨울에도 얼지 않는 부동항인 나진항이 자리 잡고 있습니다. 더구나 막대한 지하자원 매장지와 중화학공업 단지가 배후에 있고, 장차 북극항로의 중심지로서 요건도 충분히 갖추고 있습니다. 나선시를 중심으로 나선시와 훈춘琿春(중국), 포시에트(러시아)를 잇는 '소삼각지대', 그리고 함경북도 청진과 연길延吉(중국), 블라디보스토크(러시아)를 잇는 '대삼각지대'로 구분할 수 있는 두만강 개발은 제가 보기에 한민족의 경제 전략으로서 추진해야 할 안건입니다.

사실 두만강 하구의 경제적 가치에 처음 주목한 것은 일본이었습니다. 조선총독부는 1939년 6월 나진부와 경흥군 웅기읍을 함경북도에서 독립시켜 총독부 직속 독립 행정기관인 나진청으로 만드는 계획을 발표한 바 있습니다. 해방 이후 분단으로 인해 오랫동안 주목받지 못했던 두만강 하구는 탈냉전 흐름을 타고 1980년대 후반부터 다시 주목받기 시작했습니다. 북한은 1991년 12월 나진·선봉에 '자유경제무역지대'를 설립하면서 본격적인 두만강 개발 계획에 착수했습니다. 1993년에는 나진과 선봉을 합쳐서 나진선봉시로 개칭하고 경제무역특구로 선정했습니다. 몇 차례 개편되어 현재는 행정구역상 나선특별시(북한에서 특별시는 남포와 나선 두 곳뿐이며, 평양은 직할시)로 승격되었습니다.

그 배경에는 바로 두만강 하구 개발 계획이 있었습니다. 유엔개발계획(UNDP)은 1991년 10월 평양회의를 통해 정부 간 협력사업으로 두만강유역개발계획(TRADP) 수립을 결정하고 이 사업을 동북아시아 지역 개발 최우선 추진 과제로 지정한 바 있습니다. 1992년에는 두만강유역개발계획이 정식 출범했습니다. 2005년에는 사업 대상 지역을 더 확대해 국가 간 협의체인 광역두만강개발계획(GTI)으로 재탄생했습니다. 그러나 북핵 갈등과 경제 제재, 첨예한 이해관계를 조정할 수 있는 제도적 수단 부족 등 다양한 문제를 극복하지 못한 채 현재 지지부진한 상황입니다. 북한이 대북 제재에 반발해 GTI를 탈퇴한 것 역시 걸림돌입니다.

중국은 처음에는 북한을 거치지 않고 두만강 하구를 직접 연결하는 방안을 검토하기도 했습니다. 하지만 두만강 하구는 배가 다니기에 강폭이 좁고 항만 시설을 건설하기에는 수심도 얕습니다. 여름에는 상류에서 떠내려 온 퇴적토가 쌓이고, 겨울에는 강이 얼어 버립니다. 반면 나진항은 나진만 입구에 있는 대초도와 소초도 두 섬이 천연 방파제 역할을 하고, 부두 전면 최대수심이 12미터로 5만 톤급 선박이 접안할 수 있습니다. 중국으로서는 나선과 연결되면 동북 3성에서 생산한 물품을 동해로 직접 운송할 수 있게 되는 것입니다. 한국해양수산개발원 보고서(2015)에 따르면 나진항이 본격적으로 가동되면 헤이룽강 黑龍江 과 지린의 잠재 물동량의 절반 이상을 나진항이 흡수하게 됩니다. 또 나진항을 통해 북미 서해안으로 연결될 경우 중국 다롄항 大連港 을 경유하는 것보다 2600킬로미터나 단축할 수 있기 때문에 북한과 중국 모두에 이득입니다.

러시아 역시 연해주 경제개발을 위해 나선시가 필요합니다.

러시아는 연해주에 블라디보스토크와 포시에트라는 항만이 있기는 하지만 블라디보스토크는 완전한 부동항이 아닌데다가 항만 시설도 포화 상태이고, 포시에트는 부지와 만(灣)은 넓지만 수심이 얕은 것이 치명적인 단점입니다. 러시아는 2012년 극동개발부를 설치하고 '극동·바이칼 지역 경제·사회 발전 국가 프로그램(2014~2025)'을 추진하는 등 중앙정부 차원에서 연해주 개발에 적극적입니다. 2013년 11월에는 블라디미르 푸틴 Vladimir Putin 대통령이 한국을 방문해 박근혜 대통령과 나진-하산 물류 프로젝트에 한국이 투자한다는 데 합의하기도 했습니다. 러시아는 북한과도 2011년 8월 울란우데 정상회담에서 시베리아 사할린 가스관의 북한 통과에 합의한 바 있습니다. 2016년 2월 북한이 제4차 핵실험을 감행한 뒤 유엔 제재 결의 과정에서 러시아가 나진-하산 물류 프로젝트를 제재 대상에서 제외시킨 것은 러시아가 두만강 하구 개발에 얼마나 큰 관심을 가지고 있는지 잘 보여 주는 대목입니다. 그런데도 박근혜 정부는 유엔의 대북 제재 결의에 앞서 나진-하산 물류 프로젝트를 일방적으로 중단해 버렸습니다.

영화 〈밀정〉이나 〈암살〉을 보면 주인공들이 충칭 重慶이나 상하이에서 기차를 타고 베이징과 단둥을 거쳐 서울역까지 오는 장면이 나옵니다. 일제강점기는 물론 해방 직후만 해도 그런 여행이 전혀 이상하지 않았습니다. 기차를 타고 서울에서 베이징이나 모스크바로 가는 것이 당연하던 시절이었습니다. 일제강점기 때 서울역에서는 베를린이나 파리로 가는 기차표도 살 수 있었습니다. 저 역시 어린 시절 만주에서 기차를 타고 고국으로 돌아온 적이 있었고, 베이징에서 하얼빈哈爾濱을 거쳐 평양을 방문할 때도 기차를 타고 이동했습니다. 평양은 지금도 중국, 러시아 등과 철도로 연결되어 있기 때문에 기차를 타고 외국으로 나가는 것이 낯설지 않습니다.

하지만 한국은 3면이 바다인 데다 북쪽은 휴전선으로 막혀 있다 보니 비행기나 배가 아니면 외국으로 나갈 수가 없습니다. 섬보다도 더한 섬입니다. 그 결과 한국은 국제적 감각은 퇴화하고, 시야는 좁아질 대로 좁아져 있습니다. 개성과 나선, 압록강 하구의 황금평과 비단섬은 모두 남북 경제협력을 넘어 동북아시아 경제를 주도할 중심지라고 할 수 있습니다. 이곳을 연결하는 철도를 통해 베이징과 울란바토르, 모스크바까지 이어지는 상상을 해 보십시오. 일부에서는 상상에 불과하다고 할지 모르지만 그런 상상이야말로 미래를 만드는 원동력입니다.

국토교통부에 따르면 북한 철도 노선의 98퍼센트가 단선으로 이루어져 있으며, 철도 시설 노후화로 평균 운행속도는 시속 30에서 50킬로미터라고 합니다. 하역 능력은 약 3700만 톤으로 20여 년 간 정체되어 있습니다. 1998년 북한 대외경제협력추진위원회와 철도성, 중국 철도부가 함경북도 남양에서 나선특별시 159킬로미터를 조사한 뒤 철도 현대화 비용으로 약 3억 8300만 달러를 추산했습니다. 러시아 철도부는 2001년 두만강역부터 강원도 평강까지 781킬로미터 구간을 실태 조사한 뒤 광궤는 31억 6000만 달러, 표준궤는 24억 9000만 달러로 비용을 추정했습니다. 두 조사 간 비용 차이가 10배 정도 되기 때문에 철도 현대화를 위한 추가 조사가 필요하긴 합니다. 나진-하산 물류 프로젝트를 이미 추진한 경험을 살려 한국 정부가 전략적인 판단으로 북한 철도 현대화사업에 적극 나서 주길 기대해 봅니다.

▬▬ 북한의 경제적 편익, 지하자원

통일 문제조차 '통일 비용이 얼마냐' 하는 식으로 경제적 이해득실만 따지는 사람들이 있습니다만, 통일 비용뿐 아니라 통일의 편익도 따져 보는 것이 공정한 태도일 것입니다. 저는 오히려 '통일은 비용보다 훨씬 더 큰 편익을 얻을 수 있는 블루오션'이라고 강조하고 싶습니다. 외국 관광객이나 투자자 입장에서 보면 전쟁이 날지도 모르는 나라가 무슨 매력이 있겠습니까. 불필요한 국방 예산을 줄여 복지에 쓸 수 있다는 것만 해도 엄청날 것입니다. 김대중 대통령이 강조했던 '철의 실크로드'가 이어져 부산이나 목포에서 베이징까지, 더 나아가 모스크바나 베를린, 파리까지 철도로 수출품과 사람을 실어 나를 수 있게 됩니다. 섬 아닌 섬에서 사는 한국인들의 시야를 보다 넓힐 수 있습니다. 북한의 원유와 희토류 공동 개발로 얻을 수 있는 이익은 또 어떻습니까. 금강산과 개성 관광을 강원도나 서울 관광과 연계시킨다면 관광 수익도 엄청날 것입니다. 서로 이득이 되는 일을 개발하고 그 공간과 기능을 확장시켜 나가는 것이 가장 좋은 통일의 방법입니다. 한류韓流를 넘어서는 통류統流 혹은 코류KOR流가 나올 수 있지 않을까요.

그것과 관련해 한국에서 논의되지 않는 주제이자 잠재적으로 북·미관계에서도 중요한 변수가 될 수 있는 문제를 거론해 보고 싶습니다. 바로 원유를 비롯한 지하자원입니다. 한반도에서는 수십 년 동안 남쪽은 각종 광물을 비싼 값에 수입하고, 북쪽은 똑같은 광물을 헐값에 수출하고 있습니다. 이제는 달라져야 하지 않을까요. 일부에서는 남북 평화와 통일 문제를 경제적 관점으로만 평가하는 것에 비판적입니다. 그런 지적을 하는 사람들의 문제의식에 전적으로 동의합니다. 다만 남북의 평화와 협력, 통일을 통해 남북이 함께 번영할 수 있다는 것 역시 우리가 전략적으로 진지하게 고민해야 할 주제일 것입니다.

부시 행정부에서 부통령을 지낸 딕 체니Dick Cheney는 세계 최대 석유기업인 핼리버턴의 경영자였습니다. 당시 핼리버턴의 자문 변호사가 저에게 전화를 걸어 "북한에 원유 매장량이 많다고 들었는데 그게 사실이냐"고 물은 적이 있는데, 제가 알고 있는 대로 이야기를 해 주니 굉장한 관심을 보였습니다. 이미 서방의 여러 기업이 북한의 석유 매장 가능성을 조사해 적지 않은 매장량을 가진 유전이 여럿 있다는 결론을 내리기도 했습니다. 심지어 사우디아라비아보다 더 많은 원유가 매장되어 있다고 하는 회사까지 있었을 정도입니다. 중국은 이미 1998년부터 산둥山東 반도 북쪽의 보하이만渤海灣에서 원유를 생산하고 있습니다. 북한에서 원유 매장 가능성이 높은 곳이 평안북도 앞바다인 서한만인데, 보하이만과 서한만은 바로 옆에 붙어 있습니다.

　　영국의 지질학자 마이크 레고 Michael Rego 가 석유 분야 지구 과학 전문지인 『지오엑스프로 GEO ExPro』 2015년 9월호를 통해 「북한 석유 탐사와 잠재력」이라는 보고서를 발표했습니다. 이 보고서에서 레고는 "북한 육지와 바다에 원유와 천연가스가 존재한다는 많은 증거가 있다"면서 "북한에서 원유와 가스의 상업 생산이 이루어지지 않는다는 것이 놀라울 지경"이라고 했습니다. 그의 주장이 눈길을 끄는 이유는 그가 영국 석유개발회사인 아미넥스에서 탐사 분야 최고 책임자로 일하며 북한 현지에서 탐사 작업을 수행했기 때문입니다. 아미넥스는 2004년 북한 조선원유개발총회사와 20년간 원유를 탐사, 개발하기로 계약했지만 2012년 탐사 자료 공개 여부에 대한 이견 때문에 북한과 계약을 해지했습니다. 레고는 북한에서 석유 및 천연가스가 매장되어 있을 가능성이 높은 지역으로 평양, 재령, 안주~온천, 길주~명천, 신의주 유역 등 내륙 5곳과 서한만 및 동해 유역 등 7곳을 꼽았습니다.

　　북한에는 원유 이외에도 상당한 지하자원이 매장되어 있습니다. 주요 지하자원 매장량을 보면 금 매장량이 세계 7위, 철광석 세계 10위(50억 톤), 아연 세계 5위, 중석 세계 4위(25만 톤), 희토류 세계 6위, 마그네사이트 세계 3위(60억 톤), 흑연 세계 4위(200만 톤) 등입니다. 특히 한국 정부가 선정한 '10대 중점 확보 희유금속' 중 텅스텐, 몰리브데넘, 망가니즈, 마그네슘 4종을 비롯해 한국이 전적으로 수입에 의존하고 있는 아연, 구리, 인회석 등의 자원도 풍부합니다. 북한의 개발 경쟁력 있는 10대 광물종의 잠재 가치는 약 4000조 원으로 추정됩니다. 한국에서 자급률이 0.22퍼센트에 불과한 철은 북한에 300조 원이 넘는 규모로 존재할 정도입니다. 최근에는 기존에 알고 있던 매장량보다 훨씬 더 많다는 연구 결과도 나왔습니다. 예를 들면 한국광물자원공사는 2016년 10월 개최한 한 심포지엄에서 기존 발표치는 동구권 사회주의 기준으로 국제적 산출 기준의 12~36퍼센트에 불과할 수 있다고 밝힌 바 있습니다. 한국광물자원공사에 따르면 북한은 현재 42개 광종, 728개 광산을 개발했습니다. 광산별 유형으로는 석탄 241개, 금속 260개, 비금속 227개입니다. 광산 노동자는 109만 3700명에 이릅니다. 문제는 북한이 생산한 광물 대부분을 중국에 수출하고 있다는 것입니다. 이는 북한으로서는 달리 팔 곳이 없기 때문입니다.

열두 번째,　　남북이 하나가 되는 길은
　　　　　　저 멀리에 있지 않다

강국진 통일과 관련해서는 두 가지 선택지가 있지 않을까라는 생각을 한 적이 있습니다. 하나는 남과 북이 하나의 국민국가를 이루어야 한다는 것이고, 다른 하나는 남과 북이 각자 국민국가를 건설하는 것입니다. 제 주변만 해도 진보와 보수 상관없이 '굳이 통일을 해야 하느냐'는 생각을 가진 사람이 의외로 많습니다. 한때 학생운동에서 강력하게 통일운동을 벌였던 것과는 또 다른 동향입니다. 예전에는 북한 문제가 선거 때마다 큰 쟁점이었습니다만, 얼마 전부터는 선거에서도 별다른 관심을 받지 못하는 상황입니다. '북풍'이나 '색깔론' 등의 약발이 떨어진 것은 분명 기쁘기는 하지만 통일에 대한 관심 자체가 줄어든 것은 아쉬운 대목입니다.

이제는 단순히 '우리는 한민족'이라는 말로 통일을 설득할 수 있는 시대는 지난 듯합니다. 고등학교 시절 국어 선생님이 "수학여행을 금강산으로 갔다"는 이야기를 하신 적이 있는데, 이제는 분단 이전을 경험한 분들 자체가 매우 적습니다. 그나마 김대중·노무현 정부 10년 동안은 금강산 관광을 비롯한 교류협력, 남북 정상회담과 개성공단 가동 등이 활발히 이루어졌지만, 지금 20대 이하는 그런 기억도 희미할 뿐입니다.

이제는 정말이지 '왜 통일인가'라는 질문에 이성적이고 종합적인 답을 내놓지 못한다면 당장 국민들을 설득하기가 쉽지 않은 시대가 되었습니다. 게다가 요즘 북한에서 하는 행동을 보면 북한은 아예 통일에 대한 관심을 접은 것이 아닌가 하는 생각까지 들 지경입니다.

박한식 남북으로 갈라진 지 벌써 70년이 넘었습니다. 분단이 될 즈음 초등학생이었던 제가 내일모레면 여든 살이 됩니다. 이제 젊은 세대로 갈수록 통일을 간절히 바라는 열망이 줄어들고 있습니다. 2016년 서울대학교 통일평화연구원의 설문 조사에 따르면 북한의 '장마당'을 모른다고 응답한 사람이 44.3퍼센트에 달했다고 합니다. 또한 선거방식(93.3%), 생활수준(94.5%), 역사 인식(80.7%), 언어 사용(84.2%), 생활 풍습(82.1%), 가치관(91.0%) 등 모든 분야에서 매우 크게 이질성을 느낀다고 답했습니다. 서로 떨어져 있는 시간이 오래되면 부부도 남남처럼 된다는 것을 생각하면 당연한 시대 변화라는 생각도 듭니다. 앞으로 남북관계는 어떻게 될까요? 어느 것이 더 바람직한 방향일까요? 남북관계에서 우리가 생각해 볼 수 있는 시나리오는 대략 세 가지일 것입니다.

첫째는 지금보다 갈등이 더 악화되는 경로입니다. 이는 민족의 비극이 확대 재생산된다는 점에서 반드시 피해야 합니다. 우리 자식들에게 언제라도 전쟁이 일어날 수 있는 나라를 물려줄 수는 없습니다. 저는 어린 시절 전쟁을 두 차례나 겪으면서 전쟁이 얼마나 끔찍한 것인지 온몸으로 체험했습니다. 남북관계가 아무리 악화되더라도 절대 받아들일 수 없는 것이 전쟁입니다. 또 전쟁까지는 아니더라도 갈등이 계속되는 것 자체가 우리 민족에게는 불행한 사태라는 것도 잊지 말아야 합니다.

두 번째 경로는 '평화로운 영구 분단' 정도로 표현할 수 있습니다. 남북은 과연 반드시 통일을 해야 할까요? 통일을 하지 않더라도 갈등과 대립 없이 '이웃'으로 각자 잘 살면 그것도 나름대로 의미가 있지 않을까요? 생각해 볼 만한 시나리오이기는 하지만 과연 그것이 가능할까요? 얼핏 그럴듯해 보일 수도 있지만 남북관계의 역사적 맥락과 주변 강대국의 이해관계 때문에 현실성이 떨어집니다. 더욱이 북핵 문제가 있는 상황에서 현상 유지는 정책이 아니라 무책임일 뿐입니다. 우리는 이미 현상 유지에 입각한 대북정책이 완벽히 실패했다는 것을 목격한 바 있습니다.

그렇게 본다면 우리가 추구해야 할 길은 하나밖에 없습니다. 그래서 저는 비극을 되풀이하지 않고 모두가 행복하게 잘사는 나라를 원한다면 안보 접근법을 평화 접근법으로 전환하는 길밖에 없다고 생각합니다. 평화는 미국 사람이 가져다주는 것도 아니고, 중국 사람이 떠먹여 주는 것도 아닙니다. 통일은 공포로 이루어지는 것이 아니라 대화와 이해, 미래에 대한 희망으로 만들어 가는 것입니다.

한 가지 비유를 들어 보겠습니다. 50년 넘게 헤어졌던 부부가 다시 만나 한 지붕 아래 살게 되었습니다. 처음부터 침실이나 주방 등을 같이 쓸 필요는 없습니다. 한 지붕 아래 살다 보면 집 안을 오가며 마주치면서 서로에 대한 이해가 깊어질 것입니다. 생활습관 차이로 오해도 생길 수 있지만 조금씩 서로를 이해하며 함께 살기 위한 규칙을 하나씩 만들어 나가다 보면 미운 정 고운 정도 들고, 함께 쓰는 공간도 점점 넓어지게 됩니다.

사실 남과 북 사이에 이 같은 경험이 아예 없는 것도 아닙니다. 2000년 시드니와 2004년 아테네 올림픽에서, 2002년 부산과 2006년 도하 아시안게임에서 한반도 단일기를 들고 개폐회식에 공동 입장을 한 적이 있습니다. 또한 1991년 세계 탁구 선수권대회와 세계 청소년 축구대회에서는 단일팀을 구성했고, 역사학자와 고고학자들이 개성 만월대를 공동으로 조사한 바 있습니다. 국어학자들은 『겨레말큰사전』 편찬사업을 추진하기도 했습니다. 이명박 정부 이후 교류협력사업이 중단되었지만, 이제라도 의지만 있다면 남북이 서로 만나 협력하고 교류할 분야는 무궁무진하다고 봅니다. 문재인 대통령도 공식 제안했습니다만, 2018년 평창 동계올림픽에서 남북 선수들이 한반도 단일기를 들고 공동 입장하는 것만으로도 전 세계에 큰 감동을 줄 수 있습니다. 또한 비무장지대 안에 있는 궁예왕성 발굴 조사를 할 수도 있고, 『조선왕조실록』이나 『고려사』 같은 역사사료 공동 번역사업을 하는 것도 한 방법입니다.

북한은 국토 대부분이 산으로 이루어져 있지만 막상 가서 보면 나무 한 그루 없는 민둥산인 곳이 적지 않아 안타까울 때가 많습니다. 산에 나무가 없으면 토사 유출과 산사태 등 여러 피해를 입게 되는데, 한국 정부와 시민단체가 인도적 차원에서 북한 곳곳에 나무심기사업을 추진하면 어떨까 하는 생각도 하게 됩니다.

── 동질성 추구보다는 이질성의 포용을

남북은 70년 넘게 매우 이질적인 체제를 경험해 왔습니다. 그래서인지 통일을 '동질성 회복'이라는 관점에서 이야기하는 사람들이 많습니다. 강원용 목사는 생전에 남북 간의 동질성이 약해지는 것을 매우 우려했는데, 저는 "죄송한 말씀입니다만 동질성 회복은 유아적 발상이라고 생각합니다. 그런 접근법으로는 결코 통일을 이룰 수 없습니다. 동질성 회복이 아니라 이질성을 인정하고 수용하는 것이 중요합니다"라고 이야기한 적이 있습니다. 2016년 미국 대선에서 도널드 트럼프가 미국 대통령에 당선된 뒤 미국 언론과 인터뷰하면서 저는 "트럼프는 무슬림을 배격하고 이주노동자를 추방한다. 이질성을 받아들이지 않는다. 그런 태도로는 결코 평화가 오지 않는다"라고 이야기하기도 했습니다.

이질성을 용납하지 않는 태도가 극단으로 흐르면 '북한이 주적主敵이냐, 아니냐'라는 사상 검증으로 나타나게 됩니다. 2017년 4월 19일 열린 대통령 선거 후보 토론에서 바른정당 유승민 후보는 더불어민주당 문재인 후보에게 "북한이 우리 주적이냐"라는 질문을 하며 주적 논쟁을 일으키려고 한 적이 있습니다. 주적 개념은 1995년판부터 2000년판 『국방백서』에 등장했다가 이후에 없어졌지만 오랫동안 색깔론 소재로 쓰이고 있습니다. 저는 조금 다른 측면에서 '주적' 개념을 살펴보고 싶습니다. 과거 조지 W. 부시 대통령이 천명했던 '악의 축'에 등장하는 악 evil 과 '주적'은 매우 유사한 개념이라는 점입니다. 'evil'은 일반적으로 쓰는 '적 enemy'과는 맥락이 다릅니다. 'enemy'는 항복을 받으면 되지만, 'evil'은 단순히 항복을 받는 것이 아니라 죽여 없애야 하는 존재라고 할 수 있습니다. 'evil'은 종교적 개념이기 때문에 대화나 협상의 대상도 아니며, 공존의 가능성은 상상할 수도 없습니다. 그런 맥락에서 본다면 '북한은 주적'이라고 강조하는 것은 곧 통일을 하면 안 된다고 말하는 것이나 다름없습니다.

'종북 從北'이라는 말도 마찬가지 맥락에서 비판적으로 재검토할 수 있지 않을까 합니다. 1980년부터 1990년대까지 쓰던 '친북 親北'은 주종관계와는 다른 맥락이었는데, '종북'은 '친북'을 내포하면서 주종관계까지 포함하고 있으니 훨씬 더 고약합니다. 이런 반통일적인 용어가 진보정당 계파 싸움 와중에 등장했다는 것이 유감스러울 뿐입니다.

통일은 반드시 평화적이어야 합니다. 평화적 수단으로 이루어지지 않는 통일은 결코 바람직한 미래가 될 수 없습니다. 그러려면 이질성을 수용해야 합니다. 서로 다르다는 것을 받아들이는 태도가 필요합니다. 남북 모두 상대방에게서 자신이 원하는 모습을 바라기

이전에 현실에 존재하는 모습 그 자체를 인정하고 존중해야 합니다. 남북에 필요한 것은 단일한 문화를 추구하는 것이 아니라 서로 다양한 문화를 인정하고 그 자체를 즐기며 어우러지는 것입니다.

　　어떤 사람은 전통문화를 되살리는 것을 통해 문화의 동질성을 회복하자고 하지만, 전통문화라는 담론이야말로 현대의 산물일 뿐입니다. 예를 들어 남과 북의 전통문화 공연만 보더라도 상당한 차이가 있습니다. 전통문화를 다르게 해석하기 때문이지요. 이질성을 존중한다는 것을 '너는 너대로 나는 나대로'라고 오해해서는 안 됩니다. 서로 유사한 점에 주목하면서 함께 사는 데 주안점을 둔다면 통일의 길이 보일 것입니다. 바로 거기부터 통일 이론이 출발해야 합니다.

　　저는 이것을 '변증법적 통일론'이라고 부릅니다. 정正 안에 반反이 있고, 반 안에 정이 있습니다. 정은 반을 적대시하지 않습니다. 정과 반이 서로 배워 가며 자신을 더 높은 단계로 승화시키는 것, 그것이 바로 합合입니다. 하얀 것에서 까만 것을 느낄 수 있고, 까만 것에서 하얀 것을 느낄 수 있습니다. 합을 이끌어 내는 것은 정과 반 어느 것에 치우치는 것이 아닙니다. 정과 반 모두 각자 자신의 모습을 부정하고 극복해서 더 높은 차원에서 합일점을 찾는 것 또한 합입니다.

　　통일이란 남쪽은 남쪽대로 자신을 극복하고, 북쪽은 북쪽대로 자신을 극복하는 속에서 이룰 수 있습니다. 한쪽을 무너뜨리지 않는 원칙에서 출발한 인간관계, 사회 전체의 흐름을 만드는 사회가 바로 통일된 사회라고 할 수 있겠지요. 평화는 조화입니다. 평화는 '~이 아니다'라는 식으로는 속성을 제대로 정의할 수 없습니다. 부정형이 아니라 긍정형의 정의를 내려야 합니다. 한반도에서 통일을 만들어 가는 과정, 그것이 바로 평화를 만들어 가는 과정이고, 또 그래야 합니다.

── 비공식 대화를 활용한다면

제가 강조한 동질성과 이질성, 변증법적 통일 등의 화두는 지난 수십 년간 계속해 온 '3자 간 트랙 II track-II initavite 대화'를 통해 숙성되었습니다. 트랙 I 대화가 한반도 문제를 해결하기 위한 정부 간의 공식적인 대화라면, '3자 간 트랙 II 대화'는 비공식적인 대화라고 할 수 있습니다. 여기에 참여하는 인사로는 정부 측 인사, 의회 관련자, 학자 등이 있습니다. 트랙 II가 필요한 경우는 상호 적대관계이며 오해가 깊어 대화가 없는 상태, 혹은 대화가 있더라도 실질적인 문제를 논의할 수 없는 상태입니다. 트랙 II는 결국 트랙 I이 잘되도록 돕는 자리입니다. 여기에 딱 들어맞는 것이 바로 한반도 문제입니다. 남북 간, 북·미 간 대화를 할 수 있는 사람 자체가 많지 않은 것이 오늘날 냉정한 현실입니다. 그럼 어떤 사람을 불러야 할까요. 단순히 직책이 높은 사람이 아니라, 트랙 I에서 정책 결정을 하는 데 중요한 역할을 할 수 있는 무게 있는 사람을 초청해야 합니다. 그런데 북한의 노동당 주요 인사들은 트랙 I을 움직일 수 있고, 정책 결정에서 중요한 역할을 하지만 외무성 차원의 트랙 I 회의에는 참가하지 않고 있습니다.

'3자 간 트랙 II 대화'를 하면서 세 가지 원칙을 세웠습니다. 첫째는 비공개이고, 둘째는 비공식이며, 셋째는 구속력을 갖지 않는다는 것입니다. 이 원칙에 따라 이야기하기 때문에 서로 자신이 가지고 있는 생각을 허심탄회하게 털어놓을 수 있습니다. 언론인이 참석할 수는 있지만 언론 보도는 하지 않는다고 약속해야 합니다. 이런 자리가 필요한 이유를 예로 들면 북한이 정부 차원에서 공식적으로 이야기하는 경제 사정과 트랙 II에서 이야기하는 경제 상황이 전혀 다릅니다. 그 정도로 솔직한 대화가 오고 갈 수 있기 때문입니다.

우여곡절도 많았습니다. 한 번은 회의를 시작한 지 하루도 안 되었는데 한국 측 참석자들이 짐을 싸서 귀국해 버린 적도 있습니다. 참석자들 방을 배정할 때 제가 북한 측 참석자들을 배려해 주었더니 한국 측 참석자들이 자신들을 차별 대우한다며 반발한 것입니다. 결국 북·미 간 대화만 할 수밖에 없었습니다. 또 2013년에는 남·북·미가 모이기로 했는데 막판에 미국 정부에서 북한 측 참석자들에게 비자를 발급하지 않은 적도 있었습니다. 2003년 조지 W. 부시 행정부에서도 비자를 발급했는데 오히려 오바마 행정부에서 비자를 발급받지 못해 3자 회동이 무산되는 것을 보면서 마음이 많이 아팠습니다.

공식적인 첫 트랙 II 모임은 2003년 11월 미국 조지아대학에서 열렸습니다. 북한과 미국의 고위급 인사들을 초청해 '워싱턴-평양 트랙 II 포럼'이라는 이름으로 모임을 가졌습니다. 당시는 안보 문제로 긴장이 고조되었을 때였으므로 북한 측 참석자들이 비자를 발급받을 수 있도록 하느라 고생을 많이 했습니다. 막상 모임을 시작하자 CIA가 일거수일투족을 조사하고 헬리콥터를 띄우는 등 분위기가 삼엄했습니다. 물론 그런 것 때문에 언론으로부터 더 큰 관심을 받기도 했습니다.

그 뒤로 한국 측 인사들도 참여시켜 남·북·미 대화의 장을 만들었습니다. 첫 회의에서 북한 측 참석자들은 자신들의 안전을 보장해 줄 것을 요구하면서 미국에 정전협정을 대신할 평화협정을 맺자고 제의했는데, 미국 측 참석자들이 그것의 현실적 어려움을 설명하기도 했습니다. 2011년 10월에는 북한 측에서 리종혁 조선아시아태평양평화위원회 부위원장을 단장으로 맹경일 아태평화위 실장과 박철 북한 유엔대표부 참사관 등 9명이 참석했고, 한국 측에서는 윤여준 전 환경부장관과 백낙청 서울대학 명예교수, 문정인 연세대학 교수 등이 참석했습니다. 전체 회의는 30여 명이 큰 세미나룸에 모여서 미사일 발사 문제뿐만 아니라 천안함이나 연평도 사건 등을 주제로 대화를 나누었습니다. 또 밤에는 저의 집으로 초대해 같이 술도 한 잔씩 하면서 대화를 나누었습니다. 2011년 트랙 II에서는 합의문도 만들었는데, 저의 제자인 김영상이 번역한 합의문을 소개합니다.

공동성명

Roughly translated by YS Kim

2011년 10월 17일부터 20일까지 한반도의 평화 구축 및 재건을 위한 남·북·미 3자 트랙 II 회의 참석자들이 미국 조지아주 애선스에서 회동하였다. 조선민주주의인민공화국, 대한민국, 미합중국의 참석자들은 아래와 같은 성명을 만장일치로 의결하였다.

1. 3개 측은 각 체제의 다양한 사회정치적 특성들을 서로 포용하고 존중하기 위해 노력한다.

2. 각 측은 다음과 같은 활동을 포함하는 인도주의적 지원과 협력을 위해 노력한다.

　가. 식량 지원

　나. 이산가족 상봉

　다. 전쟁 포로 및 전쟁 미아 관련 합동 조사

3. 각 측은 경제·문화·학술·체육 분야에서의 교류를 통한 신뢰 구축을 위해 노력한다.

4. 각 측은 현재의 휴전협정 체제를 불가침 합의 단계 이후 전 유관 세력 간의 정식 평화조약 체결이라는 방식을 통해

보다 항구적이고 지속적인 평화 체제로 대체할 필요성을 인식하였다.

5. 우리는 각 측 정부가 국가수반 간의 합의를 위시한 과거 합의에 대한 이행 의지를 제고할 것을 당부한다.

우리는 각 측이 신뢰 및 협력 구축과 긴장 완화의 목적을 위해 트랙 II 회의를 활용할 것을 장려한다. 트랙 II 방식하에서의 사안의 중대성과 성과의 가시성을 고려할 때, 트랙 II 회의를 정례화, 제도화하는 것이 바람직할 것이다. 향후 트랙 II 회의 참석자들은 상기한 5개 조항의 성공적 이행 및 지속 여부를 감시하게 될 것이며, 또한 이들 참석자 전원은 후속 트랙 II 회의장에서의 허심탄회한 대화를 약속하게 될 것이다.

남북의 공통점과 차이점

남북은 여러 가지 면에서 차이가 있습니다. 제가 오랫동안 남과 북을 관찰한 경험에 따르면 크게 다섯 가지의 이질성과 유사성이 있습니다. 무엇보다 남한이 형이하학적 가치를 중시하는 데 반해 북한은 형이상학적 가치를 중시합니다. 이는 매우 역설적인 대목인데, 남한이 오히려 더 유물론자 성향이 강합니다. 주로 강조하는 것을 보면 첫째, 남한에서는 '부자되세요'라며 경제성장과 외환 보유고를 강조하지만, 북한에서는 자주성이나 주체 등 정신적인 면을 강조합니다.

둘째, 남한은 개인주의, 북한은 집단주의입니다. 셋째, 남한은 세계주의를 지향하고, 북한은 민족주의를 지향합니다. 남한은 세계로 나아가려 하고, 북한은 민족으로 들어오려고 합니다. 넷째, 남한은 미래가 없는 현실은 현실 취급을 하지 않습니다. 반면 북한은 과거부터 보고 현재를 보는 과거지향적인 시각이 강합니다. 다섯째, 북한의 수령주의는 세계 어느 나라와도 다른 이질적인 특성입니다. 수령이란 말은 영어로 번역하기도 힘듭니다. 'Great Leader' 정도로 번역할 수 있는데, 이 또한 수령이란 말이 갖는 의미를 제대로 담지 못합니다.

또 다섯 가지의 유사성을 살펴보면 첫째, 깊고 넓고 풍부한 경험이 있습니다. 제가 50년 넘게 미국에 살면서 항상 느끼는 것이 저만큼 다양한 경험을 한 미국 사람이 주변에 없다는 것입니다. 최근 100년 동안 겪은 일만 해도 우리 민족은 식민지 경험과 전쟁, 분단, 혹독한 빈곤과 산업화, 민주화, 독재와 민주 정부를 모두 경험했습니다. 수천 년의 자랑스러운 역사와 문화유산도 가지고 있습니다. 경험이 많은 사람은 대개 아픔을 많이 겪은 사람이기도 합니다. 어떤 민족이 경험이 풍부하다는 것은 곧 굴곡진 현대사 속에서 온갖 고생을 했다는 뜻이기도 합니다.

둘째, 언어와 인종이 같고, 눈에 보이지 않는 유교적 가치관과 샤머니즘적 신명도 유사합니다. 셋째, '한'을 품고 있고 '정'이 많으며 '흥'이 있습니다. 넷째, 우리 민족이 갖고 있는 고유한 절대 가치가 있습니다. 예를 들어 '사람이 되어야지'라는 개념의 말은 남과 북에서 동일하게 쓰입니다. 다섯째, 남과 북 모두 긍지를 중요하게 생각합니다. 북한은 미국에 맞서 싸우는 것에서 자긍심을 찾고, 남한은 한류에서 긍지를 느낍니다. 우리나라 사람만큼 몇 등이라는 순위에 흥미를 갖는 사람들도 없을 것입니다.

긍지를 만들어 가는 과정이 바로 통일의 과정입니다. 평화를 만드는 것과 우리가 만들어 갈 새로운 경험에서 긍지를 느껴야 합니다. 또한 통일을 일구는 것에서 역사적 소명감을 가져야 합니다. 우리 민족이 인류 역사에서 중요한 역할을 하는 것이 바로 통일입니다. 평화로운 인류 사회를 구현하는 데 방향을 제시하는 것이야말로 우리 민족이 인류 역사에 가장 크게 공헌할 수 있는 길이라고 믿습니다.

아울러 통일을 위해서는 서로 상대방의 장점을 인정하는 것이 중요합니다. 서로 이해하고 장점을 찾으려는 노력이 필요합니다. 모든 사람과 국가가 잘못된 것만 보려고 하면 나쁜 것만 보이기 마련입니다. 문익환 목사가 생전에 재판을 받을 때 검사가 '친북'을 문제 삼자 "통일을 하려면 북한과 친해야 한다. 이남 사람들은 친북이 되고, 이북 사람들은 친남이 되어야 통일이 된다"고 반박한 적이 있습니다. 바로 그런 자세가 통일을 만들어 가는 자세가 아닐까요. 6·15 남북 공동선언에서 상호 비방을 중지하자고 했지만 그것만으로는 부족합니다. 일부러도 남한에서는 북한을 칭찬하고, 북한에 서는 남한을 칭찬해야 합니다. 칭찬하는 관계 속에서 평화가 이루어 집니다.

　　『논어』에 "군자는 화이부동 和而不同 하고, 소인은 동이불화 同 而不和 한다"는 말이 있습니다. 이는 군자는 화합하고 화목하되 같지 않고, 소인은 같으되 서로 화합하지 못한다는 뜻입니다. 남북관계에 딱 필요한 말이 아닐까 합니다. 몇 년 전에 이북5도위원회에서 초청 강연을 한 적이 있는데, 그곳에서 이 이야기를 한 적이 있습니다. 강 연을 듣던 어떤 노인이 고함을 지르면서 "북한에 하나라도 칭찬할 것이 있느냐"고 묻더군요. 저는 이렇게 대답했습니다. "나는 이남도 알고 이북도 아는 사람입니다. 이북이 분명 더 잘하는 것이 있습니 다. 대동강에서 생선을 잡아 회를 떠 주었는데 아주 맛있었습니다. 한강에서 물고기를 잡아 주면 누가 그걸 먹으려고 하겠습니까? 이 북이 개발은 덜 된 대신에 환경은 훨씬 깨끗합니다."

　　남한이나 북한이나 서로 비판하려고 들면 비판할 거리는 얼마든지 많습니다. 당장 한국에 사는 사람들도 '헬조선'이라면서 사회를 비판하기도 합니다. 그렇다면 북한에서는 남한의 어떤 점을 칭찬할 수 있을까요? 한국의 대중문화가 세계 곳곳에서 많은 사랑 을 받으며 '한류' 열풍을 이어 가고 있는데, 북한에서도 얼마든지 칭 찬할 만한 일이 아닐까 싶습니다. 김일성 주석은 생전에 공개적으로 이야기하지는 않았지만 남한의 경제 발전을 칭찬하고 부러워하곤 했습니다. 최근 한국에서는 '선플 달기 운동' 캠페인을 하고 있는데 남북 간에도 하지 못하리란 법이 없지 않을까요.

　　말이라는 것이 요물이라서 이쪽에서 '멍청이'라고 욕하면 저쪽에서는 '바보'라고 대답하고, 그럼 다시 '바보 멍청이'라고 하다가 결국 멱살잡이까지 하게 됩니다. 반대로 청춘남녀가 처음 만나 연애를 시작할 때는 마음에 안 드는 부분이 있더라도 서로 칭찬을 하면서 애정을 키워 가기 마련입니다. 입만 열면 '폭군'이니 '독재자'니 하며 김정일 국방위원장을 비난하던 조지 W. 부시 대통령도 노무현 대통령의 권고에 따라 '미스터 김정일 위원장'이라고 호칭하면서 북한으로부터 유화적인 반응을 이끌어 냈던 선례도 있습니다. 생각해 보면 그런 것이 사람이 살아가는 세상에서 일이 굴러가는 방식이 아닐까요.

── 남북이 함께 만드는 통일헌법

　　통일은 당위로만 이루어지는 것이 아닙니다. 통일이라고 다 같은 통일이 아닙니다. 어떤 통일을 이룰 것인지 끊임없는 토론과 합의가 필요합니다. 통일조국의 자화상, 통일 한반도의 미래상을 어떻게 설계할 것인가. 우리가 추구해야 할 국가의 미래상은 바로 오케스트라 같은 것이 아닐까 합니다. 다양한 악기가 조화를 이루고 어우러질 때 아름다운 음악이 흘러나옵니다. 음악에는 연주할 수 있는 곡이 있어야 하고, 지휘자도 있어야 합니다. 이때 심혈을 기울여 만든 악보, 그것을 '통일헌법'에 비유할 수 있습니다. 통일헌법은 어느 날 하늘에서 뚝 떨어지는 것이 아닙니다. 저는 지금부터라도 남과 북이 함께 머리를 맞대고 통일헌법을 만드는 시도를 해야 한다고 생각합니다. 당장은 모호하고 실효성이 없더라도 함께 모여 상상하고, 함께 꿈꾸는 것 자체가 바로 통일의 과정이 아니겠습니까. 그런 점에서 제가 생각하는 몇 가지 원칙을 제시해 보고자 합니다.

좋은 지휘자는 곡을 전체적으로 이해해야 하고, 구성원들의 잠재력을 이끌어 낼 수 있어야 합니다. 그런 역할을 하는 곳이 바로 통일정부입니다. 통일의 과정에서 나타날 수 있는 문제를 사전에 예방하고 혹은 사후에 문제를 해결하는 것이 통일연방정부의 역할입니다. 통일연방정부가 남과 북 각각에 협조를 요청하고 조율해야 합니다. 요즈음 미세먼지나 핵발전소 등으로 걱정하는 사람이 많은데, 이는 한·중·일 공동의 문제입니다. 공동의 문제의식을 가지고 협력을 해야 합니다. 그런 정책을 통일정부가 주도해야 하는 것입니다. 미국 연방제나 유럽연합, 독일 연방제 등 외국의 경험을 다양하게 참고할 수 있을 것입니다.

남한의 국회, 북한의 최고인민회의와 별개로 통일정부 의회도 필요합니다. 의회의 대표성을 높이기 위해 비례대표를 대폭 늘려야 합니다. 대통령제와 의원내각제는 오랜 논쟁거리입니다만, 남북은 당분간 각자의 체제를 유지하는 방식으로 갈 수밖에 없기 때문에 통일연방정부의 대표는 의회에서 뽑는 것이 합리적이고, 그래서 어느 정도는 의원내각제 모델을 따를 수밖에 없다고 봅니다.

통일은 남북을 모두 없애는 것이 아니며, 각자 제대로 된 사회 체제를 만들어 나가는 과정과 함께 이루어야 합니다. 6·15 남북 공동선언에서도 "남과 북은 나라의 통일을 위한 남측의 연합 제안과 북측의 낮은 단계의 연방 제안이 서로 공통성이 있다고 인정하고 앞으로 이 방향에서 통일을 지향시켜 나가기로 하였다"고 선언한 바 있습니다. 어느 단계까지는 남북 개별 정부와 통일정부가 병존하는 단계가 필요합니다. 뒤에서 다시 이야기하겠지만, 개성과 DMZ 지역을 중심으로 '작은 통일정부'를 세워 처음에는 군사력도 없고 외교권도 없겠지만 경제적 중심지로서 역할을 해 나가는 것입니다. 어떤 면에서는 유럽연합의 수도인 브뤼셀과 유사할 수도 있습니다.

이념과 체제, 제도, 생활방식을 존중하면서 지붕을 같이 사용하며 살아가는 방식으로 나아가야 합니다. 처음에는 주방을 따로 쓰되 지붕은 같이 사용하면서 비를 피하다 보면 협조를 해야 할 일이 많아질 것입니다. 필요에 따라 협력관계가 자꾸 생길 수밖에 없습니다. 공동 영역과 자기만의 영역의 비중이 달라질 수밖에 없습니다. 처음에는 각자의 영역이 대부분이다가 차츰 공동의 영역이 늘어날 것입니다. 그 기간이 30년이 걸릴 수도 있고 50년이 걸릴 수도 있습니다. 그것은 상관없습니다.

저는 한평생 정치와 평화 문제를 연구했습니다. 정치의 핵심은 결국 부를 분배하는 문제입니다. 무엇이 정의로운 분배인가, 어떤 분배가 정의로운 분배인가. 이것을 연구하는 것이 정치학의 목표가 아닐까 싶습니다. 평화를 구현하는 것도 부의 분배 문제에서 출발합니다. 통일은 건강한 공동체를 새롭게 만드는 것인데, 공동체가 건강해지려면 정의로운 공동체가 되어야 합니다. 정의로운 사회는 평등한 사회입니다. 평등하지 않으면 착취와 박해가 생겨납니다. 그러므로 평화로운 통일을 이루려면 정의로운 분배 질서를 위한 정치제도와 경제제도를 갖추어야 합니다.

　　사람살이에는 인간에게 필요한 것이 있고, 인간이 욕망하는 것이 있습니다. 이 두 가지를 구별해야 합니다. 생존에 필요한 것에는 깨끗한 공기, 음식, 건강, 평화, 안전 등이 있습니다. 이러한 것들은 사람이 사람답게 살기 위해 필요한 '권리'로 접근해야 하고, 국가에 '요구'해야 하는 것들입니다. 또한 사회주의 원칙에 입각해서 풀어야 합니다. 반대로 더 좋은 것을 갖고 싶고, 더 좋은 것을 먹고 싶은 것은 '욕구'로 나타나며 경쟁을 해야 합니다. 자본주의적 방식으로 풀어야 합니다. 담합이나 독과점을 규제해야 하고, 시장 경쟁을 통해 수요와 공급이 이루어져야 합니다. 요구와 욕구에 따라 제도를 적용하는 기본 틀이 달라져야 합니다. 통일국가에서는 자본주의와 사회주의 모두 필요합니다. 이것이 통일에서 중요한 원칙이라고 생각합니다. 자본주의와 사회주의를 넘어 정반합으로 통합할 수 있는 통일 이념을 모색해야 합니다.

　　제가 한평생 교육자로 살아와서 그런지 모르겠지만 통일은 교육에서 시작해야 한다는 소신을 가지고 있습니다. 교육은 사람을 만드는 것이 핵심이며, 또한 사람을 변화시키는 것입니다. 그런 점에서 본다면 '통일 교육', 더 근본적으로는 '평화 교육'에 국가적 관심을 쏟아야 하지 않을까 생각합니다. 저는 오래전부터 개성을 통일조국의 수도로 정하고 그곳에 세계평화운동을 이끌며 연구하는 종합대학을 세우는 꿈을 꾸어 왔습니다. 북한과 미국을 중재하면서 항상 느꼈던 것이 상대방을 모른 채 중재와 협상을 하면 될 일도 안 된다는 사실입니다. 남한에선 북한을 알아야 하고, 북한에선 남한을 알아야 합니다. 북한 사람은 남한에 가서 인재를 어떻게 키우고, 교육을 어떻게 시키는지 보고 들어야 하고, 남한 사람도 북한에 가서 많은 대화를 나누고 견문도 넓혀야 합니다. 북한 아이들이 어떤 생각을 하면서 어떤 교육을 받으며 사는지 알아야 합니다. 마찬가지로 북한에서는 남한 아이들이 어떻게 사는지 알아야 합니다. 서로 상대방의 입장에 설 수 있어야 합니다. 상대방의 입장을 이해하면 싸움을 멈출 수 있습니다.

선을 넘어 생각한다

296

맺음말

　이 책을 마무리하는 이 시점에도 한반도를 둘러싼 정세는 한 치 앞을 내다볼 수 없을 정도로 흘러가고 있습니다. 문재인 대통령은 평창 동계올림픽에서 남북 단일팀을 구성하자고 공식 제안했고, 한·미 정상회담에서 한국의 주도적 역할을 천명하며 트럼프 대통령의 지지를 이끌어 냈습니다. 이외에도 베를린 선언과 G20 등에서 대화를 통한 북핵 해결 원칙을 천명하는 등 다양한 노력을 펼치고 있습니다. 하지만 북한이 대륙간탄도미사일을 발사한 것에서 볼 수 있듯이 북핵 문제 해결과 한반도 평화와 통일은 여전히 지난한 과정입니다. 분단이 오래될수록, 남북 상호 간의 오해와 갈등이 쌓일수록 평화와 통일은 갈수록 어려워질 수밖에 없습니다.

　우리에게는 크게 두 가지 경로가 있습니다. 북한을 압박하고 고립시켜 굴복시키는 길은 얼핏 쉬워 보입니다. 반면 북한과 대화와 타협을 통해 평화를 이끌어 내는 길은 대단히 어려워 보입니다. 하지만 쉬운 길을 택하는 것이 우리 민족에게, 우리 후손들에게 바람직한 일일까요? 우리의 후손들이 전쟁의 공포를 느끼고 불안해하며 살게 하는 것은 결코 바람직하지 못합니다. 북한이 핵실험을 하고 대륙간탄도미사일을 발사하는 것은 국내 정치적 측면이 존재합니다. 핵(무기) 발전이 없으면 체제의 정통성을 유지하기가 쉽지 않습니다. 미국을 능가하는 군사력을 과시해야 국민들의 사기도 오르고 지지 기반도 단단해집니다. 북핵 문제는 안보 패러다임의 산물이며, 또한 핵무기 기술이 발전하는 것이 안보 패러다임을 강화시키는 것입니다. 국제 제재는 효과가 제한적이라는 것이 이미 역사적으로 증명되었습니다. 저는 그래서 제재가 아니라 평화조약, 압박이 아니라 협상을 통해 북핵 문제를 해결하고 평화를 도모해야 한다고 거듭 강조하는 것입니다. 그렇기 때문에 저는 이 책에서 안보 패러다임을 평화 패러다임으로 바꾸고, 동질성 추구가 아니라 이질성을 수용하고 조화를 추구하는 변증법적 통일을 모색해야 한다고 여러 번 강조했습니다.

이 문제는 남북관계에만 해당되지 않습니다. 오늘날 세계는 지금까지 경험하지 못한 갈등과 분쟁에 고통받고 있습니다. 도로에서 흔히 볼 수 있는 트럭조차도 무시무시한 테러 수단이 되는 시대입니다. 특정한 영토를 가진 국가가 아니다 보니 외교력을 동원하거나 군대를 동원해 응징하는 것도 분명 한계가 있습니다. 지구화로 인한 양극화는 부유한 나라와 가난한 나라를 갈라놓을 뿐만 아니라, 부유한 나라의 국민들조차도 외국인이나 다름없게 편을 갈라놓습니다. 우리는 그것을 2016년 미국 대통령 선거에서 트럼프가 당선된 것과 극우 정치세력이 갈수록 힘을 얻는 유럽에서 목격하고 있습니다. 세계 곳곳에서 선거를 통해 당선된 독재자들이 늘어나는 것도 인류의 미래를 암울하게 하는 현상입니다. 인류가 직면한 이런 위기들은 오랫동안 계속된 안보 체제가 한계에 다다랐다는 증거입니다. 안보와 경제만으로 굴러가는 안보 체제로는 미래를 꿈꿀 수 없습니다.

우리 민족은 많은 것을 경험한 민족입니다. 수천 년을 이어온 역사가 있고 식민지와 분단, 전쟁, 독재, 산업화, 민주화를 불과 100여 년 사이에 모두 겪었습니다. 전 세계에 이런 민족은 어디에도 없습니다. 특히 지금도 계속되고 있는 이산가족의 아픔은 외국인들에게 배경 설명을 하는 데도 한참이 걸릴 만큼 복잡하게 얽혀 있는 민족의 비극이 아닐 수 없습니다.

경험이 많으면 지혜롭습니다. 지금까지 남북은 경제성장이나 군사력을 자부심의 근거로 삼았습니다만, 이제는 우리의 경험과 지혜를 자랑으로 삼아야 합니다. 북한에 대해서도 칭찬할 것은 칭찬하면서 우리 가슴속에 남아 있는 분단의식부터 걷어 내야 합니다. 한국에서는 북한을 칭찬하는 것 자체가 터부시된 지 오래여서 칭찬할 만한 것이 있어도 비판적으로 언급하는 모습을 자주 볼 수 있습니다. 하지만 문익환 목사도 생전에 이야기했듯이 통일을 하려면 남과 북이 서로 칭찬하고 격려해야 합니다. 북한 역시 한국 못지않게 온갖 고난을 겪었고 다양한 경험을 했습니다. 전쟁으로 평양에 제대로 된 건물 하나 남아 있지 않은 상황에서도 산업화에 성공한 것은 분명히 인정해야 할 성과입니다. 또한 한·미관계가 민족의 자산이듯이 중국과 맺어 온 오랜 혈맹관계 또한 우리 민족의 자산이라는 인식의 전환이 필요하지 않을까 싶습니다.

평화와 통일의 길은 멀고도 험합니다. 하지만 그렇다고 포기할 수는 없습니다. 트랙 II 회의를 진행하면서 그것을 뼈저리게 느끼게 됩니다. 특히 2011년 당시 저의 집에서 만찬을 할 때 목격한 감동적인 장면은 지금도 잊을 수가 없습니다. 저녁을 먹고 참석자들끼리 재미 삼아 탁구를 쳤습니다. 처음에는 남북 대결이었는데 나중에는 실력을 비슷하게 맞추기 위해 남북 간에 선수를 맞바꾸어 남북 단일팀 대 남북 단일팀이 시합을 하게 되었습니다. 누가 시키지도 않았는데 시합을 하며 점수를 따자 서로 하이파이브를 하는 모습을 보면서 '이런 것이 바로 통일이 아니겠는가'라는 생각이 들었습니다.

2016년 겨울 한국에서는 수백만 시민이 거리로 나와 촛불을 들었습니다. 전 세계 민주주의에 희망을 주는 사건이었습니다. '촛불'과 '촛불혁명'은 곧 한국의 민주주의와 한국의 저력을 상징하는 말이 되었습니다. 저 역시 이역만리에서 한국의 촛불혁명 소식을 접하며 벅찬 감동을 느꼈습니다. 촛불은 작은 불빛이 모여 세상을 밝힙니다. 또 자신을 희생하면서 세상을 밝게 비춥니다. 죽어 가던 민주주의를 되살렸듯이 분단으로 고통받는 한반도에도 촛불혁명의 정신이 필요하지 않나 생각했습니다.

새롭게 출범한 문재인 정부는 이명박·박근혜 정부 9년과는 달리 북한에 여러 정책을 내놓았습니다만, 아직까지는 '문재인 독트린'이라고 할 만한 것이 보이지 않고 있습니다. 가장 바람직한 대북 접근법은 '전제 조건 없는 대화'가 아닐까 합니다. 남북의 평화와 통일을 위해 문재인 정부가 주도적이고 적극적인 역할을 해 주기를 기대해 봅니다. 문재인 대통령과 김정은 국무위원장이 우리 민족의 미래를 위해 머리를 맞대는 모습을 하루빨리 보고 싶습니다. 촛불혁명이 전 세계 민주주의에 희망을 주었듯이 한반도 평화와 통일이 테러와 전쟁으로 고통받는 세계에 희망의 근거가 되기를 바랍니다. 한반도가 인류 역사에 이바지하기를 소망합니다.

에필로그

—— 만주에서 미국까지, 다시 평양으로

반백 년을 미국에서 살다 보니 한국 지식인이나 대중과 소통할 기회가 많지 않았습니다. 기회가 있을 때마다 인터뷰와 강연을 했지만 아쉬움이 많을 수밖에 없습니다. 이 책을 계기로 제가 어떻게 자랐고, 어떤 과정을 거쳐 지금과 같은 신념을 갖게 되었는지 소개할 필요가 있을 듯합니다. 앞에서도 이야기했듯이 우리 민족은 많은 경험을 한 민족입니다. 저는 지금껏 저만큼 다양한 경험을 한 외국인을 만나 본 적이 없습니다. 제 삶의 궤적을 통해 우리 민족이 가진 경험의 공통분모를 뽑아 볼 수 있지 않을까 생각합니다.

저는 1939년 지린성 푸위현扶餘縣에 있는 산차허三岔河에서 태어났습니다. 하얼빈과 창춘長春 중간에 위치한 곳입니다. 경상북도 청도에서 살던 할아버지는 한일강제병합 직후 일가족을 이끌고 두만강을 건넜습니다. 먹고살기 힘들어 어쩔 수 없이 선택한 만주로의 이주였습니다. 두만강과 마주한 간도에는 이미 19세기부터 이주한 많은 조선 사람이 자리를 잡고 살아가고 있었습니다. 나중에 이주한 사람들은 농사지을 땅을 찾아 점점 더 북쪽으로 갈 수밖에 없었습니다. 그래서 정착한 곳이 고대 왕국 부여의 도읍지가 있던 땅이었습니다. 할아버지는 아들이 없는 큰집에 양자로 들어가 슬하에

2남 1녀를 두셨습니다. 아들 둘은 해방 뒤 귀국했고, 고모는 만주에 남아 지금도 고모 쪽 친척들이 만주에 살고 있습니다.

　어린 시절 중 가장 기억에 남는 것은 가난과 배고픔입니다. 중국인 지주들은 이루 말할 수 없이 조선인들을 착취했습니다. 조선인들은 만주에서도 논농사를 지었는데, 논에 물을 대는 일부터 논농사에 관한 모든 일을 조선인들 손으로 해결해야 했습니다. 그렇게 힘들게 추수를 하고 나면 소출 중 70에서 80퍼센트 정도는 중국인 지주들에게 바치고 남은 곡식으로 조선인들은 겨우 입에 풀칠을 하며 살았습니다. 거기다 일본 출신 이민자들까지 조선인들을 노예처럼 취급하며 괴롭혔습니다. 저는 일본 사람이 운영하는 소학교에 다녔는데, 학교에서 조선말을 했다는 이유로 두들겨 맞은 일이 지금도 기억이 납니다. 나라 잃은 민족이 겪어야 했던 참상이 바로 그런 것이었습니다.

　착취가 혁명을 부르고 억압이 투쟁을 부릅니다. 만주 지역에서 항일운동하는 사람들을 보면 상당수가 조선인들이었습니다. 조선인 독립운동가들은 목숨을 아끼지 않고 가장 치열하게 싸우는 것으로 유명했습니다. 일제에 저항하고 토지 개혁을 외치던 중국공산당을 가장 환영한 사람 역시 조선인들이었습니다. 일본인들과 지주를 몰아내고 착취 없는 세상을 만들자는 구호는 조선인들을 열광시킬 수밖에 없었습니다. 중국공산당이 국공내전에서 국민당을 물리치고 중국을 차지할 수 있었던 분수령은 만주에서 국민당을 몰아낸 것이었습니다. 그 과정에서 조선인들의 공이 매우 컸습니다.

하얼빈의 혁명열사관에는 혁명 열사 수백 명의 이름을 새겨 놓은 곳이 있는데, 지금도 그곳에 가 보면 많은 조선인의 이름을 찾아볼 수 있습니다. 마오쩌둥도 동북지방에서의 성공이 혁명의 원동력이 되었고, 그 과정에서 조선인들이 앞장섰다고 칭송했을 정도입니다. 그렇게 큰 희생을 치르며 혁명에 참여한 공적 때문에 중국에서 조선인들의 위상은 높아졌습니다.

장제스蔣介石가 이끄는 국민당과 마오쩌둥이 이끄는 중국공산당은 여러모로 달랐습니다. 어린 제 눈에도 그것이 보였습니다. 무엇보다 국민당 소속 군인들은 악랄했습니다. 민가에서 식량을 빼앗는 것을 아무렇지도 않게 생각했습니다. 저희 집에는 제가 아끼던 개가 한 마리 있었는데 국민당 소속 군인들이 그 개를 잡아먹기까지 했습니다. 그 일이 지금도 눈에 선합니다. 그러나 중국공산당은 달랐습니다. 그들은 민심 얻는 것을 제일 중요하게 생각했습니다. 민간인의 물건을 훔치거나 빼앗는 행위를 엄격히 금지했습니다. 돈이 없으면 차용증이라도 써 주며 나중에 꼭 갚겠다고 약속한 뒤에 가져갔습니다. 그런 차이가 국공내전의 승패를 갈랐던 것이 아닐까 싶습니다.

1945년 8월 드디어 일제가 패망하고 해방이 되었습니다. 당시 저는 여섯 살이었습니다. 1946년 부모님은 자식들을 데리고 귀국길에 올랐습니다. 국공내전 중이라 두만강을 건너는 데 경계가 삼엄했습니다. 중국인들에게 돈을 내고서야 겨우 작은 배를 타고 두만강을 건널 수 있었습니다. 고국으로 돌아오는 귀향민들은 넘쳐

나는데 마땅히 갈 곳이 없어 평양에 있는 피난민 수용소로 들어가야 했습니다. 천막에서 생활했는데 비도 제대로 피하지 못할 정도로 환경이 열악했습니다. 학교에 다니면서 〈김일성 장군의 노래〉를 배웠습니다. "장백산 줄기줄기 피어린 자욱, 압록강 굽이굽이 피어린 자욱"이라는 노래 가사를 지금도 외우고 있습니다. 1년 반쯤 뒤인 1948년 남과 북에 새 정부가 각각 들어서면서 분단이 되었습니다. 우리 일가족은 삼팔선을 넘어 할아버지 고향인 경북 청도에 정착했습니다. 지금도 당시 살았던 주소(경상북도 청도군 이서면 학산리 372번지)를 기억합니다.

사람이 죽는다는 것이 낯설지 않던 시절이었습니다. 병에 걸려 죽는 아이들도 많았습니다. 저 역시 워낙 허약하게 태어나서 죽을 고비를 여러 번 넘겼습니다. 만주에서 살 때 중국 아이들이 저를 '따노대'라고 놀리던 기억이 납니다. 아마 '대두'나 '대뇌'라는 머리만 크고 몸은 약하다는 뜻이었던 것 같습니다. 기차를 타고 남쪽으로 올 때는 자리가 없어 지붕에 올라가야 했는데, 터널을 지나고 나면 옆에 있던 아이들이 사라지는 일도 있을 정도였습니다. 평양에 있는 수용소에서 지낼 당시에는 쌀 한 톨을 제대로 먹어 보지 못했습니다. 말에게 주는 콩비지를 사다가 먹으며 버텼습니다. 어릴 때 제대로 먹지 못해 제가 이렇게 키가 작습니다. 결국 체중 미달로 군대도 면제받았습니다.

만주에서 살 때부터 어린 마음에도 뼈저리게 느낀 것이 왜 사람이 사람을 죽이는가 하는 것이었습니다. 국공내전 당시에는 사람 목숨이 파리 목숨만도 못했습니다. 총알이 아까워 낫이나 칼로 사람을 너무 쉽게, 그것도 잔인하게 죽였습니다. 제 평생의 연구 주제인 '평화'의 출발점이 바로 그 당시 느꼈던 충격이었습니다. 10대 초반에 경험한 한국전쟁은 저에게 '전쟁 없는 세상을 어떻게 만들 수 있을까, 사람이 사람을 죽이지 않는 사회를 어떻게 만들 수 있을까'라는 고민을 안겨 주었습니다. 국공내전 때는 그래도 폭격은 없었는데, 한국전쟁 때는 미군 비행기가 온 세상이 까맣게 되도록 폭탄을 뿌려 댔습니다. 공습 때문에 죽을 뻔한 위기도 여러 차례 넘겼습니다. 그런 경험이 저를 평화주의자로 만들었습니다.

전쟁은 사람을 잔인하게 만듭니다. 외부인을 경계하고 이방인을 적대시하게 합니다. 아버지는 만주에서 살 당시 책을 좋아하고 일본어와 중국어에 능통해 법원에서 통역을 하기도 했는데, 그런 분이 고국에서 빨갱이로 몰려 경찰서에 끌려가 고문을 당해야 했습니다. '빽'이 있는 사람들은 다 내보내 주었는데 아버지는 구해 줄 사람이 없었습니다. 피 칠갑이 되어 겨우 목숨만 붙은 채 집으로 돌아왔습니다. 그전까지는 저의 장래 희망이 의사였는데 그 일이 있은 뒤 국회의원으로 꿈이 바뀌었습니다. '빽을 가져야 한다.' 그러려면 권력이 있어야 하는데 어린 마음에 국회의원이 가장 빽이 있는 사람으로 보였습니다. 국회의원이 되려면 웅변을 잘해야겠다 싶어서 그때부터 혼자서 웅변 연습도 많이 했습니다. 고등학생 때 별명이 '웅변왕'이었는데, 한 신문사에서 주최하는 전국 웅변대회에서 2등을 하기도 했습니다. 대학에서는 정치학을 전공했습니다. 정치학을 공부하기로 마음먹은 것도 사실 국회의원이 되기 위해서였습니다. 그때는 정치학과를 나와야 정치를 하는 줄 알았기 때문입니다.

      1959년 서울대학 정치학과에 입학하고 1년 뒤 1960년 3월 15일에 대통령 선거가 있었습니다. 이승만 정부가 아주 악랄하게 부정선거를 자행했습니다. 부정선거 항의가 이승만 대통령을 몰아내자는 요구로 이어졌고 결국 대통령에서 물러났습니다. 4·19 혁명 당시에는 친구 여럿이 경찰 총에 맞아 죽었고, 저도 경찰에게 두들겨 맞아 팔이 부러지기도 했습니다. 영어를 제법 했던 저는 당시 성명서를 영어로 번역하는 일을 맡았습니다. 젊은이들이 목숨을 걸고 싸운 끝에 이승만 대통령을 몰아냈지만 1년 만에 쿠데타가 일어나 군인들이 권력을 장악하는 것을 보고 좌절했습니다. 격동기였습니다. 저는 대학에 입학할 때부터 생각하고 있던 미국 유학을 준비했습니다. 전쟁을 일으키는 것은 언제나 정부였고, 정치였습니다. '빽' 중에서도 가장 센 '빽'이 미국인 데다, 세계 각지에서 일어나는 전쟁에 미국이 관여하지 않는 것이 없다는 생각에 미국으로 가야겠다는 마음을 굳혔습니다. 미국이 기독교 국가라는 점도 크게 작용했습니다. 저는 열세 살 때 선교사들을 만나면서 기독교에 귀의했습니다. 사실 아버지는 유학자였고, 어머니는 독실한 불교 신자였습니다. 성경에 나오는 한 구절이 어머니를 따라 절에도 자주 다녔던 저를 기독교로 이끌었습니다. "원수를 사랑하라." 원수를 사랑하는 것이야말로 진정한 평화라는 생각이 들었습니다. 대학 시절 만난 아내가 유아 세례까지 받은 기독교 집안인 것도 저에게 영향을 많이 미쳤습니다.

국비 유학생 시험에 합격하고 1965년 3월 미국행 비행기에 몸을 실었습니다. 당시 처형이 워싱턴 D.C.에 살고 있던 덕분에 아메리칸대학 석사 과정에 입학하고 아내와 약소하게 결혼식도 올렸습니다. 처음 미국에 갔을 때는 모든 것이 낯설었습니다. 어느 날 마트에 갔는데 'DOG FOOD'라고 쓰인 통조림이 한 무더기 있는 것을 보고는 개고기인 줄 알고 통조림을 한 아름 사 와서 한동안 그것으로 끼니를 해결한 적도 있었습니다. 말 그대로 '주경야독'을 했습니다. 별다른 기술이 없으니 식당에서 웨이터 일을 주로 했습니다. 그릇을 치우는 일이 돈을 더 받았는데 키도 작고 배고픈 저에게는 힘에 너무 부쳐서 도저히 할 수가 없었습니다. 그래도 주문받은 것을 잘 외우고 암산도 잘한 덕분에 웨이터 일은 곧잘 했습니다. 엘리베이터 안내원으로도 일을 했는데, 손님이 없을 때는 책을 읽으며 공부를 할 수 있어서 꽤 괜찮은 일거리였습니다.

당시 동포 교수 한 분이 식당에 왔다가 제가 고생하는 모습을 보고 마음이 쓰였는지 1달러 정도 하는 밥값을 내면서 팁을 20달러나 자리에 놓고 간 적이 있었습니다. 저는 20달러짜리 지폐를 들고 그 교수를 한참 쫓아가서 돈을 돌려주고 25센트만 팁으로 받았습니다. 그분은 선의로 한 행동이었지만 젊은 자존심에 돈을 받을 수가 없었습니다. 또 한번은 동남아시아에서 온 유학생들이 아주 비싼 음식을 주문한 뒤 나를 부르더니 "내 여자친구에게 차를 따르라"고 하기에 거절했습니다. 그들은 나가면서 자리에 1센트 동전 하나만 팁으로 남겨 놓았습니다. 저는 그들을 향해 "너희들 전 재산을 탁자에 떨어뜨렸다. 갖고 가라"고 고함을 지르면서 1센트 동전을 던져 주었습니다. 그러고는 웨이터 옷을 벗어 던진 뒤 식당에서 나와 버렸습니다. 식당 주인이 한참 달래는 데다가 돈도 필요해서 일은 계속했지만 당시 느꼈던 굴욕감은 지금도 잊을 수가 없습니다.

석사를 1년 반 만에 마치고 미네소타대학에서 박사 과정을 밟았습니다. 당시는 1960년대였고 베트남전쟁이 한창이었습니다. 어린 시절 전쟁을 경험한 저로서는 죄 없는 젊은이들이 죽는 것을 보고 전쟁이라는 것에 다시 한 번 혐오감을 느낄 수밖에 없었습니다. 민주주의와 정치 참여를 주제로 박사학위 논문을 썼습니다. 1965년 스물여섯 살에 유학을 와서 6년 만에 대학원 과정을 모두 마치고 학위를 받은 뒤 조지아대학에서 교편을 잡을 수 있게 되었습니다. 운이 좋았습니다. 대학원에서 친하게 지내던 미국인이 있었는데, 그가 조지아대학 교수가 된 지 얼마 안 되어 사정이 생기는 바람에 사표를 쓰면서 나를 후임 교수로 추천해 준 덕분이었습니다. 그 인연으로 1971년부터 2015년까지 조지아대학에서 교수로 일하다 정년퇴직했습니다. 2015년부터는 명예교수로 인연이 이어지고 있습니다. 저의 인생에서 절반이 넘는 기간을 조지아대학에서 보낸 셈입니다.

교수가 되고 나서 가르친 학생 중에 예비역 장교가 한 명 있었습니다. 알고 보니 당시 조지아 주지사였던 지미 카터와 해군사관학교 시절 같은 방을 쓴 절친한 친구였습니다. 그는 주한 미군 철수 문제를 다룬 저의 논문을 대선 출마를 고민하던 카터에게 전해 주었고, 카터는 그 논문을 읽고 큰 관심을 보였습니다. 그 인연으로 카터와 만나게 되었고, 그 인연은 지금까지 이어지고 있습니다. 그 덕분에 카터 주지사가 미국 대통령이 된 뒤, 1979년 미국을 방문한 덩샤오핑도 만날 수 있었습니다. 덩샤오핑에게 제 고향이 만주이고 지금도 친척들이 하얼빈에 살고 있다는 이야기를 했더니 저에게 초청장을 보내 주겠다고 약속했습니다. 1981년 드디어 꿈에 그리던 고향을 방문할 수 있었습니다. 베이징에서 20시간 넘게 기차를 타고 하얼빈에 도착했습니다. 기차역에 내리니 큰 현수막이 걸려 있고 군악대가 연주를 하고 있더군요. 그리운 고모와 조카들이 마중을 나왔는데, 그 옆으로 하얼빈 지역 공산당 간부들이 줄지어 서 있었습니다. 중국공산당 최고 지도자인 덩샤오핑이 초청한 손님이라 칙사 대접을 해 준 것입니다. 저는 고모 집에서 머무르려고 했는데 하얼빈 관계자들이 제발 첫날은 영빈관에서 묵어 달라고 사정을 했을 정도였습니다.

고향을 찾은 뒤 그 길로 북한까지 방문한 것이 수십 년간 이어진 인연의 첫 단추였습니다. 그전부터 정치철학을 공부한 사람으로서 주체사상을 연구해 보고 싶었는데, 중국공산당이 다리를 놓아 준 덕분에 황장엽의 초청을 받을 수 있었습니다. 하얼빈을 방문한 뒤 기차를 타고 평양으로 향했습니다. 저는 어린 시절부터 반공교육을 받은 사람이라 평양을 방문하면서 걱정이 안 될 수가 없었습니다. 겁도 많이 났습니다. 당시 조지아대학 교수로 일하던 딘 러스크 전 국무장관과 카터 대통령에게 제가 평양에 간다는 사실을 이야기하면서 "평양에서 돌아오지 못하면 나를 구해 달라"는 부탁을 한 뒤 평양으로 출발했습니다. 그러고도 마음이 불안해서 애틀랜타에서 베이징으로 가는 비행기 안에서 300만 달러짜리 생명보험에 가입하기도 했습니다. 아는 사람 하나 없는 평양에서 달을 쳐다보며 미국에서 보는 달이나 평양에서 보는 달이나 똑같다는 사실이 그나마 위안이 되었습니다. '저 달과 하나님 말고는 내가 의지할 존재가 없구나' 하는 마음이 들었습니다. 평양 방문을 통해 기독교 신자로서 신앙심이 더 깊어졌으니 저에게 가장 큰 선교사 역할을 한 것은 조선노동당인 셈입니다.

1981년 평양을 방문한 뒤 한동안 평양을 다시 찾지 않았습니다. 주체사상에 대한 연구 조사도 충분히 했다 싶었고, 평양에서 만난 황장엽 이하 주체사상 연구자들의 학문적 수준에 실망도 했기 때문입니다. 한국 정부를 비롯한 주변에서 저를 백안시하는 것도 부담스러웠습니다. 당시만 해도 북한 사람은 모두 머리에 뿔이 난 것처럼 여기던 시절이었습니다. 북한 사람을 만난 것도 모자라 제 발로 북한을 찾아갔다고 하니 빨갱이도 이런 빨갱이가 없었습니다. 제가 미국 시민권자가 아니었다면 쥐도 새도 모르게 남산에 있는 안기부에 끌려가도 전혀 이상하지 않을 시절이었습니다. 군부독재라는 '내부'의 괴물은 그렇게 북한이라는 '외부'의 괴물을 이용해 국민들을 길들이고 윽박질렀습니다. 어찌 보면 그들에게 북한은 자신들의 악행을 가리기 위한 손쉬운 알리바이였습니다.

1980년대 후반 북핵 문제가 불거지면서 한반도 위기가 고조되니 무엇이라도 해야겠다는 생각을 하게 되었습니다. 저는 남쪽과 북쪽을 모두 아는 데다 미국에 인맥도 있으니 남과 북, 미국 당국자들이 만나서 대화를 할 수 있도록 가교 역할이라도 해야겠다고 생각했습니다. 그런 의사를 미국 국무부에 전달했고 국무부에서도 도와 달라고 했습니다. 그래서 1990년 다시 평양을 방문했고 그 뒤로는 거의 해마다 북한을 찾았습니다. 방문 횟수만 지금까지 50차례가 넘습니다. 지금도 평양에서 초청을 해 주지 않으면 북한에 입국할 수가 없지만 그래도 오래 만나다 보니 이제는 인간적으로 친해진 당국자들도 여러 명 있습니다. 서로 술도 한 잔씩 하며 농담도할 정도입니다. 특히 지금은 세상을 떠난 황장엽, 김용순, 김양건 같은 이들은 꽤 친분이 있었습니다.

사람 사는 세상에 비참한 것이 한두 가지가 아니겠지만, 그중에서도 가장 비참한 것은 어린이들이 굶어 죽는 것이 아닐까 싶습니다. 1990년대 중반에는 북한에 의약품 지원을 할 수 있도록 민간단체를 연결해 주기도 했습니다만, 지금도 잊히지 않는 것이 1995년 고아원을 방문했던 일입니다. 배를 곯아서 삐쩍 마른 어린아이들의 모습에 충격을 받았습니다. 저 자신도 어머니 배 속에서부터 굶어서 저체중으로 태어났고, 하도 배를 곯아서 키도 제대로 크지 못했기 때문에 어린 시절 배고픈 설움과 고통을 누구보다 잘 알고 있었습니다. 숙소에 돌아오자마자 따라온 당 간부들에게 욕설을하며 주먹질을 했습니다. "너희들은 배때기를 채우면서 아이들을 굶기느냐. 너희는 양심도 없느냐. 그러고도 너희가 당 간부냐"라며 화

를 냈습니다. 당 간부 한 명이 방에 엎드려 통곡을 하더군요. 다 큰
남자 다섯 명이 호텔 방에서 한참을 서럽게 울었습니다. 그 당 간
부들에게는 그 일이 큰 사건이었나 봅니다. 자기들끼리 토론을 하
고 나서 '박한식 교수는 절대 우리 동지가 될 수 없다'는 결론을 내
렸다고 합니다. 제가 방문하면 명패를 제 앞에 놓아 주었는데, 다른
사람은 '동지'라고 하면서 저에게만 '선생'이라는 호칭을 사용했습
니다.

　　　　평양을 수십 번 방문하고 대화하며 쌓은 현장 경험을 바탕
으로 한반도 평화 정착과 통일, 북·미관계 개선에 작은 도움이 되고
싶어 공부하고 토론하고 조언했습니다. 북한에 억류된 포로를 석방
하기 위한 중재를 하기도 했고, 1996년에는 애틀랜타 올림픽에 북한
선수단이 참가할 수 있도록 다리를 놓기도 했습니다. 당시의 일은
지금도 기억이 생생합니다. 애틀랜타 올림픽이 근대 올림픽 100주년
이라 최대한 참가국을 늘려야 했는데, 북한 선수가 한 명이라도 참
가할 수 있도록 해 달라고 조직위원회 고위 관계자가 부탁을 했습
니다. 그래서 장웅 북한 국제올림픽위원회 위원을 만나 설득을 했
습니다. 그는 세계적인 유도 선수 계순희를 보내겠다고 하더니 잠시
뒤 혼자서 어떻게 가느냐며 일행까지 일곱 명을 보내겠다고 하더군
요. 이후 다른 종목 선수들도 보내겠다고 했는데 나중에는 70여 명
까지 늘어났습니다. 올림픽이 끝나고 선수단이 카터센터를 견학했
는데, 기계체조 코치가 백인 남자 아이를 보고 예쁘다며 토닥토닥한
것이 문제가 되었습니다. 그 아이 부모가 그 코치를 성추행으로 고

소를 하는 바람에 당시에 주한 미국대사를 지낸 제임스 레이니와 저
는 고소를 취하하기 위해서 동분서주하느라 고생 깨나 했습니다.

북한에 대한 오해와 억측을 없애기 위해 기회가 있을 때
마다 언론과 인터뷰도 했습니다. 평양을 방문한 경험이 많다 보니
CNN이나 BBC 같은 언론에서 지금도 북한 관련 현안이 있을 때마
다 저에게 인터뷰 요청을 합니다. 또 미국 정부에 조언도 하게 되었
고, 북한과 미국을 연결시켜 주는 일도 자연스럽게 하게 되었습니다.
1995년에는 조지아대학에 국제문제연구소(GLOBIS)를 만들었고, 남
북한과 미국 등 정부와 민간을 아우르는 전문가들을 모아 허심탄회
하게 토론하는 '3자 간 트랙 II 대화'도 꾸준히 이어 왔습니다. 그런
노력을 인정해 주었는지 2010년에는 마틴 루터 킹 목사의 모교인
모어하우스대학에서 저에게 세계 평화와 비폭력운동을 위해 헌신한
인물들에게 수여하는 '간디·킹·이케다 평화상'을 주었습니다. 이 상
을 받은 인물 중 노벨평화상 수상자가 여덟 명이라는 점에서 과분
한 영광이 아닐 수 없습니다. 그 대신 한국 정부의 눈 밖에 났습니
다. 저를 친북학자라고 백안시하거나 종북 인사라며 비난하는 소리
가 지금도 들립니다. 서울대학에서 교수 임용 제안을 받기도 했지만
한국에서는 평화 연구를 제대로 할 수 없겠다 싶어서 포기하기도
했습니다. 결국 그렇게 반백 년을 미국에서 살게 되었습니다.

저에게 소중한 가르침을 주신 분들을 특별히 언급하면서
이 책을 마치고자 합니다. 강원용 목사와 서영훈 전 대한적십자사
총재는 살아 있는 믿음은 정의 위에 있다는 것을 가르쳐 주셨고, 돌

아가실 때까지 그런 삶을 스스로 실천하셨습니다. 작곡가 윤이상 선생은 민족의 평화와 통일을 위해 한평생을 헌신하셨습니다. 미국에서 많은 제자를 양성하셨고, 통일건국을 염원하셨던 바이올리니스트 안용구 교수님의 명복을 빕니다. 미국에서 코리안 텔레비전을 60년 넘게 방송하며 미국에 한국을 알리고 있는 전경남 회장, 한민족의 평화와 통일을 위해 누구보다도 열심히 기도해 주는 지미 카터 전 대통령, 바른 삶을 보여 주신 초등학교 은사이신 박기식 선생님, 신新 중국 건국 유공자로서 재중동포의 위상을 높인 장현화 선생 등이 베풀어 주신 선의와 애정을 기억하며, 그분들이 모쪼록 오래오래 건강하기를 기원합니다.

참고문헌

강국진, 「대북 '퍼 주기' 담론과 대북 인도적 지원 예산 분석」, 한국언론정보학회 봄철 정기학술대회 발표문, 2013.

구갑우, 「북한 핵 담론의 국제 정치: 북한적 핵 개발의 이유와 김정은 정권의 핵 담론」, 『동향과 전망』 99, 2017, 83~121쪽.

국회예산정책처, 『2007 회계연도 결산 분석IV』, 2008.

국회예산정책처, 『2008 회계연도 결산 분석IV』, 2009.

국회예산정책처, 『2009 회계연도 결산 분석III』, 2010.

국회예산정책처, 『2010 회계연도 결산 부처별 분석I』, 2011.

국회예산정책처, 『2011 회계연도 결산 중점 분석III』(재정사업), 2012.

국회입법조사처, 「재중 탈북자의 난민 여부와 북송문제 해결 방안」, 『이슈와 논점』 제390호, 2012.

국회입법조사처, 「개성공단 재개를 위한 조건과 대응 전략」, 『이슈와 논점』 제1262호, 2017.

기경량, 「사이비 역사학과 역사 파시즘」, 『역사비평』 114호, 2016, 218~237쪽.

김기협, "대통령 훈령 조작, 조직 범죄… 배후는 미국, YS, 또?", 「프레시안」, 2014.

김명호, 『중국인 이야기』(2권), 한길사, 2013.

김명호, "북중교류 60년", 『한겨레』 연재, 2014.

김민웅, 「연형묵 북한 총리 단독 인터뷰」, 『말』 11월호, 1991.

김상기, 「트럼프 행정부의 대북정책과 한국의 과제」, 통일연구원 보고서, 2017.

김연철, 『냉전의 추억: 선을 넘어 길을 만들다』, 후마니타스, 2009.

김영훈, 「미국과 국제사회의 대북 식량지원」, 한국농촌경제연구원 북한농업동향 보고서, 2010.

문정인, '오바마의 대북정책은 완벽히 실패했다', 『시사IN』 453호, 2016.

문정인, '미국은 맞고 북한은 틀리다?', 『시사IN』 499호, 2017.

박경서, 『인권이란 무엇인가』, 미래지식, 2012.

박지연, 「국제사회의 대북지원 분석(1945~2014)」, 『수은북한경제』, 2015년 봄호.

서동만, 「북조선의 유교담론에 관하여」, 『통일문제연구』 18(1), 2006, 99~148쪽.

서보혁, 「한미일 3국의 북한인권법 비교 연구」, 『담론 201』 19(4), 2016, 61~91쪽.

서울대학교 통일평화연구원, 『2016 북한 사회변동과 주민의식 변화: 김정은 정권 5년, 북한 사회 변화 어떻게 볼 것인가?』, 학술회의 자료집, 2016.

손기웅·최수영·최경수, 『북한 지하자원을 활용한 DMZ/접경지역 남북 산업단지 조성 방안』, 통일연구원, 2013.

송호정, 「고조선 중심지의 위치 문제에 대한 쟁점과 과제」, 『역사와 현실』 98, 2015, 199~231쪽.

안정준, 「오늘날의 낙랑군 연구」, 『역사비평』 114, 2016, 262~284쪽.

월드비전, 『새로운 패러다임의 대북 인도적 개발협력 방안: 농업 및 보건 분야』, 통일준비위원회 연구용역보고서, 2014.

위가야, 「'한사군 한반도설'은 식민사학의 산물인가」, 『역사비평』 114, 2016, 238~261쪽.

이광, 「北韓學界에서의 古朝鮮 硏究」, 『역사학보』 124, 1989, 1~23쪽.

이석, 「2016 북한경제 동향 평가와 설명 가설」, 『KDI 북한경제리뷰』 1월호, 2017.

이성현, 「북핵의 '중국책임론'과 미국의 외교전략」, 『성균차이나브리프』 2(3), 2014, 118~123쪽.

이용화·이해정, 「2000~2015년 북중 교역 변화 분석」, 현대경제연구원, 『통일경제』 2016년 1호.

이정빈, 「한사군, 과연 난하 유역에 있었을까」, 『역사비평』 115, 2016, 252~274쪽.

이종석, 『칼날 위의 평화: 노무현 시대 통일외교안보 비망록』, 개마고원, 2014.

이형구, 「리지린의『고조선 연구』그 후」, 『한국사시민강좌』 49, 일조각, 2011.

임동원, 『피스메이커: 남북관계와 북핵문제 25년』(개정증보판), 창비, 2015.

정성장, 「미국의 북한인권법. 세종연구소」, 『정세와 정책』 100호, 2004.

정세현, 『정세현의 외교토크』, 서해문집, 2016.

조성렬, 「신정부 대북정책, '전략적 인내' 넘어 '전략적 견인'으로」, 『민족화해』 5~6월호, 2017, 32~35쪽.

참여연대 평화군축센터, 「제4차 유엔인권이사회 북 인권보고서 발표에 즈음한 평화인권단체 입장」, 2007.

탁성한, 「개성공단의 군사안보적 함의」, 『KDI북한경제리뷰』 8월호, 2013.

통일부, 『통일백서』, 2009.

통일부 통일교육원, 『2017 북한이해』, 2017.

317

한완상, "남북회담 대통령훈령 조작 은폐에 경악", 『한겨레』, 2012년 7월 29일 자.

한완상, "청-안기부, '훈령 조작' 이동복 처벌 뒷짐", 『한겨레』, 2012년 7월 31일 자.

홍순직, 「개성공단 사업 10년 평가와 발전 방안」, 『통일경제』 2014년 2호, 현대경제연구원.

Bacevichandrew, A. J., The Tyranny of Defense Inc. The Atlantic, JANUARY/FEBRUARY, 2011; "군산복합체, 미국을 집어삼키다", 『프레시안』, 2011년 1월 23일 자.

Harrison, S., Korean Endgame: A strategy for reunification and U.S. disengagement. Princeton University Press, 2002; 이흥동 외 옮김, 『샐리그 해리슨의 코리안 엔드게임』, 삼인, 2003.

Lai, R. Griggs, T. & fisher, M., Is America's Military Big Enough?, The New York Times, 2017. 3. 22.

Max Fisher, North Korea, Far From Crazy, Is All Too Rational, The New York Times, 2016. 9. 9.

Oberdofer, D., The Two Koreans, 1997 · 2001; 이종길 옮김, 『두 개의 한국』, 길산, 2002.

Park, Han S., "The Nature and Evolution of Juche Ideology", in North Korea: Ideology, Politics, Economy, ed. Park, H.S. Englewood Cliffs, N.J.: Prentice-Hall, 1996.

Park, Han S., Military-First Politics(Songun): Understanding Kim Jong-il's North Korea, KEI Academic Paper Series, 2(7), 2009.

Park, Han S., North Korea: The Politics of Unconventional Wisdom, Lynne Rienner Publish, 2002.

Park, Han S., Globalization: Blessing or Curse?, Sentia Publishing Company, 2017.

Pritchard, C.L., Failed Diplomacy: The Tragic Story of How North Korea Got the Bomb, Brookings Institution Press, 2007; 김연철·서보혁 옮김, 『실패한 외교: 부시, 네오콘 그리고 북핵 위기』, 사계절, 2008.

Reinert, Erik S., How Rich Countries Got Rich and Why Poor Countries Stay Poor, 2008; 김병화 옮김, 『부자 나라는 어떻게 부자가 되었고 가난한 나라는 왜 여전히 가난한가』, 부키, 2012.

Sellars, Kirsten, The Rise and Rise of Human Rights, 2002; 오승훈 옮김, 『인권, 그 위선의 역사』, 은행나무, 2003.

Sherman, W., Talking to the North Koreans, The New York Times, 2001. 3. 7.

Song, Jiyoung, Unreliable witnesses: The challenge of separating truth from fiction when it comes to North Korea, Asia & the Pacific Policy Society's Policy Forum, 2015.

홈페이지

통일부 북한정보포털

http://nkinfo.unikorea.go.kr

통계청 북한통계

http://kosis.kr/bukhan/statisticsList/statisticsList_01List.jsp

언론 보도

"북한 사람들 '통일 대박'을 '잡아먹겠다'로 받아들인다", 『경향신문』, 2014년 3월 13일 자.

"잊을 만하면 나오는 '북한 석유'… 도대체 얼마나 묻혔나", 『경향신문』, 2015년 11월 13
일 자.

"북한, 핵 포기할 수밖에 없다", 『내일신문』, 2006년 11월 24일 자.

조엘 위트, "북한과 평화협정-비핵화 협상 병행 제안해야", 『뉴스1』, 2015년 11월 12일 자.

"미국 여기자 북한 억류 정황 둘러싸고 논란", 〈미국의 소리〉, 2009년 9월 4일.

"'총살, 숙청, 해임'… 북한 김정은식 '공포정치 5년'", 〈미국의 소리〉, 2017년 2월 3일.

"미 대학생 웜비어, 북한 억류에서 송환·사망까지", 〈미국의 소리〉, 2017년 6월 22일.

「기획 대담, 위폐 문제 제기는 9·19 공동성명 휴지 조각 만드는 시나리오의 일환」, 『민족
21』, 2006년 2월호.

「평양 시내 일요일 모든 차량 운행 중지 김일성 주석 '유훈' 하나둘씩 관철」, 『민족21』,
2010년 8월호.

「'북미관계 설계사' 그가 다시 움직이기 시작했다」, 『민족21』, 2010년 9월호.

「박한식 석좌교수, 북미 민간교류, 조만간 당국 대화로 전환될 것」, 『민족21』, 2011년 5
월호.

"하버드대 교수가 한국 고대사 연구를 포기한 까닭", 『보스톤 코리아』, 2016년 10월 20
일 자.

"10년간 지원한 돈 북 핵무장 이용 의혹", 『서울신문』, 2009년 7월 9일 자.

"대표적인 기획입국 사건들", 『시민의 신문』 588호, 2005년 3월 13일 자.

"정착, 귀환, 한국행 희망… 탈북자 분류법", 『시민의 소리』 588호, 2005년 3월 14일 자.

"탈북자 과장 증언 몸값 부풀리기", 『시민의 신문』 588호, 2005년 3월 14일 자.

"현직 목사, 기획입국 선교단체 비판", 『시민의 신문』 590호, 2005년 3월 28일 자.

"인권을 정치에 활용하는 유엔", 『시민의 소리』 626호, 2005년 12월 5일 자.

"비핵평화자치체로 한반도 안보위기 넘자", 『시민의 소리』, 2006년 2월 3일 자.

"주변국은 왜 조용한가", 『시사IN』 136호, 2010년 4월 24일.

"이 대통령 라디오 연설에 있는 말과 없는 말은", 『시사IN』 163호, 2010년 10월 28일.

"모두를 놀라게 한 장성택 처형 사건", 『시사IN』 327호, 2013년 12월 18일.

"박근혜, 미국의 대북 선제타격을 통일 기회로 여겼다", 『시사IN』 492호, 2017년 2월 22일.

"김정남이 죽어야만 했던 이유", 『시사IN』 493호, 2017년 2월 21일.

"남북미 美서 난상토론… 北 '유화' 조짐"(종합), 「연합뉴스」, 2010년 10월 19일 자.

"美 대북지원 절반 이상 식량… 약 8억 달러어치"〈CRS〉, 「연합뉴스」, 2012년 4월 2일 자.

"중국-러시아, 두만강 하구에 경제합작구 설치 '시동'", 「연합뉴스」, 2014년 2월 4일 자.

"한국 작년 세계 최대 무기 수입국… 9조 1천억 지출", 「연합뉴스」, 2015년 12월 27일 자.

"'북 김양건 사망' 원인은?… 단순 교통사고 가능성에 무게", 「연합뉴스」, 2015년 12월 31일 자.

"美 자누지 '오바마의 대북 전략적 인내 정책 실패'", 「연합뉴스」, 2016년 9월 22일 자.

"북 광물 매장량, 발표된 것의 30% 안팎 수준일 수도", 「연합뉴스」, 2016년 10월 21일 자.

"빌 클린턴, 2009년 방북 때 북미대화-6자회담 병행 제안", 「연합뉴스」, 2016년 10월 31일 자.

"꽉 막혔던 대북인도지원 물꼬 트나… 정부 올해 첫 승인", 「연합뉴스」, 2017년 1월 18일 자.

"北, 美 억류자 석방 협상에 '전직 대통령' 파견 요구", 「연합뉴스」, 2017년 6월 25일 자.

"[해상 북방 한계선 파문] '합의된 선' 없어 논란 무의미", 『조선일보』, 1996년 9월 19일 자.

"노 전 대통령·김정일 위원장 합의 '10·4 선언' 사업 이행하는 데 14조 3000억 들어", 『조선일보』, 2008년 9월 19일 자.

"작년 남북 정상회담 이행 비용, 1인당 32만 원꼴", 『조선일보』, 2008년 9월 19일 자.

"작년 9兆… '무기 수입' 세계 1위 코리아", 『조선일보』, 2015년 12월 28일 자.

"북한 14호 수용소 탈출 불가능… 신동혁 말 믿지 않았다", 『중앙일보』, 2015년 1월 31일 자.

"中, 무기 수출국 3위 올라, 한국은 미국 무기 수입 1위", 『중앙일보』, 2015년 3월 16일 자.

"北외무성 '웜비어 성의껏 치료했다… 급사한 것 우리도 수수께끼'", 『중앙일보』, 2017년 6월 23일 자.

"기다리는 것도 전략이라더니", 『한겨레』, 2010년 5월 4일 자.

"북 김정은 체제 안정 확립… 덩샤오핑 방식 개방 나설 것", 『한겨레』, 2012년 9월 24일 자.

"한국, 세계 8대 무기 수입국… 미국산 비중 80%", 『한겨레』, 2014년 10월 19일 자.

"나는 김정은이다", 『한겨레』, 2016년 1월 30일 자.

"유라시아-두만강 유엔생태평화공원 구상 실현해야", 『한겨레』, 2016년 10월 27일 자.

"최순실, DMZ 평화공원 사업에도 마수 뻗쳤다", 『한겨레』, 2016년 11월 25일 자.

"'북한 수해 지원' 오바마의 마지막 선물", 『한겨레』, 2017년 1월 25일 자.

"오바마가 트럼프에 준 '작은 선물'… 새 북미관계 지렛대 효과", 『한겨레』, 2017년 1월
   25일 자.

"웜비어 사망의 책임을 오바마 정부에 돌리는 목소리가 나왔다", 『허핑턴포스트코리아』,
   2017년 6월 20일 자.